KB202363

미나카이백화점

국립중앙도서관 출판도서목록(CIP)

미나카이백화점 / 지은이: 하야시 히로시게 ; 옮긴이: 김
성호. -- 서울 : 논형, 2007
    p. ;   cm. -- (일본근대 스펙트럼 ; 4)

원서명: 幻の三中井百貨店
참고문헌 수록
ISBN 978-89-90618-44-3 04910 ; ₩15000
ISBN 978-89-90618-90-0(세트)

326.178-KDC4
658.871-DDC21   CIP2007001141

미나카이백화점

幻の三中井百貨店

조선을 석권한 오우미상인의
흥망성쇠와 식민지 조선

하야시 히로시게 지음

김성호 옮김

미나카이백화점

조선을 석권한 오우미상인의 흥망성쇠와 식민지 조선

지은이 하야시 히로시게

옮긴이 김성호

초판1쇄 인쇄 2007년 4월 11일

초판1쇄 발행 2007년 4월 16일

펴낸곳 논형

펴낸이 소재두

편집 및 표지디자인 디자인공 이명림

등록번호 제2003-000019호

등록일자 2003년 3월 5일

주소 서울시 관악구 봉천2동 7-78 한립토이프라자 6층

전화 02-887-3561~2 **팩스** 02-887-6690

ISBN 978-89-90618-44-3 04910

가격 15,000원

기획의 말

　일본을 가깝고도 먼 나라라고 한다. 감정적인 거리를 뜻하는 말이 겠지만, 학문적으로 무엇이 가깝고 무엇이 먼지 아직 불분명하다. 학문은 감정에 흔들려서는 안 된다. 지금까지 우리 학문은 일본을 평가하려고만 했지 분석하려고 하지 않았다. 더욱이 일본을 알아나가는 행위는 운명적으로 우리를 이해하는 길과 통한다. 그것이 백제 멸망 이후 바다를 넘어간 도래민족의 찬란한 문화, 조선통신사가 전한 선진 중국의 문물과 같은 자랑스러운 기억이든, 혹은 임진왜란, 정유재란, 식민통치로 이어지는 아픈 상처이든 일본과 한국은 떼어놓을 수 없는 적이자 동지다.

　그런 가운데 근대는 바로 그 질서를 뒤엎는 혁명적인 시기였다. 메이지유신을 통해 서구의 기술과 문물을 적극 받아들인 일본은 동양의 근대화에서 하나의 본보기로 여겨졌으며, 그들 또한 자신들의 기준을 동양에 강제적으로 이식하였다. 근대는 한 마디로 엄청난 높이, 놀라운 규모, 그리고 무서운 속도로 우리들에게 다가왔으며, 지금까지 경험하지 못한 공포와 함께 강한 매력을 선물하였다.

　'일본 근대 스펙트럼'은 일본이 수용한 근대의 원형, 그리고 그것이 일본에 뿌리내리기까지 어떤 과정을 거쳐 변모했는지를 살피고자 한다. 특히, 백화점, 박람회, 운동회, 철도와 여행 등 일련의 작업을 통해 근대 초기, 일본 사회를 충격과 흥분으로 몰아넣은 실상들을 하나하나 캐내보려 한다. 왜냐하면, 우린 아직 그 높이, 규모, 속도를 정확히 측정한 적이 없기 때문이다. 다행히 '일본 근대 스펙트럼' 시리즈에서 소개하는 책들은 현재 일본 학계를 이끄는 대표적인 저서들로 전체를 가늠하는 데 큰 힘이 될 것이다.

물론 이번 시리즈를 통해 우리가 얻고자 하는 결실은 일본 근대의 이해만이 아니다. 이번 작업을 통해 우리는 우리 근대 사회의 일상을 조명할 수 있는 기준을 발견할 수 있을 것이다. 식민지 조선 사회를 형성하였던 근대의 맹아, 근대의 유혹과 반응, 그리고 그 근대의 변모들을 거대 담론으로만 재단한다면 근대의 본질을 놓치게 된다. 근대는 일상의 승리였으며, 인간 본위의 욕망이 분출된 시기였기 때문이다. 안타깝게도 우리는 근대 사회의 조각들마저 잃어버렸거나 무시하여 왔다. 이제 이번 시리즈로 비록 모자라고 조각난 기억들과 자료들이지만, 이들을 어떻게 맞춰나가야 할지 그 지혜를 엿보는 것도 유익할 것이다.

기획자가 백화점, 박람회, 운동회, 일본의 군대, 철도와 여행 등을 시리즈로 묶은 이유는 이들 주제가 근대의 본질, 일상의 면모, 욕망의 현주소를 보여주는 구체적인 예라고 생각했기 때문이다. 수많은 상품을 한자리에 모아서 진열하고 파는 욕망의 궁전, 그리고 새로운 가치와 꿈을 주입하던 박람회는 말 그대로 '널리 보는' 행위가 중심이다. 전통적인 몸의 쓰임새와는 전혀 다른 새로운 움직임을 보여 주었다는 점에서는 운동회와 여행은 근대적 신체가 어떻게 만들어졌으며, 근대적 신체에 무엇이 요구되었는지를 살피는 계기가 될 수도 있을 것이다. 이런저런 의미에서 근대를 한마디로 '보기'와 '움직이기'의 시대라고 할 수도 있다.

'일본 근대 스펙트럼'은 바로 근대라는 빛이 일본 사회 속에서 어떤 다양한 색깔을 띠면서 전개되었는지 살피는 작업이다. 또한, 그 다양성이야말로 당대를 살아가던 사람들의 고민이자 기쁨이고 삶이었음을 증명해 보이고자 한다. 그리고 궁극적으로는 한국 사회의 근대 실상을 다양한 스펙트럼으로 조명하고, 입증하는 계기가 되었으면 좋겠다.

논형 기획위원회

韓国語版への序文

　今日のソウルで、日本の植民地時代の京城を発見することは容易ではない。当時の建造物としては、有名なソウル市庁舎や韓国銀行本店ビルが残されているが、それらはソウルの風景のほんの一部として、骨董品のように存在している。ソウルは間違いなく韓国の首都である。

　2002年4月から、私はソウルの中から京城を出す苦しい作業に取りかかった。それまでに何十回となくソウルを訪れていたので、市内の中心街や江南の一部はとっくに頭の中に地図が入っているくらい馴染んでいたのだが、60年を超える時間を逆戻りして京城を見つけだすのは本当に骨の折れる作業だった。

　1930年代の地図を頼りにして、何度も何度も、明洞、忠武路、退渓路、乙支路、鐘路、太平路などを歩き、そこに京城の地図を重ね、時折行き当たる当時の建造物を今日のソウルの地図で確認する作業を繰り返した。

한국어판 서문

오늘날 서울에서 일본 식민지시대 경성을 다시 그려낸다는 것은 쉬운 일이 아니다. 당시 건축물로는 유명한 서울시청 청사나 한국은행 본점 건물이 남아있기는 하지만 그것들은 서울 풍경의 극히 일부로서 골동품과 같은 존재다. 서울은 부정할 수 없는 한국의 수도다.

2002년 4월부터 나는 서울 안에서 경성을 발굴해내는 어려운 작업에 착수했다. 그 이전까지 수 십 번 서울을 방문했었기 때문에 시내 중심가나 강남 일부는 이미 머릿속에 선명하게 지도를 그릴 수 있을 정도로 익숙했지만, 60년의 세월을 뛰어넘어 다시 돌아가 경성을 찾아내기란 무척 힘든 작업이었다.

1930년대의 지도를 보면서 몇 번이고 명동, 충무로, 퇴계로, 을지로, 종로, 태평로 등을 거닐며 경성의 지도와 비교하고 서로 겹쳐 확인하기도 했다. 동시에 가끔 눈에 들어오는 당시의 건축물을 지금의 서울 지도에서 확인하는 작업을 계속해서 반복했다.

やがて、今日のソウルの中から、京城の町並みがヴァーチャル・リアリティーとなって私の頭の中にたち現れてきた。

本町通り（忠武路）で「本ブラ」し、買い物をする人々が見えた。そこに6階建ての三中井百貨店の白亜のビルが聳えていた。朝鮮銀行（韓国銀行）の前のロータリーに面して、ルネッサンス様式の三越百貨店京城店が、鶴が翼を広げているように建っていた。明治町（明洞）の賑わい、人々の喧騒が聞こえてきた。丁子屋の店内に群がっている客の人いきれを感じた。鐘路の夜店を照らすカーバイトの青白い光とその独特の臭いを嗅いだ。

私は02年10月から、何かにとり付かれたように書き始め、わずか二カ月半で第一稿を書きあげた。

私をこれほどまでに「三中井百貨店」に熱中させたものは何だったのかを、一言で説明することはできない。本書の中で読者諸氏が読み取っていただくのが一番良いと思っている。

私は、植民地時代の忠清南道扶余に、土木技師として移住した父親夫婦の三男として生を受けた。敗戦後は母親の実家がある山陰の地方都市に引き揚げ、そこで高校を卒業した。大学を終え、機会を得てアメリカでMBAを取得し、帰国後マーケティング・コンサルタントになった。

コンサルタントとして1979年10月ソウルを訪問した。その時、からだの中を電気が走りぬけるように、「そうだ、ずっとここに来たかったのだ」と気付いた。

当日の感想を私はあるエッセイの中で、次のようにしたためている。

드디어 오늘날의 서울 안에서 경성의 거리가 가상현실이 되어 내 머릿속에 그려졌다.

혼마치本町 거리충무로에서 '혼부라本ぶら'★를 하며 쇼핑을 하는 사람들이 보였다. 그곳에는 6층 건물인 백악의 미나카이三中井백화점 건물이 우뚝 솟아 있었다. 조선은행한국은행 앞 로터리에 위치한 르네상스 양식의 미쓰코시三越백화점 경성점이 학이 날개를 펼친 것처럼 서 있었다. 번화한 거리 메이지마치明治町에서 사람들의 떠들썩한 소리가 들려왔다. 조지야丁子屋백화점 점포 내부에서는 몰려든 고객들의 숨소리를 느낄 수 있었다. 종로 밤거리는 점포와 거리를 비추고 있는 카바이트 등의 청백색 불빛과 그 독특한 냄새가 풍겼다.

나는 2002년 10월부터 무언가에 홀린 것처럼 원고를 쓰기 시작해 불과 2개월 반 만에 초고를 완성했다.

무엇이 나를 그렇게까지 '미나카이백화점'에 몰입하게 했는지에 대해서는 한마디로 간단하게 설명하기 힘들다. 이 책을 통해 독자 여러분이 나름대로 이해하는 것이 가장 좋을 것이다.

나는 식민지시대 토목기사를 했던 아버지가 충청남도 부여로 이주했던 관계로 그곳에서 3남으로 태어났다. 패전 후에는 외조부모님 댁이었던 산인山陰지방★★의 지방도시로 돌아와 그곳에서 고등학교를 졸업했다. 대학을 졸업한 후 기회를 얻어 미국에서 MBA를 취득했고 귀국 후에는 마케팅컨설턴트 활동을 했다.

컨설턴트로서 1979년 10월 서울을 방문했다. 그때, 몸에 전류가 흐르듯 "그래, 내가 오랫동안 와 보고 싶었던 곳이 이곳이었어"라는 강한 느낌을 받았다.

★ 혼부라 거리를 어슬렁거리는 모습. —역자
★★ 톳토리(鳥取)현 시마네(島根)현 및 야마구치(山口)현 북북 지역. —역자

xi

「午後、日本人観光客が一人もいない金浦空港に降り立った数少ない日本人の一人が私だった。それから今日までの26年余、私は韓国企業のマーケティング・コンサルティングに携わりながら、他方では、韓国の政治・経済・社会のウォッチングをライフワークの一つとしてきたが、79年10月27日が、私の心の中に、韓国が情緒的だけでなく知的好奇心のターゲットとしてもしっかりとポジショニングを占めた記念すべき一日となった」

　三中井百貨店の興亡に、私が自分史を重ねようとした一面があることは間違いない。

　韓国の読者諸氏は、当然のことながら、私とは逆の視点で拙著を読むことだろう。支配者だった日本と日本人が造りあげた京城、その中の三中井、三越、丁子屋などの巨大な百貨店とその周辺の日本化された商店街。日本人ばかりでなく、むしろはるかに多い韓国人が日ごとにそこに訪れ、生活に必要な情報を集め、商品やサービスを購入していた。それが当り前だった時代。その背景である当時の韓国の社会・精神文化と経済・物質文化に対する日本の影響力。

　どのような思いで読んでもらえるのだろうか。

　拙著『幻の三中井百貨店』の終章に託した私のメッセージの一端を紹介して、韓国版への序文の締めくくりにしたい。

　日本と韓国との千数百年を超える交流は、常に文明や文化を教え・教えられる歴史的・系統的な連続性をもって今日に至っている。それが両国の発展をもたらした。

　両国関係が友好であった時代、韓国に不幸をもたらした日本の植民

그날의 감회를 나는 다른 에세이에서 다음과 같이 남겼다.

"오후, 일본인 관광객이 한 사람도 없는 김포공항에 내린 몇 안 되는 일본인 중 한 사람이 나였다. 그 후 지금까지 26여 년 동안 나는 한국 기업의 마케팅컨설팅 업무를 해오면서, 다른 한편으로는 한국의 정치·경제·사회면을 관찰하는 것을 내 생애의 하나의 일로 생각하고 임했다. 그런 측면에서 1979년 10월 27일은 내 마음속에 한국을 정서적인 면뿐만 아니라 지적호기심의 타겟으로 확실하게 자리매김하게 한 기념비적인 날이 되었다"

미나카이백화점 홍망에 나 자신의 과거를 겹쳐보고 싶었던 부분이 있었던 것은 사실이다.

한국 독자 여러분은 당연히 나와는 정반대의 시점에서 이 책을 바라볼 것이다. 지배자였던 일본과 일본인이 조성한 경성, 그 중에서 미나카이, 미쓰코시, 조지야 등 거대한 백화점과 그 주변에 일본화 된 상점가가 있었다. 일본인뿐만 아니라, 오히려 훨씬 많은 한국인이 매일같이 이용하며 생활에 필요한 정보를 모으고 상품과 서비스를 구매했다. 그것이 당연했던 시대였다. 그 배경에는 한국의 사회·정신문화와 경제·물질문화에 대한 일본의 영향력이 있었다.

어떤 생각으로 읽게 될까?

이 책의 마지막 장에서 언급한 나의 메시지 일부를 소개하면서 한국어판 서문을 맺고자 한다.

일본과 한국의 천년하고도 수 백 년이 넘는 교류는 항상 문명이나 문화를 서로 가르치고 가르침을 받는 역사적·계통적인 연속성을 가지고 오늘날에 이르고 있다. 그것이 양국의 발전을 가져온 것이다.

地時代、戦後の日本の経済復興とその後に始まった韓国の経済開発の時代、現在の政治での仲たがいの最中にも、両国の人間の自発的な交流は絶えることなく続き・続けられている。

　今日の日本と韓国は、ますます、お互いが学び・学ばれる双方向の関係をもつアジアの先進国家として、一方ではアーキライバルの競争関係を、他方では自由と民主主義の価値観を共有する友邦関係を生きていかなければならない。

　そのために私は、今後とも微力を尽くしたい。

　拙著の韓国語版の上梓に侭力を頂いた論衡出版社蘇在斗社長を始め、韓国語への翻訳の労を取って頂いた金成鎬氏に心から感謝しています。

　読者諸氏からのご意見・ご感想を待っています。

2006年9月19日
日本・京都市にて

林 廣茂

양국관계가 우호적인 시대, 한국에 불행을 가져다 준 일본의 식민지시대, 전후 일본의 경제부흥과 그 후 시작된 한국의 경제개발시대, 현재와 같은 정치적으로 껄끄러운 시기에도 양국의 인간적 차원의 자발적인 교류는 끊이지 않고 계속 이어지고 진행되고 있다.

오늘날의 일본과 한국은 더 한층 서로에게 배우고 배움의 기회를 제공하는 쌍방향 관계를 유지하는 아시아의 선진국가로서, 한편으로는 좋은 경쟁관계를, 다른 한편으로는 자유와 민주주의의 가치관을 공유하는 우방관계로 나가야 할 것이다.

그를 위해서 나는 앞으로도 미력하지만 전력을 다할 것이다.

끝으로, 이 책의 한국어판의 출간을 위해 전력을 다해준 논형 출판사 소재두 사장을 비롯한 많은 관계자, 한국어 번역을 위해 애쓴 김성호 씨에게 진심으로 감사의 인사를 드리며 한국의 독자여러분의 의견·감상을 기다린다.

2006년 9월 19일
일본 교토에서

하야시 히로시게

차례

호칭에 대해 이 책에서는 다음과 같이 정한다.

A 국가명, 지역명

1 식민지시대(일제강점기, 일제시대로도 표기함 ―역자)의 조선반도 전체를 이 책에서는 '조선'이라고 총칭하지만 필요에 따라서는 ① 1897년까지를 '이씨조선' ② 1897년~1910년까지를 '대한제국' ③ 1910년~1945년까지를 '조선'이라고 부른다. 전후(1945년 이후)는 조선반도 남쪽을 지금의 '한국', 북쪽을 '북조선'이라고 호칭한다.

2 조선반도는 일본에서의 관례에 따라 현재의 한국과 북조선 양쪽을 포함하는 반도지역을 의미한다.

3 일본은 1932년~1945년의 패전까지 중국동북부를 만주국(滿洲國이)라고 했다. 이 책에서는 '만주'라고 부르고 있다.

B 수도의 호칭

① 1910년까지를 '한성' ② 1910년~1945년까지를 '경성' ③ 전후는 한국의 수도 '서울'로 했다.

C 일본인, 조선인 그리고 한국인

원칙적으로 1945년까지는 '일본인'과 '조선인'이라는 호칭을 사용한다. 단, 당시의 문헌을 인용하거나 참조하는 경우에는 '내지인'(內地人: 조선에 거주하고 있는 일본인)이라는 표현을 썼다. 또 '내선인'(內鮮人)은 내지인과 조선인을 생략한 용어로 사용했다. '선인'(鮮人)은 조선인을 줄인 말이며 당시의 문헌을 인용하거나 참고한 경우에 사용했다. 전후는 '일본인'과 '한국인'으로 통일했다. 또 '북조선'은 '한국'과 구별하기 위해 사용했다.

D 인명

등장인물의 이름 뒤의 경칭은 모두 생략했다.

E 지명, 마을 이름, 고유명사 등

원칙적으로는 식민지시대의 일본어에 의한 명칭, 호칭을 사용하고 가능한 한 현재의 지명, 호칭을 ( ) 안에 기입했다. 이미 알고 있는 지명 등은 한국어 호칭만을 사용했다. 또 전후의 지명, 마을 이름, 고유명사는 한국어 호칭으로 통일했다.

F 연호(年號)

본문 중에는 일본연호를 사용하고 ( ) 안에 서기를 표기해 넣는 것을 원칙으로 했다.

각주나 참고문헌, 그리고 도표 및 사진은 서기로 통일했다.

1   脚註 —역자주

　　각주에 대해서는 가능한 특정층뿐만 아니라 일반인들이 이해할 수 있도록 자세한 정보를 보
　　충하는 데 활용했다. 즉, 역자로서 원서 내용을 사실 그대로 번역하는 것이 중요하다고 생각
　　하며, 독자의 이해를 돕기 위한 내용을 본문에 삽입할 수 없기 때문에 대신 좀 더 깊은 정보와
　　이해의 폭을 넓힐 수 있도록 역자의 보충설명을 각주에 할애했다.

　　＊원저자의 주석은 —필자, 번역자의 주석은 —역자로 표기

2   일본의 지명과 인명 등의 표기-본문 중 일본의 고유명사(인명, 지명 등)와 특이한 일본어 번역
　　표기는 다음과 같은 기준에 따랐다.

●   일제강점기의 조선의 행정 구분과 지명-시대적인 측면과 원저자가 일본인인 관계로 일본식
　　호칭이 중심이 되고 있다. 역자도 가능한 그 호칭에 따랐다. 단, 부연설명이 필요할 경우에는
　　주석을 달았다.

　　예: 혼마치(本町: 현재의 서울 명동지역)

●   본문 중에 나오는 일본의 지명, 인물 등은 가능한 한글맞춤법 통일안의 외래어 표기법을 따랐다.

●   일부 고유명사 등의 경우 일본식 읽기를 하지 않고 익은 말로 표기했다.

　　예: 서일본(西日本), 관동(関東)지방, 현(県), 정목(丁目)

●   문맥상의 이해나 전달에 있어서 일본식 발음을 표기하기보다 해당 한자의 음독을 표기하는
　　것이 이해나 의미전달에 있어서 더 낫다고 생각되는 경우는 우리식 한자어로 표기했다.

　　예: 예과(豫科), 배일토지법(排日土地法)

●   일본어 표현 한자가 우리와 유사하거나 한자 표기만으로도 이해가 가능하다고 보는 단어에
　　대해서는 ( )안에 한자(일본식 또는 한국식)를 그대로 표기함.

　　예: 세습명(襲名)

●   주로 쓰는 도량 표시방법은 시대적으로나 한일간에 차이가 있다. 이것을 우리가 흔히 쓰는 단
　　위로 바꾸지 않고 본문 중에서는 가능하면 그대로 표기했다.

예: 척(尺)

*다다미(畳: 죠)에 대한 역자 해설

일본의 주택 등의 내부 바닥에 사용하는 다다미의 기본적인 사이즈는 910mm×1820mm다. 그러나 지방에 따라 통용되는 크기에 다소의 차이가 있는 것도 사실인데, 일본에서 면적을 나타낼 때 이 다다미를 기준으로 해서 다다미 몇 장 넓이 라고 하면서 죠(畳)라는 단위를 사용한다. 예를 들어, 6죠(畳)라고 하면 다다미 6장 면적을 의미한다.

즉, 실제로 다다미를 까는 방이나 거실용의 공간에 다다미 장수로 바닥면적을 나타내는데, 보통 다다미를 깔지 않는 방 등에도 기본적인 다다미 크기를 기초로 해서 바닥 면적을 표시하는 경우도 있다

왜 지금에서 미나카이백화점인가?

사라진 미나카이백화점

과거 일본의 패망 이전까지 조선, 만주, 중국에 걸쳐 광대한 지역에 총 18개 점포를 거느린 '미나카이三中井백화점망'이 있었다. 창업자는 오우미 상인近江商人인 2대 나카에 가쓰지로中江勝治郎의 장남 3대 가쓰지로勝治郎: 善蔵(젠조)에서 개명, 차남인 니시무라 규지로西村久次郎, 3남 도미주로富十郎, 5남인 준고로準五郎의 4형제다.

일본의 백화점사에 있어서 크게 기록될 만한 업적을 남겼으면서 그들 4형제의 이름은 물론이고 '미나카이'라는 회사 이름조차 오늘날 일본인의 기억 속에는 없다. 그들의 출생지인 시가현滋賀県에서 물어보았지만 가끔 고령자 중에서 "듣고 보니 미나카이라는 이름을 예전에 들었던 적이 있다"고 대답할 정도였다. 도대체 미나카이는 왜 사라졌는가?

'미나카이'는 메이지38년1905 조선의 대구에서 잡화 · 생활용품점으로 창업했다. 철두철미하게 사업을 확대하고 끊임없이 경쟁우위의 전략을 추진 · 실천하여 포목점[1]으로 성장했고, 6년 후에는 경성京城에 진출했으며, 쇼와昭和4년1929에는 경성 최대 상점가인 혼마치[2] 거리에 '미나카이포목점 본점'을 개점했다. 그리고 다시 신축과 개축 과정을 걸쳐 쇼와 8년1933에 조선 최대급의 '미나카이백화점 경성본점'이라는 이름으로 경성 중심가에 우뚝 선다.

1945년 8월 일본 패망 시점에서 보면, 조선 전국에 12점포, 만주에 3점포, 중국에 3점포에 일본 국내까지 포함해 많은 계열사를 가지고 있었다. 조선이나 중국대륙에 진출해 있던 미쓰코시三越백화점을 훨씬 능가할 정도의 일본인이 경영하는 최대 규모의 백화점 그룹으로 성장했다. 가장 왕성한 시기에는 종업원 4천 명, 연간매출 1억 엔(현재가치로 치면 어림잡아 5천억 엔) 규모를 자랑했으며, 나카에中江 일가의 4형제는 조선 · 대륙의 '백화점왕'이라고 불릴 정도였다.

이 미나카이 백화점망이 일본 패망과 함께 붕괴되었다. 그리고 그 이후에 후계자들의 재건 움직임도 없었으며, 메이지시대부터 약 40년간 쌓아올린 '미나카이백화점'이라는 노렌暖簾[3]의 신용과 그 경영기

1 포목점은 일본식 한자 표기로 오복점(吳服店)이다. 여기서 오복(吳服)은 일본 전통 의상용 직물(원단)의 총칭이다. 그리고 일본에서 오복점(吳服店)이라는 곳은 일본의 전통의복에 필요한 직물과 기타 그에 필요한 장신구, 용품이나 몸에 지니는 소품 등도 판매했다. 일제 강점기 때 일본의 상인들이 조선에서 고후쿠텐(吳服店 · 오복점)을 열었다. 초기에는 조선에 거주하는 일본인과 고급 원단을 구매하는 조선인들을 대상으로 상업을 했지만, 일제 강점기가 길어지고 일본 정부(총독부)의 경제 침탈을 목적으로 한 정책에 편승해 일본인이 이 분야에서도 상권을 장악하게 되면서 조선인들도 주 고객이 되었다. 고급 원단이나 새로운 원단들이 인기를 모으면서 조선의 의복 시장에서도 큰 위치를 차지하게 된 것이다. 이런 과정에서 조선 내에 거주하는 일본인, 조선인 등에 필요한 다양한 상품군을 확보하여 판매함으로써 취급품목이 크게 확대되었다. 그리고 그 조직을 키워 미나카이처럼 백화점으로 발전한 경우도 있었다. 이러한 맥락에서 독자의 이해를 돕기 위해 역자는 일본의 오복점을, 조선이라는 시장을 염두에 두고 포목점으로 표기했다. —역자
2 오늘날 명동과 충무로 일대. —역자

술, 노하우가 내팽개쳐지고 쇠진하듯 소멸됐다. 왜 미쓰코시나 다카시마야高島屋 등과 같이 역사 속에서 살아남을 수 없었던 것일까? 그야말로 과거의 화려했던 명성은 지금의 시점에서 생각해 보면 문자 그대로 '환상의 미나카이백화점'인 것이다.

3 노렌(暖簾)의 기본적인 의미는 ① 상점의 표시, 점포명의 표기(BI)를 그려 넣어 건물 앞이나 점포의 입구 등에 걸어 놓은 천, 실내에 칸막이, 장식 등으로 이용하는 천이다. ② 점포의 신용, 격식, 기술이나 상품과 서비스의 수준을 의미하기도 한다. ③ 수년간에 걸친 영업으로 형성된 무형의 경제적 가치. 신용에 의한 고객 확보, 단골 거래처, 영업상의 비결, 상거래 신용, 명성 등의 정도를 의미한다.

이처럼 노렌은 많은 것을 내포하고 있다. 그런 의미에서 노렌은 상업적인 측면에서 간판이나 브랜드 가치와 같은 것이며, 일본의 상인은 점포를 잘못 운영하게 되면 노렌의 명성을 손상시킨다고 생각한다. 또한 수 십 년간 명성을 얻고 있는 노렌에 대해서는 그만큼 높은 가치를 인정해 주고 있으며, 그것은 곧 많은 고객을 확보하고 있다는 것과 같다. 그래서 점포나 사업을 일으켜 노렌의 명성을 얻은 곳에 가서 일을 한다는 것 또한 큰 영광이고 혹독한 수행(그 곳에 들어가 수년간 기본적인 일을 배우며 그 노렌의 기술, 정신, 전체적인 문화를 이해하고 익힌다)의 과정이 필수라는 것은 불문율과 같은 것이었다. 그리고 다른 지역에 점포를 내거나 사업기반을 구축할 때면 수년간 그 노렌의 정신과 기술을 완전히 익힌 자만이 그 노렌을 가지고 개점을 할 수 있는 것이다. 이것을 '노렌 나누기(분점)'라고 하며 그것 또한 철저하고 엄격하다. 그것은 본점의 노렌의 모든 가치를 똑같이 이전해 받는 것과 마찬가지기 때문이다.

이 책에서는 본문의 내용에 따라 이해를 돕기 위해 노렌을 브랜드, 간판, 브랜드 가치 등으로 해석해 번역했다. —역자

미나카이와의 만남

무지했음을 고백하자면, 내가 '미나카이三中井'라는 이름을 처음 알게 된 것은 2002년 3월이다. 그해 4월 시가滋賀대학 경제학부 교단에 서게 되어, 그 계기로 오우미상인近江商人의 경영을 오늘날의 마케팅 관점에서 분석해보고 싶다고 생각했다. 우연히 서점에서 발견한 스에나가 구니토시未永國紀: 同志社대학교수의 오우미상인에 관한 저서 《오우미상인近江商人》의 내용 중에서 '미나카이'의 일부를 알게 됐다. 미나카이의 존재를 알게 된 나는 순간적으로 미나카이백화점을 현시대에 다시 재등장시키고 싶다는 생각을 했다.

그것은 미나카이백화점망의 창업, 성장과 발전, 붕괴와 소멸에 이르기까지의 전 과정을 메이지 이후의 일

본과 조선반도, 중국대륙과의 관계사에 되새기며, 창업자 4형제의 오우미상인으로서의 특징과 경영자로서의 능력, 한계를 밝히고 싶다고 생각했기 때문이다. 왜 조선과 대륙[4]에서 최대 규모의 백화점그룹이었던 미나카이가 일본 패망 후 일본 국내에서 재건되지 못했는가를 분석하면 백화점뿐만 아니라 모든 기업경영에 공통되는 창업과 발전, 계승과 존속을 위한 교훈을 얻을 수 있다는 생각을 했던 것이다.

다행히 나는 과거 20년간 한국의 경제계나 학계의 많은 지인과 교류를 계속해왔기 때문에 그들에게 협조를 구한다면 당시의 자료를 비교적 쉽게 구할 수 있을 것이라고 생각했다. 게다가 다행스럽게도 시가滋賀대학에 부임하고 바로 도서관을 들러보았더니 구 히코네고등상업학교旧彦根高商[5]가 수집한 식민지시대의 조선에 관한 방대한 자료가 있다는 사실을 알았다. 산적한 그 자료를 접하면서 솔직히 몸이 떨릴 정도로 격양되었다. 마치 '미나카이'가 오우미상인의 발상지인 시가에 부임한 나를 기다리고 있었다는 생각이 들어 마음속 깊이 가슴 설렘을 느꼈다.

잠깐 언급하고 싶은 것이 있다. 극히 개인적인 이야기지만 나 자신과 식민지시대의 조선, 그리고 현재 한국과의 관계에 대한 소개가 그것이다. 이 이야기 없이는 '미나카이'의 흥망을 추적하게 된 나의 강한 동기를 전할 수 없기 때문이다.

나는 일본인 부모 밑에서 3남으로 1940년 충청남도 부여에서 태어나 1945년 일본의 패전으로 부모님이 다시 일본으로 돌아오기 전까지 그곳에서 자랐다.

부여는 삼국시대 백제의 도읍으로 현재는 금강한국에서는 백마강이라고 부른다변에 조용하게 자리하고 있는 인구 수 만 명의 도시이다. 나에게는

4 중국과 만주. ─역자
5 1922년 10월에 설립된 구 교육제도 하의 전문학교, 현재의 시가(滋賀)대학경제학부 전신. ─역자

5살까지 금강의 강변에서 놀았던 선명한 기억이 있다. 여름에는 물놀이를 하고 겨울에는 얼음이 언 강 위에서 스케이트를 즐겼다. 그 당시의 추억과 모습들이 마음속 깊이 숨 쉬고 있다.

성인이 된 후 경영·마케팅관련 컨설팅회사에 취직해 마케팅 분야 업무에 전념한 후, 20년간 아시아 지역 담당 CEO로 한국을 포함한 아시아 여러 나라를 빈번하게 방문하며 일본, 유럽, 미국 등 세계 각국의 기업을 대상으로 주로 마케팅전략 컨설팅을 해 왔다. 컨설팅 서비스를 제공한 한국 기업은 각 업계를 대표하는 기업으로 그 숫자만 20개사가 넘는다. 동시에 나는 마케팅 업무에 종사하는 전문가 관점에서 한일 간의 경영, 마케팅 이전移轉이론의 구축을 테마로 연구를 지속했으며, 또한 한국 사회, 한국인 소비자, 한국 기업과 관련된 저작물이나 논문을 다수 발표해 왔다. 이 두 가지 이유가 서로 상관되어 나를 미나카이 연구에 몰입하도록 했다.

나는 2002년 4월부터 이 책을 쓰기 위해 취재를 시작했으며, 생존해 있는 미나카이에 근무했던 전 사원이나 그 친인척 등 많은 분들의 인터뷰를 같이 진행했다(자세한 내용은 각 장에서 언급하겠다). 안타까운 것은 10년 정도만 앞서서 이런 작업을 시작했다면 보다 많은 인원의 미나카이 관계자로부터 한층 더 현장감 있고 실감나는 많은 증언을 얻을 수 있었을 것이라는 아쉬움이다. 그리고 미나카이를 알고 난 후 강하게 의문을 갖게 된 한 가지는 '왜 미나카이는 패전 후 재건되지 못했는가'라는 것이다. 이에 대한 답을 얻기 위해서는 일본 국내의 취재만으로는 불충분하다는 것을 깨달았다. 한국에서도 반드시 조사를 해야겠다고 마음속으로 각오를 다졌다.

여기서 잠시 20년간에 걸쳐 한국 내의 지인들과 교류하면서 느낀

내용 등을 책으로 낸 《한일 마케팅 이야기等身大の韓国人 · 等身大の日本人》라는 저서에서 그 일부를 발췌하여 소개하고자 한다.

1979년 10월 27일, 심야에 박정희 대통령이 암살당한 다음날 아침 나는 한국 연구가이자 지인인 사카키바라 요이치로(榊原陽一郎)와 둘이서 한국을 방문했다. 사건이 일어난 후 맨 먼저 김포공항에 내린 몇 명 안 되는 일본인에 포함되어 있었던 것이다. 1976년을 시작으로 3번째의 방문이었다. 마케팅 컨설턴트가 된지 얼마 안 된 나는 당시 유럽 최대 규모의 과자 업체에 의뢰를 받아 한국의 수입제과 시장 조사를 하기 위해 서울을 방문한 것이다.

위령곡이 계속해서 흘러나오는 서울의 거리에서 완전무장한 군인과 전차 등을 자주 볼 수 있었고 그 때마다 긴장감을 느꼈다. 우리는 그런 분위기가 계속되는 가운데 약 1주일에 걸쳐 대표적인 무역상사, 제과회사, 광고대리점 간부들과 면담을 계획대로 진행했다.

그 당시 1979년 방문 때 계엄령하의 서울에서 만난 사람들이 현재도 한국내 많은 지인들 중 그 중심적인 인물들이다. 지금 이 책《한일 마케팅 이야기》을 한국어로 번역하고 있는 김충기는 한국식으로 말하면 나의 형님이다.(중략) 그리고 그간 김충기의 소개를 통해 계속 새로운 지인들의 네트워크, 특히 마케팅과 광고 전문가들을 새롭게 만나면서 그 인맥을 확대해 갔다.

사실 나의 한국에서의 업무는 이러한 끈끈한 지인들 덕분에 폭넓은 분야로 확대 될 수 있었다. 그건 마치 연못 한 가운데 떨어진 단 하나의 돌멩이가 우선 작은 물기둥을 내며 튀어 오른 뒤 곧바로 주위로 퍼지는 물결과 같다. 물결은 점점 커져 물가에 와서 부딪히고 다시 처음에 돌이 떨어져 물결이 일어난 곳으로 돌아온다. 인간도 똑같은 원리로 자신이라고 하는 원점에서 출발하여 확대되며 그런 후 다시 자기 자신으로 돌아온다. 나는 사람과 사람의 관계, 그리고 나 자신이 천직으로 생각하고 있는 직업과의 연관성은 이런 것이라고 생각하고 있다.

하지만 이러한 한국인들과의 교류 중, 그 많은 지인들의 입에서 '미나카이'라는 이름이 나온 적은 없었다.

나는 한국의 많은 지인들에게 전화를 걸었다. 그들은 나와 같은 동년배거나 아니면 7~8년 선배들이다. 그 중에 한 사람, 앞서 소개한 김충기와 이런 대화를 나눈 적이 있다.

"옛날 경성에 미나카이백화점이 있었다는 사실을 알고 있습니까?"라고 나는 정해진 질문처럼 말을 꺼냈다.

"물론 알고 있죠. 경성에서 태어나 경성에서 자랐으니까요. 나와 같은 또래의 사람이라면 다 알고 있을 걸요. 그런데, 갑자기 미나카이는 왜요?"

'서울'이라고 하지 않고 일부러 '경성'이라고 대답한 그는 중학교 때까지 일본어로 교육을 받았다. "우리 세대는 일본 강점기일제 식민지를 경험한 세대로 학교에서는 일본 사람에게 두들겨 맞았고, 해방 후에는 일본인 학교에 다녔다는 이유로 한국 사람들로부터 맞았다. 참 아이러니하다"며 예전에 그가 들려준 얘기가 문득 생각이 났다.

그때까지 그의 입에서 나온 적이 없었던 '미나카이'가 나의 질문이 계기가 되어 갑자기 그의 기억을 통해, 소년시절에 자주 볼 수 있었던 미나카이백화점 경성점의 하얀 빌딩의 모습과 점포 내부의 분위기까지 자연스럽게 그려낼 수 있었던 것에 놀랐다.

"자세한 이야기를 듣고 싶네요. 조만간 서울에 갈 생각인데, 그 때 서울에서 왜 그런 내용들이 궁금한 것인지 자초지종을 설명하지요."

"그래요, 언제든지 오세요. 그 백화점에 대해 알고 있는 몇 사람을 더 찾아보겠습니다. 미나카이는 지금의 충무로 인근에 있었지요. 가까이에 미쓰코시도 있었어요. 2층까지 이어진 에스컬레이터는 한국에서 처음으로 설치됐는데, 그 당시에는 그것 타는 것도 즐거운 일이었죠. 우리들에게는 한국 사람이 경영하는 화신 백화점이 더 친근감이 있었는데 화신은 광복 후 도산해 없어졌어요."

항상 느끼는 것이지만 내 부탁에 싫은 기색 없이 들어 주는 김충기에게 나는 "정말 친 형님처럼 의지가 된다"고 감사의 마음을 전하면서 "가능한 빠른 시일 내에 서울에 갈 생각이며, 아무쪼록 그때 잘 부탁해요"라고 인사하고 전화를 끊었다.

나는 2002년 4월, 6월, 8월, 12월 4회에 걸쳐 서울을 방문했다. 미나카이 관련 문헌, 자료를 모집하고 몇 명의 한국인에게 증언을 들었다. 1935년 전후의 경성의 거리를 재현하기 위해 8월 한 달 동안 서울에서 보냈다. 이렇게 조사하다 보니 결국에는 경성의 거리와 주요 랜드마크Landmark: 미나카이나 미쓰코시를 포함가 보이고 현재의 서울이라는 도시 위에 그 그림들이 자연스럽게 그려질 정도까지 되었다. 경성의 지도나 건물 사진도 입수했다. 그리고 새로운 한국 지인도 얻었다.

어떤 가설

근래 몇 년간 나는 일본과 한국 간에 경영·마케팅 이전에 관해 '어떤 가설'을 계속해서 검증하고 있다. 그것은 오늘날의 한국의 주요 기업은 주로 1970년대에서 시작한 한국 경제의 근대화 과정 중에서 창업 한 후 성장·발전하여 현재의 선발기업이라는 지위를 획득하기까지 크든 작든

간에 거의 대부분의 기업이 일본과 일본 기업으로부터 경영 · 마케팅에
관련한 많은 것들을 이전 받았다는 사실이다.

그 이유에 대해 나는 이전에 출간한《국경을 넘는 마케팅 이전同文舘
出版》이라는 책에서 개략적으로 다음과 같이 언급했다.

일본과 한국의 사회 · 정신문화양국의 종교나 철학, 가치관 등의 역사적인
공통성은 많은 부분에서 찾아 볼 수 있다. 하지만 특히 해방 후에는 서로
받아들이는 측면에서 수용성이 약하다. 즉, 상호 반발하고 있으며 이에
따라 각 기업은 교묘하게 움직이고 있다. 예를 들어 한국 기업은 일본 기
업이나 그 상품브랜드에 마스크를 씌우고 있으며, 이것을 '일본 숨기기감
추기'라고 하는데 일본의 제품 전략을 이전 받아 자사의 브랜드로 한국 내
에서 판매하는 것을 말한다. 자동차, 가전, 화장품, 가정용품, 식품 등의
각 분야에서 일본 기업이 달성한 마케팅 기법이나 노하우의 발전 모델이
한국 기업에 있어서 벤치마킹 모델이 되고 있다. 이런 패턴은 한국의 모
든 업계에서 공통적으로 찾아볼 수 있는 현상이며 이런 움직임은 현재에
도 이어지고 있다.

이 형태는 일본과 한국, 특히 근대 이후의 역사적 배경에 크게 기인
하고 있다. 1910~45년까지의 일제 식민지화의 영향이 지금도 이어지고
있기 때문이다. 한국에서는 일본의 사회, 정신문화와의 공통성이 많다는
사실에 대해서는 공감하지만, 한국인으로서는 그것을 어떤 측면에서는
딱 부러지게 인정하려 하지 않는다. 또한 '일본 것'이라면 왠지 수용하
고 싶지 않다는 정신구조를 무의식이든 의식적이든 가지고 있다고 볼 수
있다. 즉 그것은 일제식민지 시절 '강제적으로 받아들여졌다'는 이유 때
문이다.

그러나 일본과 한국의 경제 · 물질문화경제력, 기술력, 경영과 마케팅 능력

등의 발전 정도를 비교하면 압도적으로 일본의 수준이 높다. 한국 기업은 일본의 선행 마케팅 기술을 거의 대부분 적응화適應化, 현지화 하는 과정 없이 채용하고 모방할 수 있다는 사실을 알고 있다. 그렇기 때문에 한국 기업이나 한국인은 대부분의 제품과 서비스 분야에서 주도적으로 '일본 감추기'를 한 후 일본의 마케팅 기법이나 이전에 필요한 4PProduct, Program, Process, People를 한국으로 이전시키고 있는 것이다.

즉, 일본과 한국의 일맥상통하는 부분이 많고 게다가 일본의 경제, 경영의 발전 수준이 높기 때문에 상대적으로 일본발 경영, 마케팅의 한국으로의 이전이 자연스럽게 가능하다. 다른 한편 한국은 일본에 대한 강한 반발이나 대항심이 있기 때문에 일본 기업을 전면에 내세우지 않고 한국 기업이 자주적인 동시에 '일본 감추기'를 하고 이전할 필요성이 있다.

몇 가지 예를 들어 보자.

일본의 라이온이라는 기업에서 만든 세탁용 세제인 콤팩트세제 '톱'이라는 상품은 1991년에 한국의 제일제당지금의 CJ에 의해 '비트'라는 브랜드 명으로 발매되었다. '비트'의 등장으로 한국에서도 콤팩트세제 시대가 시작되었다. 발매된 지 12년이 지난 2002년 현재 '비트'는 콤팩트세재로 한국에서 시장점유율 1위를 차지했다. 라이온은 기술 라이센스와 마케팅 부문의 전략을 제공하며 흑자수출을 하고 있는 셈이다.

삿포로맥주의 '흑맥주' MFMicro Filter기술이 1993년 조선맥주에 플랜트와 함께 기술이전 되어 한국 내에서 시장 점유율 1위 '하이트'가 탄생되었다. 한국 최초의 본격적인 생맥주는 이러한 과정을 걸쳐 한국인의 라이프스타일에 정착되었다. 삿포로맥주는 '조선맥주' 6라는 친근감 있는

6 일제강점기에 '대일본맥주(삿포로맥주 전신)'가 조선으로 이전시킨 맥주 공장이 패전 이후 개편되어 탄생된 회사.

기업체에 기술과 플랜트를 제공한 것이다. 현재는 회사 이름도 '하이트 맥주'로 바뀌었다.

미쓰비시三菱자동차는 오랫동안 한국의 현대자동차에 기술을 제공해왔는데, 특히 '데보네아'는 현대자동차에 의해 '그랜저'라는 이름으로 판매되어 한때는 고급차의 대명사가 되었다. 거의 같은 기술로 현재는 'XG'로 바뀌었고, 미국에서도 이 승용차로 인기를 끌고 있다.

이와 같이 한국 기업에 의해 일본 기업의 제품전략이 제조기술과 같이 이전되어 '일본 감추기'라는 기법형태을 통해 한국 기업의 브랜드로 각 분야에서 선도적인 위치에 서게 되었다.

이 책에서 거론하는 백화점 경영 분야를 봐도 일본에서 한국으로 경영, 마케팅 분야의 이전 또한 헤아릴 수 없을 만큼 많은 사례들이 있다. 백화점 경영의 전반에서부터 점포 내의 레이아웃이나 매장구성, 상품구성, 납품처의 선별, 점원의 접객교육, 거래내용, 임대영업의 조직구성과 운영까지 해방 후 일본의 많은 백화점이 한국의 현대식 백화점의 창업이나 확대에 협력하고 관여했다. 이 분야에서도 몇 가지 대표적인 사례를 소개하기로 한다.

현재 한국 최대의 롯데백화점망을 경영하는 롯데쇼핑은 1979년 2월 서울 본점을 개점할 당시 일본의 다카시마야高島屋7로부터 백화점을 개점 운영하기 위하여 하나에서 열까지 기술, 노하우에 대해 철저한 지도를 받았다. 사실은 미쓰코시三越백화점의 도움을 받고 싶었지만 미쓰코시는 이미 다른 백화점화신백화점: 1980년에 도산과 관계를 맺고 있었기 때

7 다카시마야(高島屋)는 일본 최대의 백화점 브랜드이다. 다카시마야의 발상지는 교토(京都)이며, 1831년 이이다 신히치(飯田新七)가 헌옷과 무명(솜) 가게로 창업했다고 한다. 현재는 오사카에 본사를 두고 있는 일본 최대급의 백화점으로 연매출 1천억 엔대의 백화점 점포를 여러 개 가지고 있는 백화점기업이기도 하다. 현재의 시가(滋賀)현의 오우미상인(近江商人)의 계보로 본다. —역자

문에 차선책으로 다카시마야에게 의뢰해서 협력을 받은 것이다. 롯데는 그 후 서울 잠실점, 부산점을 개점할 때에도 다카시마야의 전면적인 협력을 받았다.

롯데그룹의 회장인 신격호일본명 重光武雄는 1977년에 일본인 백화점 경영자인 아키야마 에이이치秋山英一를 스카우트해서 앞서 언급한 다카시마야 백화점과의 제휴를 비롯한 백화점 경영에 필요한 모든 권한을 위임했다. 아키야마 에이이치는 나와의 인터뷰에서 미쓰코시의 부장을 거쳐 고쿠라타마야小倉玉屋[8] 의 상무로 재임 중에 시게미쓰 다케오重光武雄: 롯데그룹 신격호 회장의 일본명로부터 스카우트되어 롯데에서 일하게 됐다고 했다. 아키야마 에이이치는 1995년에 롯데에서 퇴임할 때까지 18년간 서울에서 생활하며 롯데백화점의 부사장으로 경영일선에서 일했다. 현재 그는 백화점 컨설턴트로 서울에 사무실을 두고 한국 백화점 업계에서 계속 활동하고 있다. 한국 백화점 업계 2위인 현대백화점은 1984~85년에 걸쳐 다이마루大丸[9]의 전면적인 협력을 받아 창업했다.

오래도록 명문 백화점으로 자리를 잡고 있는 신세계백화점은 1982~89년에 걸쳐 미쓰코시의 전면적인 지도를 받았으며, 삼성그룹의 손에 의해 본격적인 백화점으로 창업되었다. 자세한 내용은 3장에서 전하기로 하고 신세계 본점은 지금도 1930년에 완성된 미쓰코시 경성점京城店의 건물4층 건물에 한 층을 더 증축해서 사용하고 있지만, 그 당시의 미쓰코시 점포를 그대로 사용하고 있다.

미쓰코시의 경영지도를 솔선해서 적극적으로 받아들인 유한섭柳漢燮은 당시에 신세계백화점 대표이사직을 맡고 있었다. 2002년 유한섭의 증언

8 후쿠오카현(福岡県) 기타큐슈시(北九州市)에 있었던 백화점, 1938년 개업. —역자
9 다이마루(大丸)는 일본을 대표하는 백화점의 하나다. 관서(関西)지방을 기반으로 오사카, 고베, 교토, 삿포로, 도쿄 등에 직영으로 운영하는 주력 점포가 있다. 1717년 시모무라(下村)가문이 교토에서 포목점을 개업했으며, 1928년에 다이마루(大丸)로 개명했다. —역자

에 의하면 "미쓰코시와의 제휴에는 삼성그룹 회장이었던 이병철李 秉喆: 와세다대학 졸업이 적극적이었다. 이병철이 직접 나서서 미쓰코시 사장이었던 오카다 시게루岡田茂에게 협력을 의뢰했다"고 한다.

이처럼 한국의 근대적인 백화점은 실질적으로는 일본 백화점 경영, 마케팅을 재현하는 것에서부터 시작됐다고 해도 과언은 아니다. 그후 응용, 혁신을 지속적으로 이어가면서 서양의 선진 백화점 경영을 배워 도입하고 적용하면서 현재는 일본적인 것과 서양적인 부분을 조화롭게 잘 접목, 절충하여 한국 독자적인 형태로 변모시켜가고 있는 것이다.

오늘날 한국인이 매번 주장하듯 일제식민지 때 "그 일본 문화를 중심에 두고 한국 문화를 융합해 일본화하려고 했다"는 말은 사실이다. 그런 와중에 당시 조선이 일본화 하고, 조선인이 일본인화 해서 '일본 문화'를 받아들였던 것도 사실이다.

여기서 말하는 '일본 문화'의 구체적인 내용은 일본인에 의한 경제활동이나 일상생활에서 필요로 하는 일본의 상품이나 서비스다. 따라서 백화점이라고 하는 것은 일본 문화를 상품이나 서비스 등의 형태로 조선에 제공하는 그런 상징적인 것이었다.

1935년 무렵 경성에는 일본인이 경영하는 미나카이 경성 본점을 시작으로 미쓰코시 경성점, 조지야丁子屋 본점, 히라타平田백화점, 이 4대 백화점과 조선인이 경영하는 화신和信백화점을 합해 5대 백화점이 있었다. 백화점의 경영, 마케팅 형태는 일본식이었고, 판매하는 상품은 조선의 특산품고려인삼 등을 제외하고 거의 모든 상품들이 일본 제품이었고, 고객층의 60~70% 이상은 조선인이었다. 1935년대의 경성 인구는 60~100만 명으로 그 중에서 일본인은 13~15만 명 정도였기 때문에 고객 대상을 일본인으로 한정해 생각했다면 일본인이 경영하는 4개의 백화점만으로도 충분했을 것이다.

　조선인은 일본인의 라이프스타일을 받아들이고 일본 상품을 좋아했다. 특히 미쓰코시 브랜드의 명성은 조선인 사이에서도 일본인만큼이나 선호했다. 브랜드 명성 측면에서 보면 미나카이는 도저히 미쓰코시를 이길 수 없었지만, 일본 상품을 선호하고 미쓰코시나 미나카이 브랜드를 특히 애용했던 많은 조선인이 일본인과 함께 5대 백화점을 1945년까지 지지해준 중요한 고객이었다.

　1945년일본 패망 이후 다시 미쓰코시, 다카시마야高島屋, 다이마루 등 일본의 명문 백화점이 한국 업체가 백화점 창업을 할 때 그들 업체들로부터 협력을 요구받아 그에 응하게 된 것은, 한국측과 일본측 모두가 일본의 유명 백화점의 경영기법과 노하우가 한국 내에서 충분히 통용되고 한국인 소비자도 그런 스타일의 백화점 운영 형태를 선호한다는 사실을 알고 있었기 때문이다.

　한국인은 '명문'을 좋아한다. 앞에서 언급한 신격호는 해방 후 일본에서 롯데그룹을 세운 입지전적인 한국인 사업가이고, 이병철은 오늘날 한국 최대 기업으로 성장한 삼성그룹의 창업자다. 두 사람 모두 일본에서 공부를 했으며, 그 카리스마와 같은 강한 리더십과 일본적 경영, 마케팅을 한국 내에 적용시켜 대성한 인물이다. 그들이 그 누구보다도 적극적으로 일본의 명문 백화점과 제휴를 원했다.

　단, 그들은 직접적인 표현을 빌려 일본 기업이나 백화점으로부터 경영지도를 받는다는 사실이나, 그리고 일본의 기업브랜드나 백화점브랜드를 제휴처로 공표하는 것은 가급적 피했다. 이런 것이 속된말로 '일본 감추기숨기기'다.

　여기서 잠깐 오해가 없도록 한 가지 덧붙이도록 하겠다. 일본에서

도입해 성공한 한국 기업의 경영, 마케팅 모두가 일본 숨기기를 통해 이루어지고 있다고 주장하는 것은 아니다. 확실한 것은 이러한 예들이 모든 분야에서 압도적으로 많음을 부정할 수 없다는 사실이다.

다음에 소개하는 것처럼 다른 계보를 통해 성공한 예도 많다.

일본 기업이 투자회사 설립이나 라이센스 계약을 통해 한국측 파트너에게 브랜드를 제공한다. 한국측은 독자적으로 선발주자의 입장에 서서 한국 내에서 최고의 브랜드로 성장시킨다. 일본 기업은 브랜드 사용료, 완성품의 판매, 중간재료의 판매, 마케팅 측면의 노하우 제공 등, 후방 지원 비즈니스에만 중점을 둔다. 물론 그 대가도 확실하게 확보한다.

이러한 예를 연대순으로 몇 가지 소개한다.

유산음료로 유명한 야쿠르트1971년, 사진필름의 후지필름1974년, 가스기구의 린나이1974년, 폴라화장품1986년, 스포츠음료인 포카리스웨트1987년 등이다. 이들 브랜드의 마케팅은 모든 면에서 한국측이 주도적으로 실행하고 있다.

이 계보에서도 중요한 포인트는 일본 기업이나 일본인이 경영, 마케팅 전반을 제공하고 있다는 사실을 한국사회에서 표면화하지 않았다는 것이다.

일본 기업이 독립적으로 자기 브랜드를 한국에 진출시켜 직접 마케팅을 전개하게 된 것은 극히 최근의 일이다. 글로벌기업 전략측면에서 극히 당연한 국제화 마케팅, 즉 다른 선진국 브랜드처럼 브랜드의 세계화 전략으로 한국에서도 고유브랜드를 가지고 직접 사업을 전개할 수 있었을 텐데 일본 기업의 경우는 조금 다른 방법을 통해 한국 시장에 진출해왔고, 극히 최근에서야 직접 진출을 꾀하게 된 것이다.

일본 기업이 직접 한국에 진출해 그 브랜드로 성공한 예는 드물다.

마일드세븐라이트1989년, 엡손1996년, 시세이도1997년, 소니1999년, 도요타의 렉서스2001년 등이 그런 성공 사례다. 앞으로는 이런 형태를 통해 한국 내의 브랜드 이전이 증가할 것으로 본다.

식민지시대가 끝나고 반세기 이상이 지난 지금, 조금씩이나마 한국·한국인은 과거에 강제적으로 받아들여야 했던 일본화·일본인화의 기억에서 조금은 자유스러워졌고, 오늘날의 일본·일본인의 사회와 정신문화에 대한 반발심은 점점 약해지고 있다고 말할 수 있다. 그러한 흐름 속에서 이제 일본 기업·일본의 상품 브랜드가 '일본 숨기기' 없이 한국 시장에서 자유롭게 경영·마케팅을 전개할 수 있는 여지도 확대되었다.

생각해보면 현재 한국과 일본 기업간 제휴관계를 유지할 수 있게 해준 그 바탕이나 벤치마킹의 대상으로 서로 협력관계로 발전해올 수 있는 그 근간은 과거 1945년 이전의 '미쓰코시', '미나카이'에 있다고 할 수 있을 것이다. 1945년 이후 재건되지 않은 '미나카이'는 일본인의 기억에서 사라졌지만, 어떤 연령층 이상의 한국인에게 있어서는 과거 일본을 대표하는 백화점으로 지금도 미쓰코시 다음으로 기억 속에 살아 숨쉬고 있다.

즉, 한국인에 있어서는 식민지시대의 미나카이나 미쓰코시의 백화점 이미지가 1945년 이후 근대 백화점이 개점 될 당시 본격적인 백화점 모델의 원형이 된 것이다. 그래서 한국의 백화점 경영자의 대부분이 미쓰코시, 다카시마야, 다이마루를 비롯한 세이부西武, 도큐東急, 이세탄伊勢丹, 마쓰야松屋에 이르는 일본의 대표적인 백화점과 제휴를 한 것이다. 만약 미나카이가 1945년 이후에 일본에서 재건되었다면 당연히 한국의 많은 기업에서 제휴를 요청했을 것이다. 우연히 지리적으로 거리가 가까운 일본 백화점을 제휴상대로 선택했다고 하는 한국측 설명도 있으나 그것은 어떻게 보면 속마음을 드러내고 싶지 않다는 변명일 수도 있다. 아무리 멀어도 일본보다도 뛰어난 기술, 노하우가 있으면 유럽이든 미국이든 적극적으로 도입하는 것이 한국 기업의 스타일이기 때문이다.

미나카이라는 백화점이 1945년 이후에 일본에서 재건되지 못한 것은 일본 패망이라는 결정적인 역사적 사건에 의해 조선·대륙에 있었던 점포나 상품을 모두다 압수, 몰수당했기 때문이 아니고 재건할 생각으로 그 노력을 하지 않은 후계자들에게 그 주요 원인이 있다고 본다. 이런 점도 가능한 한 검증해보고 싶다.

미나카이의 창업, 성장과 발전, 붕괴와 소멸의 드라마를 재현하는 데 있어서는, 그 당시의 조선에 중심축을 세우고 필요에 따라서는 실질적인 본부·본사가 있었던 시가현滋賀県의 곤도金堂10와 교토京都의 무로마치室町에서 그 역사의 기록들을 찾아보는 방법을 선택했다. 당시 상당히 일본화 된 조선 사회에서 보다 선명한 미나카이의 실상을 찾아 낼 수 있을 것이라는 생각 때문이다.

독자 여러분도 마지막까지 나의 안내에 따라 같이 미나카이백화점의 흥망을 돌아볼 수 있기를 간절히 바란다. 여러 가지 측면에서 불편하지 않다면 다양한 다른 의견들도 적극적으로 내주길 바라는 마음도 전하고 싶다. 일본과 한국·조선반도와의 관계는 폭넓고 깊이가 있으며, 또한 길고 긴 세월을 함께 해왔다. 결코 짧지만은 않았던 미나카이의 40년간의 역사의 재현과 분석을 통해 그러한 것들을 느낄 수 있다면 참된 보람이라고 생각한다.

10 곤도(金堂)는 시가현(滋賀県) 간자키군(神崎郡)에 있었으나 최근에 히가시오우미시(東近江市)에 편입되었다. 농촌지역이지만 동시에 오우미상인의 발상지이기도 하다. 특히 곤도지구는 메이지부터 쇼와 초기까지 활약한 상인 거주지와 유적지가 즐비하다. 주위의 농촌풍경과 함께 중요전통건조물보존지구로 지정되어 있다. ─역자

대구에서 경성으로

1. '미나카이상점' 창업

나카에 4형제

미나카이백화점三中井百貨店의 주인공은 나카에中江 일가 4형제다편의상 미나카이 창업자 4형제라고도 부른다. 사진 Ap.20는 유일하게 현존하는 4형제가 같이 찍은 사진으로 1914년에 촬영했다고 한다.

3대째인 장남 나카에 가쓰지로中江勝治郎: 호적상의 이름은 젠조(善蔵), 1872년생, 차남은 니시무라 규지로西村久次郎: 니시무라 집안의 양자가 됨, 1875년생, 3남은 도미주로富十郎: 1877년생, 5남은 준고로準五郎: 1886년생의 4명이며, 4남인 요네사부로米三郎는 요절했다.

출생지는 모두 현재의 시가현滋賀県의 곤도金堂다출생지 일본 주소: 滋賀県神崎郡五箇荘町金堂. 곤도는 이미 에도시대부터 상업 활동이 활발했고, 많은

A 창업 4형제, 1914년.
왼쪽부터 준고로(28세), 규지로(39세), 가쓰지로(42세), 도미주로(37세)
출처_나카에 스미(中江寿美) 소장

오우미상인近江商人[11]을 배출했다.

　　오우미상인 중 구 히코네한 료旧彦根藩領[12]에서 나온 상인을 고토상인湖東商人이라고 하며, 다시 거기에서 노토가와상인能登川商人과 고카쇼상인五箇荘商人으로 나눠서 부른다. 이 분류로 말하자면 나카에 4형제는 고카쇼五箇荘의 고토상인이다. 오우미상인은 고토상인 외에 출생지별로 다카시마상인高島商

11 에도시대 초기 이전부터 오우미국, 지금의 시가현 지역에서 배출된 상인을 의미한다.
오우미상인은 오우미 지역과 타 지방의 특산물 등을 멜대를 이용해 어깨에 짊어지고 다른 지방으로 내려가 저울에 달아 장사를 하고, 또 돌아오는 길에는 다른 여러 지방의 특산물 등을 가지고 들어와 판매했다. 상권을 점차 확대해 각지에 출점을 하여 도매업으로 성공한 사람도 많았다.
히노(日野), 하치만(八幡)의 상인은 초기부터, 고토(湖東)의 상인은 중기와 후기에 전국으로 진출했다. 오우미지역 내에서만 상권을 확보해 장사를 하는 상인은 지아키나이(地商)라고 불렸고, 유망한 지역을 오가며 장사를 하는 형태를 모치쿠다리아키나이(持下り商い)라고 했다.
참고로 미나카이는 오우미상인 중에서 고토상인(湖東商人) 출신이며, 또 거기서 더 세분화하면 고카쇼상인(五箇荘商人) 출신인 나카에 가문의 나카에젠조

(中江善藏)가 가쓰지로(勝治郎)라는 경영자브랜드를 이어받아 형제들과 함께 백화점 사업을 키운 것이다. —역자

12 히코네한료(旧彦根藩領): 구 히코네 번(藩)의 영역(영토). —역자

13 모치쿠다리아키나이(持下り商い)는 오우미상인 행상의 한 형태다. 거주지와 외지를 오가며 장사하여 사업 확대의 기초를 다졌다. 이 행상은 소매업이라기보다는 상품을 대량으로 취급하는 도매업에 가까웠다. 특정

모치쿠다리아키나이 모습

지역에 나가 행상을 하면서 신용을 얻고, 그 지역의 유지와 친해지면 상품을 말이나 배로 그 지역에 먼저 보내고, 자신은 그 후에 소지품을 꾸려 큼직한 저울과 함께 등에 짊어지고 가서 현지의 상인과 상담하며 활발하게 장사를 했다. 이 행상의 형태는 각지의 비즈니스 상황조사를 겸할 수 있어서 사업 확대와 사업 능력을 키울 수 있는 좋은 기회이기도 했다.

행상을 통해 자금을 확보하고 그 지역에서 신용을 얻게 되면 개점을 한다. 그렇게 점포를 낸 지역에서는 더 많은 정보를 얻을 수 있다. 이것은 비즈니스 확대를 위해 필요한 수요와 공급의 분석, 시황을 예측할 수 있는 가치 있는 정보들이었다. 즉, 모치쿠다리아키나이는 소규모 행상이 거상으로 성장해가는 과정이었다. —역자

14 텐빙보(天秤棒)는 오우미상인이 행상을 할 때 사용하는 굵은 막대기 형태의 멜대다. 양쪽에 짐을 매달아 어깨에 메고 행상을 한다.

이 멜대는 행상을 본업으로 하는 오우미상인에 있어서는 귀중한 친구와 같은 것이었다. 그리고 그 기다란 봉(棒)은 때로는 호신용

텐빙보

검처럼 듬직한 존재이기도 했다. 또한 재산을 불려주는 입신출세의 상징이기도 하다. —역자

人, 하치만상인八幡商人, 히노상인日野商人으로 분류된다.

고토상인은 히노상인에 1백년 정도 늦고, 하치만상인에게는 2백년 늦은 19세기경부터 출현했다고 전해지며, '모치쿠다리아키나이持下り商い'13에 종사하던 사람이 많았다. 즉 물건을 사전에 현지에 보내놓고, 그 곳에 직접 가서 텐빙보14를 이용해 짊어지고 간 물건을 단번에 팔아치우는 형태다.

어린 나이에 장남인 가쓰지로와 도미주로가 모치쿠다리아키나이에 종사한 것은 고토상인의 전통을 이어받았기 때문이다. 옛날부터 본래 농업이 주업이었던 곤도에서 영세한 소매업자가 연명을 하기 위해서는 본거지를 벗어나 외지에서 시장을 개척해야했다. 그들은 후에 조선, 만주에 시장을 개척하고 고토상인의 성공자 명단에 이름을 올렸을 뿐만 아니라 일본 백화점사에서도 그 이름을 크게 새기게된 것이다.

고토상인의 성공사례를 오늘날의 기업명으로 열거해보면 일본의
상사들의 뿌리를 알 수 있다. 섬유제품 도매업으로 교토산조京都三条의 호
시큐星久, 같은 업종의 교토京都의 도노요外ㄴ나 도노이치外市, 도쿄東京의
쓰카모토상사塚本商事[15], 종합상사로서 관서지방의 5면五綿[16]이라고 불린
이토추伊藤忠, 마루베니丸紅, 니치멘日綿, 도멘東綿, 고쇼江商: 카네마츠로 변경 등
은 고토상인이 그 비즈니스의 근원이 된다.

나카에 4형제의 집안은 대대로 곤도에 거주했고, 포목점 · 잡화와
생활용품점을 운영했다. 나카에라는 성은 선조가 오우미국近江国[17]의 별
칭인 고슈江州의 중앙부분에 해당하는 곤도에 살고 있었기 때문에 '고슈
의 한가운데'라는 의미에서 발상하여 붙여지게 되었다는 유래가 있다.
나카에 집안의 기원에 관해 가쓰지로가 직접 쓴 '자서전'에 따르면 그
집안 계보는 오다 노부나가織田信長[18]에서 시작되었다고 한다.

초대인 한자에몽半左衛門은 1662년에 출생하여 1743년에 사망했다
고 기록되어 있다. 그 후 초대 가쓰지로가 1824년에 본가를 계승했을 때
처음으로 '나카이야中井屋'라는 상호를 사용한다. 농업을 하면서 틈틈이
'모치쿠다리아키나이'를 하던 소매업이다. 2대의 가쓰지로는 5남 3녀를
두었고 곤도에서 성실하게 가업을 이었다.

미나카이의 창업을 하는데 중심 역할을 한 사장직을 맡은 3대째의
가쓰지로는 2대의 장남이며 에도시
대부터 헤아리면 나카에 가문의 8대
째의 장손이다.

3대째인 가쓰지로는 1887년 3
월 명신학교 고등1급明新学校高等一級을
졸업한 후 누나의 시댁인 야마와키

15 쓰카모토상사(塚本商事), 미카레디로 변경.
16 5면(五綿)은 일본 관서(関西)지방에서 섬유 상
사로 출발하여 유명해진 5개 회사(브랜드). ―역자
17 오우미국은 과거 일본의 지방행정 구분이었던
나라(国)의 하나로, 지금의 시가현(滋賀県)의 범위
에 해당한다. 고슈(江州)라고도 불렀다. ―역자
18 오다 노부나가: 1534년~1582년, 일본의 전국시
대 대명(大名, 다이묘). ―역자

고헤山脇五兵衛 밑에 들어가 미노美濃,19 이세伊勢20 오와리尾張21 방면에 포목 도매상의 견습을 시작했다. 그는 모치쿠다리아키나이의 업무를 하고 있었던 것이다.

1897년 부친인 2대 가쓰지로가 사망했기 때문에 25세인 장남 젠조는 야마와키山脇 가문 일을 그만두고 가업인 '나카이야'를 상속받아 장남으로서 일가족을 짊어지게 되었다. 그 때 호적 이름 젠조를 개명하여 3대의 가쓰지로라는 세습명襲名22을 따른다. 당시 차남인 규지로당시 나이 22세는 군생활 중이었다. 어릴 때부터 야마와키 가문의 양자가 된 3남인 도미주로당시 나이 20세는 누나인 나카와 남편 야마와키 고헤 사이에 아이가 태어났기 때문에 본가로 다시 돌아와 곤도에서 소학교를 마쳤다. 그 후 형인 가쓰지로와 함께 야마와키 가문에서 일을 했다. 가쓰지로와 도미주로 형제에 있어서 야마와키 가문은 장사하는 기법을 읽힐 수 있었던 지금의 비즈니스 스쿨과 같았다. 5남인 준고로는 15살로 아직 어렸다.

이 나카에 가문의 4형제는 항상 몇몇 친척으로부터 지원을 받게 된다. 우선 포목 도매상을 하고 있는 누나의 시댁인 야마와키 가문이다.

나카에 가문의 4형제가 훗날 조선에서 포목점을 열고 미나카이백화점으로 비약적인 발전을 하는 과정에 있어서, 야마와키 고헤 일가는 미나카이에 입사해서 그 가족 네 사람 모두 임원이 된다.

19 현재의 기후(岐阜)현 남부지역. ─역자
20 현재의 미에(三重)현에 해당하는 지역. ─역자
21 오와리(尾張), 현재의 아이치(愛知)현 서부에 해당하는 지역. ─역자
22 일본에서는 본명과는 별도로 특정 이름을 세습하는 경우가 많다. 이것은 그 가치나 명성을 이어가거나 더욱 발전시키기 위한 것이다.
이 책에서 나오는 예로 부연 설명을 하도록 한다.
여기서는 나카에 가문에서 일으킨 상업을 이을 인물에 가쓰지로라는 이름을 붙였다. 즉, 경영자 이름의 세습이다. 3대 가쓰지로가 미나카이백화점의 경영자로서 중심인물이다. 그는 본명이 나카에젠조(中江善藏)다. 선대로부터 가쓰지로라는 대대로 이어갈 세습명(역자는 이것을 상업을 이어가는 경영자 브랜드라고 해석함)을 받은 것이다. 이런 형태의 세습명은 일본의 가부키나 일본 만담(일본어로는 落語라고 함) 등과 스모, 상업을 잇거나 장인기술을 잇는 사람 등에서도 많이 찾아볼 수 있다. ─역자

다음은 가쓰지로의 부인인 기미의 친정인 오쿠이 와헤이奧井和平 가족 두 사람도 나카에 4형제를 지원한다.

3대 가쓰지로 부부에게는 자녀가 없었기 때문에 또 다른 누나 노부의 시댁인 가와이 구메지로河井粂治郎 가문의 4남인 조카 슈고修吾, 장손의 역할로 가쓰지로의 4대가 됨를 양자로 맞이한다. 그 가와이河井 가문에서도 한 사람이 미나카이의 임원으로 들어온다.

1935~40년에 전성기를 맞이한 미나카이는 나카에 가문의 4형제와 그 아들들을 중심축으로 하고, 야마와키 가문, 오쿠이 가문이라고 하는 일가친인척으로 그 주위를 견고히 다지고 일대 가족기업을 형성했다부록의 가계 도표 참조.

도미주로의 결단

1897년, 가쓰지로**23**가 '나카이야中井屋'를 상속승계 받은 거의 같은 시기에 야마와키 가문의 일을 그만 둔 도미주로는 자유의 몸으로 서일본西日本지역을 전전하다가 1903~4년에 걸쳐 먼 친척인 사가현佐賀県 가라즈唐津시의 포목점 '마루바시丸橋'에 취업했다가문의 전기에 기록된 내용.

1904년 가을 도미주로는 강력한 만류에도 불구하고 '마루바시'를 그만두고 바다 건너 조선으로 향한다. 가문의 전기《家傳》에 의하면 도미주로는 야망이 크고 왕성한 활동력을 겸비하고 생각이 들면 바로 행동으로 옮기지 않으면 안 되는 그런 성격이었다. 그리고 어떤 사업이든 '그 지역에서 최고가 된다'는 목표를 가지고 온몸을 던져 일했다.

도미주로가 왜 그토록 '최고가 된다'는 목표의식을 강하게 가지게 되었는가에 대해 놀라운 에

23 3대 가쓰지로(勝治郎) 본명은 젠조(善蔵). ─역자

피소드가 있다.

　도미주로가 야마와키 가문에서 전국적인 행상을 하던 때의 이야기다. 그는 면식이 있던 어느 이세伊勢지방의 대형점포의 사장을 방문해 호의를 얻어 '정원에 만들어진 휴식처에서 점심식사를 하고 있었다.' 그런데 부인이 갑자기 다가와서는 도미주로를 벌레를 잡아 밖으로 던지듯 내쫓았다. "주인어른이 안쪽에 들어와 쉬었다 가라"고 했다고 하는 설명 등은 듣지도 않고 막무가내였다. 도미주로는 '정말 죽고 싶을 정도로 굴욕적이었다'고 회고했다고 한다. 그 때의 굴욕감이 동기부여가 되어 '당대의 최고, 최대'가 되지 못하면 상인으로서 성공했다고 말할 수 없다는 신념을 갖게 되었다고 한다. 도미주로의 데릴사위인 나카에 아키히로中江章浩와 친아들이인 나카에 데이치中江悌一 이 두 사람은 아버지에게 그런 이야기를 자주 들었다고 한다. '억울함을 다스리지 못하고 그 화로 몸을 망치지 말고, 일을 통해 승화시켜라'는 것이 도미주로의 가훈이었다. 도미주로는 가라즈에 있는 마루바시포목점을 그 지역에서 최고로 키워야 한다는 생각으로 엄청난 노력을 했으며 주인은 그런 도미주로를 높이 샀던 것이다. 자신의 딸과 결혼하고 데릴사위로 점포를 이어줄 것을 부탁할 정도였다. 하지만 도미주로는 그런 유혹까지 거절하고 가쓰지로와 함께 대구에서 미나카이를 창업하겠다는 꿈을 꾼 것이다.

　마루바시포목점을 그만두기 오래전에 도미주로는 몇 번인가 부산에 갔던 것으로 생각된다. 말하자면 시장조사 차원에서 말이다. 조선에 유람하러 방문한 것은 아닐 것이다. 소문으로만 듣던 일본 상인의 조선 이주 붐이 정말 자신이 꿈꾸던 사업을 크게 키울 수 있는 찬스인지 어떤지를 자신의 눈으로 꼭 확인하고 싶었을 것이다.

　그 당시 확실히 부산에서는 조선인 사이에서 일본제 상품이 날개

돈친 듯 팔려나갔다. 이윽고 도미주로는 빈번하게 배를 이용하여 부산에 생활 잡화 등을 운반해 팔았으며, 조선이 유망한 시장이라는 사실을 확신할 수 있었다. 그러나 부산에는 이미 많은 일본 상인이 진출해 있었으며 그 중에서 최고가 되기 위해서는 엄청난 경쟁을 각오해야 했다. 자본력도 별 볼일 없었던 자그마한 '나카이상점中井商店'이 생활용품과 잡화 분야에서 이미 기반을 쌓아올린 다른 상점과의 경쟁에서 이길 수 없었다. 그래서 도미주로는 다른 방도를 생각해야 했다.

조선으로의 이주 붐

미나카이의 조선 진출은 당시 동북아시아의 상황, 그 중에서도 조선에서의 주도권 획득을 둘러싼 청나라, 일본, 러시아가 치열하게 다투었던 역사적 상황과 깊은 관계가 있다. 일본 정부는 조선에서의 주도권 강화를 위한 구체적인 정책의 하나로 일본인, 특히 상인의 이민을 장려했다.

　　일본인이 조선에 진출하게 된 최초의 계기는 메이지 시대인 1876년의 강화도조약에 기초로 한 조선개국朝鮮開國이다. 부산, 인천, 원산 등이 잇따라 개항했다. 일본 정부는 조선에서 상업분야에서도 영향력을 키우기 위해 개항한 도시에서 일본인의 무역이나 상업활동을 지원했으며, 일본인은 일본 국내와 같은 수준으로 자유롭게 장사를 할 수 있었다.

　　1876년의 개국 당시 부산에는 일본인이 불과 82명 정도밖에 없었는데, 청일전쟁1894~95년과 러일전쟁1904~5년에서 일본이 승리하게 되어 2차 한일협약을미보호조약이 체결된1905년 후에 급속하게 일본인 이주자가 늘어났다. 1905년도에는 조선 전체 일본인 거주자는 4만 2460명으로 늘어났다. 그들의 직업 구성을 보면 1904년에는 일본인의 약 30%, 1907년에는 약 38%가 상업무역을 포함에 종사하고 있었다. 상인이 특히 눈에 띄게 많았다. 그들 대부분은 청일, 러일전쟁에서 일본군에 협력했으며, 군수물자를 조달하고 수송하는데 일익을 담당하면서 부를 축적했다.

1907년 3차 한일협약[24]이 체결되어 대한제국의 국권외교권과 국내시정권이 일본의 보호하에 놓이자 일본인 거주자는 급속하게 늘어났고, 1910년의 한일병합 때는 17만 1543명에 달했다. 불과 5년간에 4배 이상으로 증가 했다. 그 중에 약 4만 9천명약 30%이 상인이었다. 그동안 일본인 거주자는 부산이나 인천 등의 항구 도시뿐만 아니라 조선통감부가 설치되고 정치, 경제의 중심이 된 한성당시 서울의 지명으로 집중되기 시작했다. 1910년 시점의 한성의 일본인 인구는 약 4만 3천명에 달했다. 조선전국의 일본인의 4분의 1이 당시 한성에 살았던 것이다.

1876년의 개국개항에서 1910년의 한일병합까지 35년간은 일본이 조선에서 주도권을 확립하고 간접적으로 지배했던 기간이었다. 상인들의 움직임을 중심으로 보면 이 기간 동안 조선에서 성공한 많은 상인의 성공신화가 계속해서 일본에 전해졌다.

부산에서 크게 성공을 거둔 후 쿠다 조헤福田增兵衛(옷감, 김의 무역상), 오이케 쥬스케大池忠助(제염과 무역), 오쿠라 기하치로大倉喜八郎, 大倉組·오쿠라토목회

24 3차 한일협약(정미7조약)은 일본이 한국을 병탄하기 위한 마지막 조치로 당시 정부에 법령제정, 관리임명, 행정 등에서 일본통감의 지도를 받고, 동의를 받아야 하며, 승인을 거칠 것을 명시했다. 을사조약으로 외교권을 박탈한 일제는 1907년 7월의 정미조약으로 내정간섭권까지 강탈했다. 이 조약의 후속조치로 행정실권을 장악하기 위해 대한제국의 대신 밑에 차관을 임명하고 경찰권을 위임하도록 하였으며, 일제는 경비를 절약한다는 이유로 한국군대를 해산했다. 이밖에 언론탄압을 위한 '신문지법', 집회와 결사의 자유를 박탈하기 위한 '보안법' 이 공포되었다. 이로서 일본이 외교와 내정간섭권까지 강탈한 것이다.
그러나 이 조약은 1905년 을사조약의 무효를 주장하는 고종황제를 일제가 강제로 퇴위시킨 직후에 체결된 조약으로서 법적 유효성에 의문이 제기되고 있다. —역자

표 1-1 일본인 거주자 수의 증가(1876~1910)

	조선전국	한성(경성)	부산	인천	원산
메이지9년(1876)	82	-	82	-	-
메이지13년(1880)	-	-	2,066	-	235
메이지18년(1885)	-	89	1,896	562	235
메이지23년(1890)	(91)9,021	523	4,344	1,616	680
메이지28년(1895)	12,303	1,839	4,953	4,148	1,362
메이지33년(1900)	15,829	2,115	6,067	4,215	1,578
메이지38년(1905)	42,460	7,677	13,364	12,711	3,150
메이지39년(1906)	-	11,724	15,989	12,937	5,120
메이지40년(1907)	-	14,829	18,481	11,467	4,162
메이지41년(1908)	-	21,789	21,292	11,283	4,055
메이지42년(1909)	-	28,788	21,697	10,907	4,069
메이지43년(1910)	171,543	43,106* (34,468)	21,928	13,315	4,696

출처_손정목(1982), 《한국 개항기 도시변화과정연구》, 일지사 등
*1910년에 합병한 용산을 포함한다.

사, 등이 있고, 인천에서 크게 성공한 고리 긴자부로郡金三郎(무역), 히구치 헤이고樋口平吾(히젠(肥前) 도자기의 무역상), 와다 쓰네키치和田常吉(약재상) 등이 대표적인 예이며 그들의 출생지는 나가사키長崎, 후쿠오카福岡, 쿠마모토 熊本 등이 많았다.

　이들의 성공담은 특히 그들의 출생지인 3개의 현縣뿐만 아니라 폭 넓은 지역으로 구전되어 많은 사람들이 조선으로 이주하기를 희망하거나 야망을 갖게 되었다. '소규모 상인이 대상인이 될 수 있는 기회가 조선에 있다'는 이야기가 항간에 나돌았다.

　'일본인에게는 조선은 새로운 기회의 땅이다'고 모두가 열을 올리고 있을 때1903~4년에 걸쳐 사가현 가라즈唐津에 살고 있었던 도미주로는 조선 이주의 붐에 관한 분위기를 어느 정도 느꼈을 것이다.

'미나카이상점'의 개업

도미주로는 조선에서 최고가 되겠다는 꿈을 부산이 아닌 대구를 출발점으로 정하고, 가쓰지로에게 대구로 가자고 설득했다. 선견지명을 가진 가쓰지로는 조선이 유망한 신천지라는 사실을 바로 이해하고 작은 곤도 金堂에서 하던 장사를 조선에서 크게 키우기 위해 형제 전원이 힘을 모을 필요가 있다고 판단했다. 이렇게 해서 4형제는 합자회사를 설립하여 조선 대구에 진출하기로 정했다.

왜 창업지를 대구로 선정했을까? 당시 대구의 상황을 재현해서 그 이유를 추론해보자.

당시 러일전쟁을 앞두고 물자수송과 내륙지방으로 일본인을 이주시켜 '일본인에 의한 정치적, 군사적, 경제적, 문화적 주도권을 확립'하기 위해 부산에서 한성까지 철도건설이 시작되었다. 경부선은 착공 후 불과 3년만인 1904년에 개통 되었고, 이어서 이듬해에는 청나라와 국경을 접하고 있는 신의주까지 이어지게 되어 조선반도를 종단하는 철도가 완성되었다.

철도 건설을 시작하기 전부터 이미 일본인은 경부선이 지나는 내륙지역인 대구나 대전으로 이주를 시작했고, 서로 먼저 토지를 획득하려고 했다. 상점을 개업하거나 철도개통 후에 토지를 유리하게 전매하기 위해서였다. 내륙지역의 요지 중 하나가 대구였다.

대구에 경부선 건설사무소가 설치된 이후, 대구에는 일본인이 급증해 1904년에는 1500명 이상이 거주했을 것으로 추정된다. 1907년에는 약 2500명으로 늘어났다. 많은 일본인 상인이 토지를 점유해 상점을 열었다. 일본인 상인들로서는 대구는 유망한 시장으로 장기적으로 발전 전망이 밝은 기회의 땅이었던 것이다. 토지를 선점하기 위해 가혹한 방법을 사용한 일본인들도 많았다.

전 서울시립대학교 손정목孫禎睦 교수는 인터뷰에서 그 당시 일본인 상인의 상거래나 여러 행위에 많은 문제가 있었다고 지적하고 다음과 같은 사실을 가르쳐주었다.

"일본인 상인 중에는 무장 폭력집단이 있었다. 예를 들어 계림장업단鷄林奬業團 등이다. 그들은 사기꾼들처럼 조선인을 협박하고 탐욕적으로 토지를 빼앗기도 했다. 계림장업단은 인천에 본부를 두고 한성과 부산 등에 지부를 설치해 놓고 있었다."(계림은 당나라가 삼국시대의 신라와 그 이후 통일신라를 계림이라고 부른 데서 유래한다.)

나카에 4형제에게 있어서도 새로운 사업의 기회가 대구에서 꽃피기 시작했다. 그들은 부산처럼 큰 경쟁상대가 없었기 때문에 '시장 선점 전략'을 실행할 생각이었던 것이다. 사진 B-1, B-2p.33는 1907년경의 일본인 상점이 줄지어 있는 대구의 거리 사진이다.

이렇게 해서 1905년 1월 가쓰지로와 도미주로가 중심이 되어 대구에서 생활용품·잡화점인 '미나카이상점三中井商店'을 창업했다. 그 당시 가쓰지로 33세, 도미주로 28세였다. 큰 꿈을 품고 결단을 내린 두 형제는 요즘 말하는 벤처기업을 세운 것이다. 두 사람은 '좋은 제품을 저렴한 가격으로'를 모토로 삼고 불철주야 온 열정을 쏟았다. 실적은 순조롭게 늘어나 2년 후인 1907년에는 증가하는 일본인 거주자의 기대에 부응하기 위해 모토마치1정목元町一丁目, 당시 지명에 신축 이전했으며, 점포 이름도 '미나카이포목점三中井呉服店'으로 개명했다. 일본인 상대로 포목 수요가 커져 조선인 상대의 잡화보다도 훨씬 큰 이익을 얻을 수 있었기 때문이다.

상호 '미나카이'의 유래에 대해서는 몇 가지의 설이 있는데, 가장 유력한 설은 나카에 4형제(단, 나카에라는 이름은 세 사람만이 사용했고, 규지로久太郎는 니시무라西村 가문의 양자로 들어갔기 때문에 그쪽 성인 니시무라를 사용했다)가 출자해서 합자회사를 만들 때設립연도는 불분명, 사장은 가쓰지로나카에 성을 가진 세 사람을 뜻하는 '三'과 이전에 가지고 있었던 점포명 '나카이야中井屋'의 '나카이中井'를 조합해서 대구에서 창업할 때는 '미나카이三中井'라고 개명했다는 것이다.

또 다른 설도 그냥 지나칠 수 없다. 나카에 3형제를 뜻하는 三中과 가쓰지로 부인의 부친인 오쿠이 와헤이奥井和平의 공동투자로 그의 이름 중 井자를 따서 '미나카이三中井'라고 붙였다는 설이다.

스미토모住友와 흡사한엄밀히 따지면 크기가 다르다 井자 모양의 마크를 상표로 했다. 그 유래는 1824년의 '나카이야中井屋'의 창업이며, 그 이후 그때 사용한 井자 모양의 마크가 변함없이 계속 사용되었다.

앞서 언급한 스에나가 구니토시末永國紀의 저서《오우미상인 경영사론近江商人経営史論》중에서 3대인 가쓰지로의 세습명과 대구에서의 '미나카이상점' 개점에 이르기까지의 경위를 다음과 같이 기록하고 있다.

1897년 6월, 부친인 2대 가쓰지로의 사망으로 가업인 포목상을 상속받게 되었다. 2대 가쓰지로에게는 장남인 나카에 가쓰지로(中江勝治郎=젠조(善蔵)) 외에, 같은 곤도의 니시무라 가문의 양자가 된 차남 규지로를 비롯해, 3남 도미주로, 4남인 준고로(準五郎)라는 4형제가 있었으며, 훗날 가문의 사업전개에 협력하게 된다. 그리고 러일전쟁에 귀추가 주목되던 1905년 1월 대구에서 포목 지점을 출점했다.

나카에 4형제가 조선에서 상권을 확대하게 된 직접적인 동기에 대해 스에나가 구니토시는 앞서 소개한 저서《오우미상인 경영사론》중에서 가쓰지로의 두 번째 양자인 나카에 마사요시中江將悌[25]와의 인터뷰를 기초로 다음과 같이 기술하고 있다.

"가문의 전기에 기록된 내용에 의하면 시모노세키와 부산을 오가는 연락선을 통해 우연히 조선을 방문한 도미주로가 현지 사람들로부터 의류를 비롯해 타올까지도 팔지 않겠냐고 물어왔다는 등의 조선에서의 체험담을 그 당시 가족들에게 들려줬다고 한다."

가쓰지로가 가업을 상속받은 1897년부터 1905년 대구에서 창업개점하기까지의 8년간 '나카이야'의 점포운영 실태나 매출 추이가 어떠했는지에 대한 기록은 없다. 그 기간 중 일시적으로 도미주로는 가라즈唐津의 포목점에서 근무했었다는 단편적인 기록만 가문의 전기에 실려 있을 뿐이다.

'나카이야'의 사업 실적에 대해서는 그렇게 큰 규모는 아니었다는 것만은 확실할 것이다. 그다지 신통치 않은 실적이었기에 러일전쟁이 한창일 때 기회를 잡아 조선에서 비약하겠다는 꿈을 가지고 바다를 건넜을 것이다.

1906년1907년이라는 설도 있음 러일전쟁에서 돌아온 2남 규지로의 권유로 미나카이 진주점을 개설했다. 진주에는 규지로의 부인인 이소의 양친 나카무라: 中村이 나카무라상점中村商店을 운영하고 있었는데, 규지로가 같이 하자는 권유를 받아들여 같이 점포를 운영하게 되었다고 한다. 진주의 인구는 1907년에 약 만 천명으로 그 중에서 일본인은 불과 500명 정도였다. 합리적인 점포운영 측면을 고려한다면 무모한 지점 개설이었다. 그후 나카무라상점은 진주에서 사업을 정리하고 대구로 이주해 미나카이 대구점 인근에서 해방 이전까지 잡화점을 운영했다.

[25] 본래는 데이치(悌一)라는 이름이었는데 일본 패전 이후 일본에서의 창업하는 사업들이 잘 안 풀려 개명했다고 하며, 1995년 사망. —역자

B-1 대구의 거리(1907년 경)
출처_권오기 편(1978년), 《사진으로 보는 한국백년(1876~)》, 동아일보사, 1907년 경

B-2 대구의 거리, 대구우체국 앞(촬영 시기 불명)
출처_권오기 편(1978년), 《사진으로 보는 한국백년(1876~)》, 동아일보사, 1907년 경

미나카이 진주점은 1945년까지 영업을 계속했지만 최소 규모의 기지국과 같은 점포 역할이었다.

대구에서 창업을 한 후 나카에 4형제가 어떻게 역할 분담을 했는지 살펴보자.

가문의 장남인 가쓰지로는 1916년 아니면 1917년부터 고카쇼곤도五箇荘金堂의 총본부에서 현재의 기업조직으로 보면 최고경영자CEO로서 총지휘를 했다.

도미주로는 1930년에 교토본사의 책임자겸 구매책임자로 귀국하기까지 25년간에 걸쳐 조선 전역의 영업 총괄책임자로서 조선에 거주했다. 즉, 도미주로가 조선시장이라고 하는 곳의 '전선前線'사령관이었으며, 가쓰지로는 곤도 총괄본부의 총사령관이라는 역할 분담으로 큰 목표를 향해 유기적 보완관계를 확립한 것이다. 도미주로는 어떤 일이 되었든 가쓰지로와 상담을 했고 결코 독단적으로 결정하여 처리하는 일이 없었다. 가쓰지로를 단순히 형이라기보다는 인간으로서나 경영자로서 깊이 존경하고 있었다.

가쓰지로는 성실하고 침착하며, 사실과 정보를 차분하게 분석하는 통찰력을 발휘했으며 사업의 지침이나 방침을 내세우는 '바람직한 경영자'였다. '경영에 있어서 불필요한 것을 제거하며, 항상 한계에 도전하고, 동시에 무척 금욕적인 생활을 실천한다'고 하는 전형적인 오우미상인의 모습이었다. 한번 경영방침을 결정하면 그 모든 실행을 규지로 이하의 형제나 친척인 간부들에게 위임했다.

도미주로는 도량이 넓고 호쾌했으며, 기회를 보는 데 뛰어났고, 사교성이 풍부했다. 말술을 마다하지 않을 정도로 술에 강하고 놀이에 능숙한 남자다운 행동거지였다고 전해진다.

차남인 규지로는 보수적인 관리자인 동시에 경리담당책임자였다. 지금의 리스크관리자다.

준고로는 나약한 체질로 항상 도미주로에 순종하는 부관이었다.

2. '미나카이포목점 본점' 개업경성(京城)

경성의 백화점 러시

당시 한성1910년 개성으로 개명의 상황은 어떠했는가? 1905년 11월, 일본은 2차 한일협약으로 한국의 외교권을 박탈하고 같은 해 12월 통감부관제를 실시했으며, 다음해에는 통감부를 설치했다. 초대통감은 이토 히로부미伊藤博文이다. 게다가 1907년 3차 한일협약에 의해 국권국내시정권(国内施政権): 입법, 행정, 사법의 3권도 보호 하에 두었다.

일본의 주도 하에 한성은 정치, 경제의 중심으로 정해졌으며 일본인 거주자도 급증했다. 또한 일본인 관료가 한국정부 내에 파견되어 일본인 거주자의 자치권의 확대를 용인했다. 일본인 상인도 한성에 속속 이주해 상점가를 형성했으며 일본인 거주 지역에는 일본식의 지명혼마치(本町), 메이지마치(明治町), 아사히마치(旭町) 등이 등장했다. 그 중에서도 이현동泥峴洞=진고개동 주변에 경성 최대의 일본인 상점가가 집중되었고 후에 혼마치 거리로 개칭되었다.

최대 규모의 일본 점포는 1906년 10월 혼마치 1정목一丁目**26**에 개설된 '미쓰코시三越포목점 경성출장소'였다. 미쓰이물산三井物産의 대지 안에 50평으로 일본식 2층 건물이었으며

26 현재의 충무로 1가로 사보이호텔이 있는 장소.

1층은 다다미를 깔았다.

미쓰코시의 조선 진출은 초대통감인 이토 히로부미가 일시 일본으로 귀국했을 때 당시의 미쓰코시의 전무인 히비 오스케日比翁助를 방문해 강력하게 진출을 권유한 것이 계기가 되었다고 한다. 히비 오스케도 앞으로 조선시장의 가능성이 크다는 인식을 같이하고 있었기 때문에 진출은 순식간에 이루어졌다.

이토 히로부미는 "내지內地=일본에서 많은 일본인이 이주해서 조선반도에 일본 문화나 일본 상품을 소개할 필요가 있다"고 히비日比에게 전하며 "미쓰코시가 중심적인 역할을 해주길 바란다"고 설득한 것 같다. 미쓰코시의 사내보인 '금자탑金字塔'에서, 후지타 젠자부로藤田善三郎는 미쓰코시가 한성 진출에 즈음하여 "통감부 설치에 따른 일체의 물자 납품을 해달라는 어명이 있었고, 또한 앞으로도 한국 궁정의 업무관련 일들도 미쓰코시三越로 내리도록 하겠다"는 언질을 이토 히로부미伊藤博文가 주었다고 기록하고 있다.

다카시마야高島屋는 1908년 아사히마치旭町1정목에 출장소를 개설하고 한일병합 후에 조선총독부의 포목, 양복 등의 수주를 받았다. 그러나 다카시마야는 그 후에 조선에서 본격적인 백화점 전개를 하지 않고 얼마 지나지 않아 출장소를 폐쇄했다. 그 이유는 불명치 않다.

미쓰코시나 다카시마야 등의 조선 진출과 병행해서 일본 정부도 전국의 상인에게 "일본인이 조선에 진출해 지나인支那人을 대신해 상권 확대를 꾀해 줄 것"을 호소했다. 그런 분위기에 편승해 한성에 이주한 상인도 많았다.

후에 미나카이나 미쓰코시와 어깨를 나란히 하며 경성에서 일본인이 경영하는 4대 백화점으로 불린 히라타백화점과 조지야백화점도

이 시기에 한성에 각각 점포를 구축했다. 히라타 지에토平田知惠人는 1906년 한성의 혼마치 거리에 생활용품 잡화점인 '히라타야平田屋'를 창업했다.

라이벌 조지야

경성으로 진출한 후 미나카이 라이벌이 된 조지야丁子屋에 대해 몇 가지 자료를 기초로 하여 개략적으로 설명하고자 한다.

조지야의 창업자인 고바야시 겐에몬小林源右門은 1806년 오우미국 아이치군近江国愛知郡: 현재 시가현 아이치군(滋賀県愛知郡)에서 태어났다. 성인이 되어 이세伊勢**27**의 구와나桑名에 조지야를 창업했다. 그 경력으로 조지야도 오우미상인의 계통에 속한다. 고바야시 겐에몬小林源右門은 1867년에 양자인 초대 고바야시 겐로쿠小林源六, 1867년생와 함께 양복 봉제업을 시작했다.

조선의 조지야는 2대 고바야시 겐로쿠가 창업했다. 초대 겐로쿠源六의 양복업을 이어받아 불철주야 일에 몰두했다. 2대 겐로쿠는 조선이 새로운 '기회의 땅'이라는 것을 일찍부터 알고 있었다. 1904년 4월, 러일 전쟁을 절호의 기회로 생각하고 일본에 있던 전 재산을 매각하여 조선에 뼈를 묻을 각오로 부산으로 건너 양복점 '조지야'를 개업했으며, 발 빠르게 10월에는 한성에 조지야를 개점했다. 37세 나이인 고바야시 겐로쿠의 비약적 발전이었다. 고바야시 겐로쿠의 이런 선견지명은 그 후 빠르게 조지야의 백화점화를 성공시킨다.

미나카이와 조지야는 모두 경성에 본점을 두고 치열한 고객확보전략을 펼치면서 서로 강하게 의식하며 서로가 서로에게 배우며 라이벌로서 닮은꼴의 발전과정을 밟게 된다. 미나카이는 포

27 현재의 미에(三重)현. ―역자

목전문점에서 양복점으로 확대, 이어서 백화점으로 성장하고, 조지야는
양복전문에서 포목으로까지 확대한 후 역시 백화점으로 성장한다. 양사
모두 영세한 소상인으로 시작하여 조선이라는 새로운 시장에서 대성을
이루었다.

미나카이는 조선에 12점포를 거느리고 만주의 신경新京: 현재의 장춘,
봉천奉天: 현재의 심양, 하얼빈, 중국의 북경과 남경에도 진출했다. 한편 조지
야는 부산, 평양, 원산에 지점을 설치하고, 이후에 신경, 대련大連, 봉천에
출점했다.

미나카이의 고객층은 90% 이상이 일본인이었지만, 조지야의 고객
층은 60% 이상이 조선인이었다. 양사 모두 일반시민을 대상으로 상업을
하면서 동시에 조선총독부, 경성부京城府, 조선군朝鮮軍 등의 어용상인御用
商人으로서 비즈니스를 확대했다.

미나카이포목점 경성 본점의 개점

앞서 언급한 대로 1905년 이후 일본에서는 관민 모두에게 조선 붐이 이
어졌다. 특히 규슈九州지방과 주고쿠中国지방에서는 이민 붐이 일었다.
"일본 국내에서는 인구가 많아 성공하기 어렵지만 조선은 인구도 적고
발전도 늦기 때문에 일본인 이주를 수용할 수 있는 여지가 많다", "조선
농업은 아직 미개척 부분이 많아 개척해 성공할 수 있는 여지가 크다",
"조선의 내륙부는 상업, 공업, 농업면에서 성공의 기회가 무한하다" 등
이러한 해석이 한층 더 이민 붐을 일으키는 계기가 되었다. 나카에 4형제
가 맨 처음 선택한 대구도 대표적인 '조선의 내륙부의 지역'에 위치하고
있는 도시였다.

C 고바야시 겐로쿠
출처_조지야 상점(1936), 《丁子屋小史》

이토 히로부미가 하얼빈역에서 안중근 의사의 총탄에 맞아 쓰러진 다음 해 1910년 5월에 일본은 한국을 병합하고 같은 해 10월에 제3대 통감 데라우치 마사타케寺內正毅가 초대 조선총독에 취임했다. 데라우치는 그 후 1916년까지 6년간 그 지위에 있었다.

경성의 일본인 인구는 합방 때에 3만 4468명합병한 용산을 포함해 4만 3106명이었지만, 그 후에는 연간 5천 명에서 1만 명으로 계속 증가했다. 당연한 이야기지만 그들조선에 거주하게 된 일본인들은 경성에서도 일본에서의 라이프스타일을 유지하려고 했다. 말할 것도 없이 일본 상품의 수요가 늘었다.

그 중에서도 포목은 최대 필수품이었다. 남산지역과 조선군이 주둔했던 용산지역에는 일본 가옥이 즐비했고 다다미, 가구, 전기제품 등의 수요가 폭발적이었다. 조선군이란 조선에 주둔했던 일본군을 의미하며 군사령부가 경성의 용산에 위치하고 있었다.

총독부나 경성부, 조선군 등은 일본인 상인에게 의탁자, 선반, 커텐, 린넨, 제복, 문방구 등을 주문했다. 주문은 끊임없이 이어졌다. 주문을 받은 경성의 미쓰코시, 조지야, 다카시마야는 정신없이 바빠 아마도 즐거운 비명을 질렀을 것이다. 미나카이가 이런 비즈니스 활황을 놓칠 리가 없었다. 앞날을 내다보는 가쓰지로의 통찰력이 "미나카이도 경성에 지출해야 한다"고 판단했을 것이다. 도미주로의 지기 싫어하는 승부욕에도 불이 붙었을 것이다.

같이 창업한 4형제는 1911년 3월 미나카이포목점 본점을 경성에 개설했다. 일본식 2층 건물이었다. 사진 D에서는 촬영 연도는 확실하지 않지만, 최초의 경성점의 외관을 볼 수 있다.

장소는 혼마치 1정목 48번지이며, 가장 큰 일본인 상점가의 중심부에 위치했다. 게다가 '미쓰코시포목점 경성출장소三越呉服店京城出張所'의 바로 정면이었다. 내가 당시의 지도와 현재의 지도를 비교해서 양사의 위치를 확인하고 그 현장에 섰을 때 그 장소에서 나카에 4형제의 뜨거운 기개가 전해지는 듯 했다. 이곳이야말로 "꿈을 가진 도전자들이 격전을 벌이던 유적지" 였구나 하고 실감할 수 있었다.

개점에 맞춰 창업자 4형제는 곤도의 미나카이야를 폐업하고 조선에서 벌린 사업에 집중하기로 했다. 가쓰지로, 규지로, 도미주로, 준고로 4형제 전원이 협력해서 경성점의 경영에 매진했다.

'미나카이포목점' 각지에 지점 개설

미나카이포목점은 순조롭게 성장했다. 경성과 부산 이외에 주요도시에도 일본인 이주가 계속 증가했다. 그와 보조를 같이하듯 2년 후인 1913년

D 미나카이포목점 경성본점
(촬영 시기 불분명)
출처_규슈대학 대학도서관 소장

에는 원산점, 1917년에는 부산점, 1919년에는 평양점을 개설했다. 그 기
간 중인 1914년에는 미나카이 합명회사合名會社로 개편했으며, 사진 Ap.20
는 그때 촬영한 것이라고 한다.

　　1916년에 가쓰지로는 대만을 전국 시찰한다. 기록이 전혀 남아 있
지 않기 때문에 가쓰지로가 어떤 목적으로 대만을 시찰했는지 정확하지
는 않지만 그의 성격으로 보면 단순한 관광여행이 아니었을 것이다.

　　대만도 1895년 일본의 식민지로 된 후 일본인 거주자가 증가하고
있었기 때문에 미나카이의 사업화 가능성을 확인하기 위해서가 아닐까?
그러나 미나카이는 대만에 진출하지 않았다. 어떤 이유에서 그런 결론을
내렸는지는 불분명하다.

몇 가지 근거가 될 만한 주변 정보가 있다. 대만에서는 조선과 달리 식민지 전체 기간을 통해 현지의 대만 상인 세력이 굉장히 강했고, 일본인 상인이 성공한 사례는 극히 드물었다. 일본인 거주자가 이용했던 소매업은 압도적으로 대만인이 경영하던 점포가 많았다. 일본인이 찾는 일본 상품은 대만인 상인이 독자적으로 일본에서 서플라이체인_{공급자}_{조직}을 구성하여 공급 판매했다.

백화점이라는 이름이 붙은 점포는 3개밖에 없었다. 최대 규모인 기쿠모토백화점菊元百貨店은 타이베이에 있었으며, 창업자는 시게타에지重田榮治(야마구치현 출신)이다. 그 외에 요시이吉井백화점(가오슝高雄, 사장은 요시히 초헤이吉井長平, 시가현 출신)과 하야시백화점(타이난台南, 사장은 하야시 도시, 출신지 불명)이 있었는데 제대로 된 백화점은 기쿠모토菊元뿐이었다.

미쓰코시백화점도 대만에 진출하지 않았다. 조선의 경성, 만주의 대련, 중국의 상해와 해남도에 지점을 두었고, 소남현재의 싱가포르, 쿠알라룸푸르, 필리핀에 출장소와 매점을 설치한 미쓰코시가 왠지 대만만은 점포를 개설하지 않았던 것이다.

일본이나 조선에 본거지를 둔 미쓰코시 이외의 백화점도 대만에 진출하지 않았다.

참고로 가쓰지로가 대만을 여행한 2년 후인 1918년 대만 총인구는 358만 명으로 그 중에서 일본인은 약 15만 명이었다. 그 시기의 대만의 인구는 조선 인구의 약 20%이고, 일본 인구는 조선의 약 반 정도였다.

대만의 일본 인구를 생각하면, 아마도 미나카이 입장에서 대만이 시장성이 전혀 없다고 보지는 않았을 것이다. 미나카이를 비롯한 일본의 백화점이 대만진출을 실현시키지 못한 배경에는 일본 인구를 기초로 한

E 가쓰지로(勝治郎)

F 규지로(久次郎)

G 도미주로(富十郎)

H 준고로(準五郎)

촬영 연도 불분명

출처_나카에 스미(中江寿美) 소장

시장성 분석 이외에 다른 요인이 작용했을 것이다.

　1935~40년 대만 인구는 580만 명으로 급증했고, 일본인은 30만 명 가까이로 늘었다. 그런데도 일본인이 경영한 백화점은 앞서 언급한 3개 점에 불과했다.

3. 뒤처진 백화점 전개

백화점 변신에 크게 뒤진 미나카이

미쓰코시三越가 도쿄에서 '주식회사 미쓰코시 포목점'을 '주식회사 미쓰코시'로 이름을 바꾼 것은 1914년이다. 도쿄 니혼바시日本橋에 위치한 철근 콘크리트 5층 건물인 신관에는 일본에서 처음으로 에스컬레이터가 설치되어 본격적인 백화점 시대의 개막을 알렸다. 그리고 바로 2년 후인 1916년에 미쓰코시는 일찌감치 경성의 미나카이三中井포목점 바로 정면에 3층 건물 200평을 증설해서 '미쓰코시백화점 경성출장소'를 개설했다. 조선에서의 본격적인 백화점 효시가 된 것이 이 미쓰코시 경성점이다.

　미쓰코시가 개점한 첫날의 방문객 수는 3260명이었다. 또한 조선호텔에서 개최된 신축 피로연에는 총독부 정무총감총독 다음의 고관을 비롯한 명사 5백여 명이 참석했으며, 미쓰코시 본사에서 노자키野崎 사장 이하가 조선으로 건너와 응대를 했다고 한다.

　조지야는 미쓰코시에 5년 늦은 1921년 주식회사 조지야백화점丁子屋百貨店으로 이름을 바꾸고 경성에 본점을 세운다.

'주식회사 미나카이三中井포목점'이 설립된 것은 1922년 1월이다. 사장은 가쓰지로勝治郎였으며 현지에 근무하지 않는 사장이었다. 자본 금은 2백만 엔, 본사 소재지는 경성부京城府 혼마치 1정목 45번지로 되어 있다. 미나카이는 주식회사로 개편하기는 했지만 알맹이는 포목점 그대로였다.

일본 정부의 주선으로 창업해 조선총독부나 경성부 등의 어용상인 이었던 미쓰코시백화점. 미쓰코시야말로 일본인, 조선인 모두에게 있어 서 가장 명성 높은 백화점 브랜드였다. 도미주로富十郎는 미쓰코시의 쾌속행진을 바로 눈앞에서 바라보고 있어야 했다. 미쓰코시는 미나카이의 정면에 위치하고 있었기 때문이다. 매일같이 이를 갈며 벼르고 있는 그 야말로 절치액완切齒扼腕의 하루하루였을 것이다.

1926년 3월에는 히라타야平田屋가 미나카이의 바로 코앞인 같은 혼 마치 거리 1정목에 나란히 히라타백화점을 개점했다.

가쓰지로와 도미주로 형제는 미나카이도 백화점으로 변신하지 않 으면 앞으로 성장해갈 수 없다고 서로 결의를 다졌을 것이다. 그러나 백 화점 경영의 경험이나 노하우가 없었다. 교토나 오사카에서도 다카시마 야高島屋가 1919년, 마루베니丸紅가 1920년에 백화점화에 성공했기 때문 에 그런 예로도 벤치마킹했겠지만 그것만으로는 충분하지 않았다. 도미 주로는 미쓰코시, 조지야, 그리고 히라타백화점이 그랬듯이 서양의 백화 점을 시찰하기 위해 해외로 나가 자신의 눈으로 확인하고 직접 체험하 여 백화점 경영의 실체를 배우고 싶다는 취지를 가쓰지로에게 전했으 며, 선진국 시찰여행을 직접 가겠다고 열변을 토했다. 경위는 불분명하 지만 1924년 6월, 가쓰지로가 미국 대륙횡단의 대여행을 감행한다. 가쓰 지로의 미국 여행 중에 도미주로는 경성에서 꼼꼼하게 사업을 챙기면서

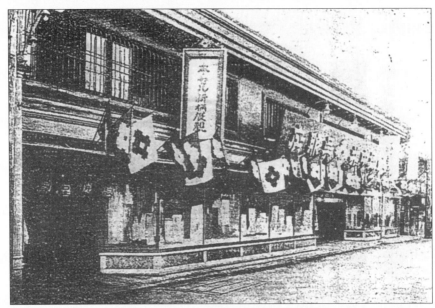

I. 혼마치 거리에 위치한 미나카이포목점 출처_《미나카이포목점안내》(1929년 팸플릿)

J. 남산에서 바라본 미나카이포목점 신관 출처_《미나카이포목점안내》(1929년 팸플릿)

가쓰지로로부터 빈번하게 도착하는 편지를 읽으며, 새로운 백화점 비즈니스 전개를 꿈꾸고 그 실행 계획을 세워갔다. 결과적으로는 가쓰지로의 시찰로 좋은 결과를 가져왔다. 그 이유에 대해서는 다음 장에서 언급하겠다.

1926년쇼와원년 아니면 1927년에 미나카이는 그때까지 일본풍 2층 건물이었던 점포 대지 위에 새로운 빌딩 건설을 시작했다.

1929년 3월 혼마치 거리에 면하고 있는 일본풍의 2층 건물 안쪽몇 년후 쇼와 거리에 면한다에 엘리베이터가 달린 철근콘크리트 5층 건물인 신축빌딩이 완성된다. 같은 해 9월 발행한 팸플릿 '미나카이포목점 안내'에는 가장 오래된 미나카이포목점의 사진사진I, J이 게재되어있다. 그것에 의하면 점포의 깃발형 포렴에는 井자 마크가 새겨져 있다.

이 신축건물의 완성을 계기로 미나카이는 포목점이면서 이제 겨우 미쓰코시나 조지야와 마찬가지로 실질적인 백화점으로 탈바꿈하게 되었다. 그러나 미나카이의 백화점화는 미쓰코시나 조지야에 비하면 많이 늦었다.

뒤처진 이유

다음은 왜 미나카이가 백화점으로 변신하는데 미쓰코시는 물론이고 조지야보다도 크게 뒤처지게 되었는지에 대해 추론해 본다.

이유는 신속한 정보수집 능력과 정보분석 능력의 차에서 비롯됐다고 본다. 미나카이는 당시 전체 전력을 조선에 집중하고 있었는데도 불구하고 뒤처졌다. 기회를 보는 눈이 가장 뛰어나다고 하던 도미주로는 조선에서 오직 포목점 비즈니스 확대에만 열중했고, 정확한 판단력을 가진 가쓰지로는 지방의 곤도에서 동생 도미주로를 지원하느라 바쁜 나날을 보냈다. 즉, 오늘날로 말하면 조직적인 시장조사 능력이 없었다는 것이다.

일본 국내에서는 1910년에서 1930년경에 걸쳐 산업자본에 의한 공업화가 진행된 결과 도시생활자가 급증하여 1930년에는 전체인구의 24%가 도시에 집중되었다. 도시에서는 새로운 라이프스타일에 맞는 상품이 요구되었고, 그러한 소비문화 확대에 미쓰코시, 다카시마야高島屋, 마루베니丸紅, 시로키야白木屋, 마쓰자카야松坂屋, 소고十合 등이 앞 다투어 움직였으며 백화점화가 크나큰 시대적 흐름이 되었다. 그 중에서도 미쓰코시, 다카시마야, 마루베니 등 역사가 오래된 명문이라 불리던 포목점은 경쟁하듯 앞 다투어 백화점으로 변신을 했다. 이 시기가 말하자면 비즈니스 패러다임의 전환기였던 것이다.

표 1-2 인구의 도시집중화(총인구비율 %)

	1920년	1930년	1940년
일본	18.0	24.0	34.7
조선	3.4	5.6	14.0

출처_《조선총독부통계연보》(1920, 1942년), 《조선국세조사보고》(1935년)

조선에서도 일본만큼은 아니었지만 도시에 인구가 집중되기 시작했으며, 특히 경성의 인구집중이 눈에 띠게 급증했다. 당연히 일본 국내에서 벌어지던 백화점화 추세가 그대로 조선으로 전해졌다. 경성의 미쓰코시포목점은 본사의 전략적인 지원도 있었던 관계로 일찌감치 백화점으로 변신했다. 조지야도 일본 국내의 변화상황을 전해 듣고 백화점 변신이 시대적인 추세라고 깨닫고 곧바로 백화점으로 전환하기로 정했을 것이다. 사장인 고바야시 겐로쿠小林源六는 당시 유통, 소매업의 논객으로서 조선에서 이름을 떨치고 있었기 때문에 일본 국내 사정에 대한 확실한 정보망도 가지고 있었을 것이다.

미나카이 한 회사만이 패러다임 변화에 뒤쳐진 것이다. 시대적 흐름 파악에 뛰어난 감각을 지닌 도미주로富+郞가 경성에 있었기 때문에 직접 일본 국내의 추세를 수시로 파악할 수 없었기 때문이다. 당시 일본 국내와 조선의 피부로 느끼는 정보 시차는 가장 짧은 경우라고 해도 1~2년은 있었다. 게다가 시가현의 곤도에서는 도쿄나 오사카, 교토의 최신정보를 수집, 분석해서 경성의 총괄 책임자 도미주로에게 제공할 능력과 조직이 없었다.

그럼 여기서 미나카이가 주식회사로 조직개편을 하는 1922년까지의 창업 4형제의 동향을 정리해보도록 한다.

《일본백화점총람》1939년의 부록 '백화점 인물 소사전'에서 추측해보면 가쓰지로는 1905년 대구에서 창업한 이래 1916년 귀국할 때까지 11년간 조선에서 거주했고 주로 경성점 경영에 전념했다.

귀국 후 가쓰지로는 시가현의 곤도에 본거지를 구축하고 미나카이 총본부로서 전체적인 지휘를 하며, 필요에 따라서는 조선, 만주 등을 순시했다. 1920년대 중반에 들어서는 연1회 전지점을 철저히 순회하며 여러 가지 정책을 직접 지시했다.

가쓰지로의 바로 아래 동생인 니시무라 규지로西村久次郞는 조선에 주재해면서 진주점이나 원산점 등의 점장직을 역임하면서 가쓰지로의 버팀목이 되었고, 1916년에 가쓰지로와 같이 귀국했으며 신설된 교토의 구매부장으로 취임했다. 그 후 지점망이 확대되자 모든 점포의 총괄구매 책임자가 되었으며, 1922년에 주식회사 미나카이포목점으로 조직개편이 된 후에는 구매, 총무, 경리 담당 전무이사로 취임했다.

3남인 도미주로는 앞서 언급한 대로 형인 가쓰지로 지휘 하의 최전선 사령관으로 미나카이의 확대와 성장의 중심축으로 활동했다. 1916년 가쓰지로와 규지로가 귀국한 후에는 경성본점의 점장으로 취임했으며, 동시에 조선총무로서 본점 경영과 조선에서의 지점망 확대에 매진했다. 1922년 주식회사 미나카이포목점 설립을 위해 총력을 다했고 설립과 동시에 상무이사에 취임했다.

5남인 준고로는 도미주로의 부관으로서 지점망 확대에 따른 주요 점장을 역임하면서 1922년에 이사에 취임한다. 그 후 도미주로의 오른팔로서 경성본점 점장을 역임하고 1930년 도미주로가 교토 본사로 전출된 후 조선총무 후임이 되었다.

미국의 백화점 시찰여행

1. 미나카이백화점 청사진

가쓰지로가 목표로 한 것

1924년 6월 10일 가쓰지로勝治郎는 고베神戸에서 미국으로 여행을 떠났다. 미국 현지의 백화점과 소매점 시찰을 목적으로 여행을 떠난 것이다. 문자 그대로 미국 대륙을 왕복횡단하고 그 해 9월 15일에 요코하마橫浜로 귀국했다. 그럼 여기서 가쓰지로의 《미국 방문 일기渡米日記》清書版, 中江幸 소장자료 내용을 일부 소개하고, 과연 그가 무엇을 목표로 그러한 도전에 나섰는지를 살펴보자.

승선기간32일을 포함해, 98일간에 걸친 대여행이었다. 일행은 가쓰지로와 그 안내역 겸 통역을 맡은 고이즈미 세이조小泉精三, 훗날 오사카와 교토를 본거지로 섬유와 가전제품 도매업으로 성공을 한 고이즈미 쥬스케小泉重助였다.

가쓰지로勝治郎는 52세, 곤도金堂村의 지역대표村長: 촌장직을 겸임하고 있었으며, 여러 가지 측면에서 중책을 맡고 있었고 인생에 있어서도 가장 충실했던 시기였다. 기록에 의하면 신장은 160센치 정도고 체중은 76.5kg이었다. 제법 등치가 있어 보이는 체구였다.

미국 여행을 하게 된 경위에 대해 가쓰지로는 일기에 다음과 같이 기록하고 있다.

> 1924년 1월 24일, 미나카이의 교토지점에서 동생 도미주로의 소개로 도미주로의 죽마고우인 고이즈미 세이조 씨와 만났다. 고이즈미 씨는 당시 효고현의 무코군아시야무라(武庫郡芦屋村)에 주거지를 두고 있었는데 미국 여행에 동행해줄 것을 부탁했더니 쾌히 승낙했다. (중략) 고이즈미 씨는 미국 유학 경험이 있어 그 지역 사정에 밝고, 여러 실정에 대해 이야기해 주었다. 또한 그가 쓴 저서《동쪽으로, 동쪽으로》를 선물 받아 정독을 하면서 마음의 준비를 하게 되어 큰 도움이 되었다.

이 내용을 보면 가쓰지로와 고이즈미 세이조 이 두 사람이 미국 여행을 정했을 것이라는 추측이 들게 하지만, 사실은 조금 다른 것 같다.

일본 국내나 조선에서 백화점화가 진행되고 있었던 시대적인 흐름에 미나카이가 뒤처졌다는 위기의식에 휩싸인 것은 오히려 도미주로였다. 가문의 전기에 의하면 "원래는 도미주로가 미국 여행을 희망해 경성에서 일시 귀국해서 죽마고우인 고이즈미 세이조에게 미국 여행에 동행해줄 것을 부탁했다. 고이즈미는 미국에서 유학했기 때문에 영어에 능통했다. 그러나 가쓰지로가 의외로 강하게 자신이 가겠다고 주장했기 때문에 도미주로는 형인 가쓰지로에게 그 기회를 양보했다"

는 것이다.

서양의 백화점을 본받아 미나카이三中井를 본격적인 백화점으로 탈바꿈 시켜야 한다는 도미주로의 긴박한 심정과 열의, 그리고 그것을 향한 추진력을 간과해서는 안 된다. 가쓰지로의 식견은 그 이후 주로 도미주로의 손에 의해 미나카이백화점 망을 조선에서 넘버원으로 성장시키기 위한 구체적인 전략으로 전환되었다.

앞서 소개한 스에나가 구니토시未永國紀는《오우미상인近江商人》중에서 "1924년의 가쓰지로의 미국 여행 체험은, 이 미나카이의 다점포전략과 백화점화를 더욱 추진력 있게 진행시킬 수 있는 중요한 전기가 되었다"고 기록하고 있는데, 과연 가쓰지로는 어떤 체험을 하고, 그곳에서 어떤 식견을 얻었으며, 그 식견이 그 후 백화점 전개에 어떤 도움을 가져다주었는지에 대해 가쓰지로의 일기를 토대로 분석해 보자. 동시에 가쓰지로의 인간으로서의 철학과 가치관, 경영자로서의 능력도 분석해 보기로 한다.

자신의 생애에 있어서 대서특필해야할 웅대한 새 출발의 날, 오래도록 기념해야 할 영광의 날, 기록을 자자손손 전해야 할 영예로운 날. 만파를 넘어 선진국의 실정을 몸소 직접 체험순회 하여, 작게는 미나카이의 발전에, 크게는 우리나라 경제계에 공헌하고 싶다.

오래도록 희망해온 일을 실현할 때가 왔다. 이 승천의 기분, 심정은 그 무엇으로도 형언할 수 없다.

가쓰지로는 원대한 희망과 크나큰 꿈을 가지고 떠나는 미국 여행 출발일6월 10일을 이렇게 기록했던 것이다. 당시 가쓰지로에게 미국 여행은, 자신의 인생에 있어서 크나큰 영광이며 온몸에 전해지는 쾌거 내지는 환희로 받아들였을 것이다. 최선을 다하겠다는 기백과 의지, 기대감이 일기에 선명하게 기록되어 있다.

가쓰지로의 목적은 과연 달성되었을까. 일기의 문장은 고등소학교 출신이라고 믿기 어려울 정도로 높은 수준이다. 모치쿠다리아키나이持下り商い: 오우미상인의 행상를 하면서 한자를 독학으로 터득했다는 소문이 있는 만큼 한문조로 수준 높은 리듬 감각이 있는 문장이 이어진다.

하지만 여행을 준비하는 동안 책을 통해 독학으로 공부한 영어는 실질적으로 거의 도움이 안 된 것 같다.

미국 시찰에서 얻은 식견 1924.6.10 ~ 1924.9.15

6월 28일과 29일(현지에서는 하루 시차로 27일과 28일이 된다. 이하 같음). 샌프란시스코에서 엠포름백화점과 상점가를 시찰했다. 백화점 매장의 크기와 호화스러움, 청결, 대낮과 같은 휘황찬란한 야간 조명, 풍부한 상품진열에 경탄했다.

가쓰지로는 밤에도 휘황찬란하게 빛을 발하는 상점가와 사람들의 시선을 끄는 참신한 상점가의 간판이나 광고 등에 감탄했다.

백화점 내의 상세한 상품진열도와 함께 느낀 인상을 꼼꼼하고 상세하게 기록하면서 자신의 비즈니스에 어떻게 응용 가능할지 필사적으로 모색했다.

각각의 상점은 장식과 상품진열 등 다방면으로 아이디어를 짜내 고객이 접근하는데 용이하도록 부심하고 있다. 어떤 10센트 점포에 들어갔다.

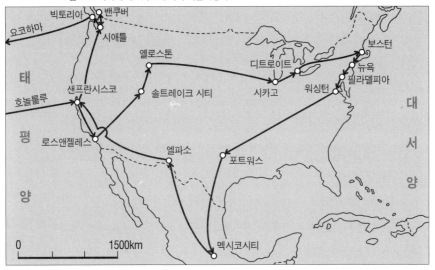

그림 2-1 나카에 가쓰지로의 북미 시찰여행 루트

출처_스에나가 구니토시, 《오우미상인》, 2000년, p.151

입구에서 윈도우를 보다가 자신도 모르게 점포 내부로 들어가게 되고, 상품을 이것저것 둘러보게끔 교묘하게 설계되어 있다.

상품은 모두 진열식 진열대를 사용하였고, 상품과 상품의 구분선을 두꺼운 유리로 되어있다. 좋은 모델로 하고 싶다.

판매원은 모두 여성으로 무척 열심히 일하고 친절하다. 상품은 모두 정찰표가 붙어있고 깔끔하면서 수량은 넉넉하게 진열해 두었다.

가쓰지로는 여기서 상품진열의 포인트는 고객이 자신의 경제력에 따라 원하는 것을 선택할 수 있는 편리함에 있다고 이해했다.

고객이 많이 찾는 점포는 전 직원이 고객을 세심하게 배려하며, 친절하고 정중하게 고객을 맞이한다. 점포 내부는 반듯하게 정리정돈되어 있어 호감이 간다.

또한 별도의 다른 점포에서는 칼라 박스를 구입했더니 호텔까지 배달해 준다고 해서 의뢰를 했다. 다른 곳에 들렀다가 호텔에 돌아와 보니 이미 테이블 위에 구입한 상품이 포장된 상태로 종이 상자에 담겨져 도착해 있었다. 이런 신속함과 고객 한 사람을 위한 정성과 친절을 경험하면서 미국인 상인이 전세계에 웅비하며 성공하는 이유의 단편을 보고 있다는 생각이 들었다. 철저하게 본받아 적용해야할 모범사례다.

가쓰지로는 현대식 백화점이나 소매점의 머천다이징merchandising 이나 서비스 마케팅 분야에 충분히 적용할 수 있는 점포구성과 서비스 시스템을 1924년의 미국에서 체험했던 것이다. 그런 '고객 제일주의'에 강한 감명을 받아, 미나카이백화점 서비스정신의 기본으로 할 것을 정했다.

사실, 미나카이백화점 경성점이나 부산점 등 주요점포를 중심으로 윈도우나 진열대의 사용방법, 여성고객의 정중한 고객 응대, 상품의 택배 등, 가쓰지로의 견문이 그대로 실행으로 옮겨졌다. 게다가 점포 내부는 밝고 호화스러웠다. 야간에는 점포의 외벽에 밝게 일루미네이션 Illumination 장식으로 이루어져 화려했다.

7월 10일(9일). 시카고의 마샬필드백화점을 방문했다. 엘리베이터는 상행과 하행으로 구분되어 각 20대씩이 설치되어 있다. 여성이 운전하고 있다는 사실에 감탄했다. 점내의 진열방법을 주의 깊게 관찰했더니 진열품은 진열대 안쪽의 거울에 비춰져 입체적으로 볼 수 있었으며 점포 운영진의 참신한 아이디어와 고객을 위한 배려를 강하게 느낄 수 있었다.

7월 12일(11일). 통신판매회사 시어스로벅을 방문했다. 9층 건물의 벽돌

건조물로 전면 폭이 약 216미터, 전면에서 뒷면까지의 깊이가 108미터의 거대한 크기에 감탄했다. 모자, 구두 등의 잡화에서 가전, 자동차에 이르기까지 일상생활에 필요한 것은 식료품을 제외한 거의 모든 것을 취급하고 있다. 실로 소매업은 이렇게 해야 한다는데 공감했다. 주문 상품은 120명 정도의 남녀가 빠르게 포장을 했고, 점포 내의 안내선에 따라 분리되어 1일 화물차량 200대로 미국 전지역으로 발송되고 있었다. 그 큰 규모에 놀랐다.

7월22일(21일). 뉴욕의 이미지백화점을 방문해 쇼핑했다.
이 백화점은 이 도시에서 2번째로 크다. 점포는 7층까지 있고, 판매원은 여성으로 그 수가 많고 내점객 또한 80%가 여성이다. 포퓰러(Popular)한 점포인데 상품가격은 비교적 높은 편이다. 시카고의 마샬필드백화점에 비교하면 조금 격이 떨어진다는 느낌이다.

샌프란시스코나 시카고에서 이미 백화점 시찰을 충분히 했기 때문일까 뉴욕에서의 기록은 거리에 대한 기록이 대분이고 감격이나 놀라움이 적어졌다.

7월 23일22일 ~ 25일24일 3일간 워너메이커, 올드만, 메이시, 삭스, 킨벨, 브라더, 각 백화점을 시찰했다. 8월 1일7월 31일에는 필라델피아의 워너메이커백화점을 방문했다.

이 백화점은 미국에서 1, 2등을 다투는 백화점이다. 정면의 폭이 약 144미터 전면에서 뒷면까지의 깊이가 약 72미터인 지상 10층, 지하 2층 건물이다. 외관은 회색 화강암색의 수려한 건물로 내부는 대리석으로 되어있다. 상품은 풍부하고 방문고객이 많아 서로 어깨를 부딪칠 정도다. 명소라고 하던데 그 말 그대로다.

시찰한 백화점에 대해 자세한 감상을 기록하지 않고 그냥 슬쩍 흘러가듯 간단하게 묘사하고 있다.

2. 거대한 미국 문명

미국의 문화와 문명에서 배운 것

미국의 백화점과 상업이 일본보다 훨씬 발달해 있다는 것은, 그것을 지탱하고 있는 산업공업 또한 일본을 월등히 뛰어넘고 있다는 의미다. 가쓰지로는 뉴욕의 고층빌딩 숲, 자동차사회와 그 자동차를 생산하는 포드자동차의 철판이나 부품에서 완성차까지의 거대한 공장라인, 길거리를 누비는 사람들의 세련된 옷차림 등, 미국 사회의 풍요로움과 저력을 보았다.

실제로 기록한 "이 얼마나 풍요로운 미국인가? 우리나라에는 손에 꼽아 내세울만한 재원이 없다7월5일"라는 말이 그의 심정을 단적으로 말해준다.

시찰여행 중에 얻은 다양한 견문을 통해 느낀 인상이나 감상을 요약해서 가쓰지로는 37항목19항목은 누락으로 정리해 기록해두었다. 그 요약을 상세하게 해독해보면 가쓰지로는 미국의 어떤 점에 관심을 가졌는지, 그의 사고패턴이나 관심영역을 이해하는 열세가 무엇인가를 살펴볼 수 있을 것이다. 또한 1~26항목까지는 7월 8일7일, 27~29항목을 7월 9일8일에, 30~37항목을 7월 11일10일에 기술했다. 쭉 살펴보면 일본에 없는 여러 사회현상이나 현지의 사정에 관심을 가지고 있다는 것을 알 수 있다.

1. 서양인은 부인을 소중히 여기며 남녀 차별이 없다. 부인들도 어린 아이들처럼 순수하게 유희를 즐긴다(미국으로 향하는 선상에서의 관찰).

2. 하와이의 풍토나 기후는 온난하고 여름과 겨울의 차가 없다. 풍광명미(風光明媚)로 모든 곳이 그야말로 절경이다. 일본삼경(日本三景)[28]이라고 하지만 비교가 안 될 정도다.

3. 샌프란시스코의 번영의 모습은 예상 밖이었고, 상점은 발랄한 젊은이들처럼 생기가 있고 열기가 느껴진다.

4. 각지의 호텔은 장엄하고 아름다우며, 장식의 화려함과 아름다움은 일본 황실 정도에서 볼 수 있을 법한 것들이다.

5. 말이 통하지 않는 것이 한없이 원망스럽기만 하다.

6. 일본을 배척하는 현상을 보았다. 인종편견에 기인하는 미국인의 전통적인 발로(發露)기는 하지만, 일본인의 생활수준이 낮아 미국인의 생활과 맞지 않다. 일본인은 낮은 생활수준에 만족해하면서 향상심이 왕성하기 때문에 언젠가는 백인의 생활을 위협하게 될 것이라는 미국인의 두려움도 일본을 배척하는 하나의 원인일 것이다.

7. 일본 정부의 외교정책에 위력이 없고, 단지 탁상공론에 불과하여 실정과는 거리가 멀다. 백년대계는 없고 임시방편적인 정책들 뿐이다. 50년간 계속 발전시켜왔던 이민정책을 결국 포기해야 하는가?

8. 정부는 외교발전을 위해 무역상을 보호지원하며 국가적 사업으로 정해 전략을 세워 조성해야 한다. 현장근로 노동자들만 외국으로 보내지 말고 자산계급의 상인을 다수 미국으로 보내야한다.

9. 서양인은 공중도덕에 관한 의식수준이 높아 놀랍다. 기차 안이 아무리 무더워도 전혀 그 자태를 흐트러뜨리지 않는다. 차내를 더럽히지 않는다. 그래서 하루 종일 지나도 쓰레기 하나 없다. 세면기는 사용 후에 반드시 한번 물로 씻어 내리기 때문에 항상 청

28 일본 국내에서 최고의 명소로 꼽히는 3곳으로 미야기현에 있는 마쓰시마(松島), 교토에 있는 아마노하시다테(天橋立), 히로시마현에 있는 미야지마(宮島=厳島)의 3곳의 명승지를 말한다. ─역자

결하다. 화장실도 마찬가지다. 일본인은 이런 것들을 표본으로 삼아야 한다(샌프란시스코—로스앤젤레스—솔트레이크 간의 열차 안에서).

10. 자동차가 많음에도 불구하고 비교적 사고가 적다는 사실에 놀랐다. 4.5명당 한 대꼴로 자동차가 있는데도 양보의 미덕을 발휘해 안전운전을 한다(로스앤젤레스에서).

11. 도로정비가 완벽하다. 시골길까지 아스팔트 포장이 되어 교통이 편리하다(로스앤젤레스에서).

12. 일본인 상인이 빈약하다(샌프란시스코—로스앤젤레스 기간 동안).

13. 공중을 위한 나 개인이라는 의식과 민중을 존중하고 관공서는 스스로 자세를 낮추며, 남녀간 동등한 권한행사가 이루어지는 것들을 각지에서 직접 눈으로 확인할 수 있었다.

14. 공공소유물을 소중히 한다. 공원의 나무 하나, 꽃 한 포기도 푯말이 없어도 꺾는 법이 없다. 공공시설물이 망가진 모습은 볼 수 없었다.

15. 노동자는 근면하고 열정적이다. 남녀를 막론하고 정열적이며 열심인 것은 기분 좋은 모습이다. 미국의 8시간 노동이 일본의 20시간 노동에 상당하는 것은 아닐지?

16. 사기를 치지 않고, 약속을 어기지 않는다. 풍요로운 국가라서 그런지 한없이 부럽다.

17. 옐로스톤국립공원(Yellowstone National Park)은 이 지구상에서 신이 만든 가장 교묘하게 만든 걸작과 같은 풍경이다(현지에서).

18. 기차에는 상하의 구분이 없지만, 기차 안에서 빈곤자를 만나지 못했다(각지 소견).

19. (누락)

20. 금주가 널리 인식되어 있다. 술 취한 사람을 한 사람도 보지 못했다(각지에서).

21. 주민은 제아무리 부호일지라도 담을 만들지 않는다. 서로 협력해서 그 지역의 미관을 살린다(각지 소견).

22. 과일을 식사 대용으로 이용하는 경우도 있다. 위생적이고 실리적이다

(각지 소견).

23. 식료품이 비교적 저렴하다(음식점에서의 소견).

24. 전후 순서를 정확하게 지킨다. 중간에 끼어드는 경우가 없다(각지 소견).

25. 다른 사람에게 친절하게 대한다. 항상 오래된 지인처럼 친절을 표하고 길을 물어도 인종과는 관계없이 친절하게 가르쳐 준다(각지 소견).

26. 뉴욕도 세계에서 가장 인구밀도가 높은 도시지만 매연(굴뚝 연기)은 없고 굴뚝에서는 증기만이 뿜어져 나오고 있다. 그래서인지 공기는 맑고 투명하다(뉴욕).

27. 전화 설치가 자유롭고 오늘 신청하면 내일 가설된다. 부럽기 그지없다.

28. 전보도 각 지역에 출장소가 있어 편리하다. 해외전보나 2통 이상의 전보를 치는 경우에는 모집원이 찾아온다.

29. 기차의 속도가 시속 40~50마일로 일본 열차와 비교할 수 없을 정도다(엄청 빠르다).

30. 시간을 정확하게 지킨다(각지 소견).

31. 시애틀은 미국에서 백인 세력이 가장 강한 지역이다.

32. 멕시코도 미국 대륙 안에 있고, 토지는 비옥하고, 그 지역의 산출물도 풍부하다. 유망한 지역이다.

33. 소매상의 가격이 비싸다(각지 소견).

34. 묘지들이 깨끗하게 정돈되어 있다.

35. 개인소득이 높고, 생활을 즐긴다. 구매력이 왕성하다.

36. 교육이 잘 보급되어 있고, 일반상식 수준이 높다.

37. 기계의 힘을 다양하게 이용하고 있으며, 그 때문에 항상 주의한다.

동서문화의 충돌과 일본인이 살아갈 길

가쓰지로勝治郎는 로스앤젤레스 체재 중인 7월 1일에 성립된 신이민법일본인의 미국 이민을 금지하는 등을 언급하고 있다. 그는 일본에는 해외이민에 대

해 관민일체가 되어 만들어진 건설적인 국가정책이 없다는 것과 과거 50
년간 피와 땀을 흘리며 노력해온 일본인 이민을 내팽개치고 있다고 분개
하고 있다. 게다가 일본인은 미국에서 2, 3류 민족으로밖에 취급받지 못
한다며 탄식한다.

이 부분에 대해서는 다소 배경설명이 필요하다. 미국의 신이민법
은 돌연 나온 것이 아니고 몇 가지 오랜 복선伏線이 있었다.

그 바탕에는 러일전쟁에서 일본이 승리를 하고, 조선과 중국 동북
부에서 일본의 영향력과 권익이 확대되는 것에 대해 미국이 경계하기 시
작했다는 것이 있다. 그리고 1920년 캘리포니아주에서 배일토지법排日土
地法이 성립되어 일본인 토지를 몰수하는 황당무계한 일들이 버젓이 이
루어지고 있었다. 그리고 4년 후에 신이민법상하양원에서 가결, 이어서 캘빈 쿨리
지 대통령[29]의 서명이 성립되었다. "귀화 불가능한 외국인(일본인)을 처음부
터 배제한다"고 하는 항목은 실은 일본의 이민을 금지하기 위해서였다.

일본 정부는 이 신이민법이 의회에 제출된 1923년 "법률로 성립되
지 않도록" 강하게 미국 정부에 요구했다. 또한 그 이전인 1919년에는 일
본은 국제연맹규약國際連盟規約에 차별철폐조항을 넣도록 제안했지만 미
국의 반대로 부결되었다. 일본의 속셈으로서는 미국에서 일본인 차별을
막으려고 했던 것이다.

그러나 일본의 모든 항의나 제안은 미국으로부터 거부당했고, 도
리어 미국의 반발을 불러 신이민법 성립을 가속화하는 결과를 낳았다.

이 법률이 성립되기 이전부터 미일관계는 금이 가기 시작했고, 이
전처럼 일본인의 감정적인 측면에서 보면 미국
을 위대한 신흥국가로 존경할 만한 존재로 더
이상 바라보지 않게 되었다. 법률이 성립된 후

[29] John Calvin Coolidge Jr (1872. 7. 4~1933. 1. 5): 미국의 29대 부대통령 및 30대 대통령. 재임기간은 1923년 8월 3일~1929년 3월 3일. ─역자

일본의 반미감정은 거세졌다.

가쓰지로는 역사의 소용돌이 속에서 미국을 방문한 것이다. 결국 일본과 미국의 국력의 차가 일본인 이민에 불행을 가져다주고 있다고 생각했을 것이다.

가쓰지로는 국가가 강하지 않으면 국민은 불행해진다고 확신했다. 그것이 후에 조선과 만주에서 미나카이가 국책에 협력하여 어용상인으로 되어가는 하나의 동기가 되었다는 생각이 든다.

또 다른 동기는 가쓰지로의 '동서문화의 충돌'에 대한 깊은 통찰력에서 파생되었다고 생각한다. 그는 소위 '황색인종인 일본인'이 '백인종이 주류인 미국인'에게 인종차별을 받아 그것이 일본 배척의 관련법으로 이어졌다고 하는 그런 단순한 사고에 빠지지는 않았다물론 그것도 큰 이유 중 하나라는 인식은 하고 있다. 근본 원인은 일본인 풍속, 습관이나 사상, 즉 일본인의 문화나 사고가 미국 사회에서는 이질적이며 미국인의 그것과 어울릴 수 없기 때문에 충돌을 일으킨다고 분석하고 있다.

일본인이 미국에서 살아남기 위해서는 일본 문화를 버리고 미국 문화에 융합하고, 미국인의 사상으로 살아가야 한다. 그러나 일본인은 일본 문화나 사상을 버리지 못하고 있다. 거기에 미국인의 배타적인 내셔널리즘의 공격을 받게 되는 것이다.

이러한 인식에 도달한 가쓰지로는 또 한 번 뉴욕에서 거주하는 일본인이 결코 행복하지 않다는 사실을 알게 된다.

7월 20일19일의 일기에 다음과 같은 내용을 기록하고 있다.

"뉴욕에 사는 일본인들은 처음에는 영구 거주할 생각으로 건너왔지만, 지금은 적금이라도 어느 정도 하게 되면 하루라도 빨리 귀국하고 싶다는 생각을 대부분 가지고 있다."

인종적인 편견을 받기 전에 먼저 여러 가지 느낌이 다르다는 것을 일본인 측이 먼저 피부로 느껴 깨닫거나 문화적으로도 익숙해지지도 못하고 있었다. 결국은 2, 3류 취급밖에 받지 못하는 마이너리티, 이것이 미국 내에서의 일본인 입지라는 사실을 가쓰지로는 명확하게 이해했다. 그는 이런 체험에서 역으로 생각하면 일본인은 일본이라는 국가 안에서야말로 자신을 가지고 살아갈 수 있는 것이다라고 깨달았을 것이다.

미국의 선진문화에서 배우다

미국 자동차문명은 당시 일본과 비교할 수 없을 만큼 발달해 있었다. 1923년 관동대지진 후의 일본의 자동차 보급률은 낮은 수준으로 전국적으로 2천 대에도 못 미쳤다. 도쿄에서는 대지진 이후 합승버스가 보급되어 서민의 다리가 되었다. '청青버스'30, '엔타로円太郎버스' 31라고 불렀다. 택시나 하이어hire32도 서민층에서 이용되고 있었다. '엔택円タク' 33이라고 불리고 요금은 1엔으로 균일했다. 도로는 도쿄와 오사카 등 대도시의 일부에서 도로포장이 진행되고 있었는데 다른 도로는 자갈길뿐이었다.

그 당시 미국의 자동차 보급률을 보면, 국민 소득 수준보다는 국토가 넓다는 요인으로 그 필요성이 절실해, 이미 4.5명 당 1대의 보급률이었다. 1천 명으로 환산하면 220대가 되고 단순하게 비교해도 일본의 1983년 수준승용차로 221대이다.

30 당시 도쿄 시내를 운행했던 도쿄승합자동차 버스의 통칭이다. ─역자
31 1923년의 관동대지진 후에 미국 포드사에서 버스 800대를 수입해서 운행했던 승합버스. 현재의 도영(都営)버스의 기원이다. ─역자
32 임차택시 형태로 영업소, 차고지 등을 거점으로 이용객의 요청에 따라 배차서비스를 하던 것이다. 택시의 일종으로 본다. ─역자
33 엔택시의 줄인 말로, 1엔(円)이란 균일 요금으로 대도시를 달렸던 택시이며, 1924년 오사카에서 시작해 1926경에는 도쿄에도 생겼다. ─역자

도로는 포장이 완비되어 상호 양보하는 미덕으로 운전을 하고 있기 때문에 사고가 적다. 이점에 대해서 가쓰지로는 문명적이 측면에서 보면 세련되고, 게다가 공중도덕을 중시하는 미국인을 칭찬하고 있다.

반면, 자동차문명은 피곤한 것이다. 특히 뉴욕에서 차의 굉음과 그 요란한 소음이 정말 심하다는 생각을 했는지 가쓰지로는 뉴욕에서 수면부족에 빠졌다. 당시 호텔에는 냉방이 안되어 밤에는 창문을 열고 자려고 했을 것이다. 이런 시를 남겼다.

"밤낮으로 굉음을 내는 많은 자동차, 그것들의 엄청난 소리에 잠을 청해도 잠을 잘 수 없네."

"밤이고 낮이고 요란스러움으로 덮인 도시는, 사람들에게 휴식을 주지 않는다."

"문화도, 사람을 힘들게 하는구나."

잘 읊었는지에 대해서는 논하지 않겠다. 피곤에 지쳐 녹초가 된 가쓰지로의 모습이 선하다.

미국에는 기업사회가 성립되기 위해 불가결한 시간의 관리, 즉 '시간은 금이다' 시간의 경제성, '약속시간을 지킨다' 시간의 일회성는 시간 개념이 이미 상식처럼 되어 있었다. 시간에 대해서 느슨했던 당시의 일본과 시간을 지킨다는 관념조차 희박했던 조선과 비교하면 신선한 충격이었다.

백화점의 여성 점원이나 시어스로벅의 사원들 일하는 모습은 정말 열심이고 성실했다. 청교도정신에 기인하여 성실하게 일에 열중한다고 하는 직업윤리도 가쓰지로를 감동시켰다. 이 경험도 그 후 미나카이의 사원교육에 활용되고 있다. 가쓰지로는 문득 깨달았다. 일본의 정토진종淨土眞宗[34]의 교리에도 있는 근면한 생활, 장유유서의 중요성과 존중, 회사나

34 일본식 발음은 조도신슈, 일본의 종교로 불교에서 파생된 일본 독자적인 종파로 본다. -역자

국가에 공헌하는 일 등의 윤리관을 미나카이정신으로 변신시켜 사원들에게 공유하게끔 해야 한다는 생각을 한 것이다.

비교되지 않을 정도의 자동차문명의 격차는 그들과 우리의 '국력과 국부의 차'를 대변해주고 있었다. 가쓰지로는 미국 자동차사회의 발전모습을 보고 비즈니스야말로 '부와 힘의 확대'를 얻기 위한 수단이라는 신념을 갖게 되는 크나큰 계기가 되었다.

상업사업은 관민일체가 되어 진행해야 하며, 일본인이 아시아 리더로서의 역할을 하기 위해서는 일본 경제를 발전시켜 국력 향상에 힘쓰지 않으면 안 되고, 그렇지 못할 경우 일본의 입지를 확보할 수 없다. 가쓰지로는 이러한 대국적인 생각을 가지고 있었다. 이것을 비즈니스에 어떻게 반영하면 좋을까?

그는 미나카이의 비즈니스전략으로, 일반시민을 대상으로 하는 백화점을 운영하는 한편 관군官軍을 대상으로 하는 어용상인으로 변신해 부와 힘의 확대를 실현시키기로 결심했다.

미국의 좋은 점을 받아들여서 일본을 강하고 풍요로운 나라로 세울 필요가 있다. 가쓰지로는 보스턴에서 뉴욕, 필라델피아에서 워싱턴DC와 미국 동부지역을 순회하며 가장 미국적인 풍요로움을 체험하였고, 그 문명의 강대함에 비장한 긴장감을 느낄 수 있었다. 자신의 사명은 상업을 통해 일본에 풍요로움과 힘을 가져다주는 것이라고 가쓰지로는 마음속으로 정했다.

"고향의 더위는 어떨까라는 생각을 하며, 오늘은 무더위에 연신 손수건을 짠다."

"다른 세상으로 달려가는 밤거리, 나날이 뜀박질하듯 발전하는 문화, 그렇게 달려가는 미국에서 나는 달린다."

"달리거나 이끌려 달려가는 미국이지만 사람들은 여유를 가지고 풍요로움으로 이동한다."

가쓰지로는 이런 미국을 땀을 닦고 손수건을 짜면서 달리듯 시찰하고 있다. 서두르지 않으면 일본은 점점 미국의 발전 속도에 뒤처질 뿐이다. 가쓰지로의 짧은 시에서 그와 같은 생각을 느낄 수 있었다.

3. 나카에 가쓰지로의 사고회로

뛰어난 관찰력과 표현력

가쓰지로는 정확하고 치밀한 관찰력과 연역능력演繹能力, 강한 선조숭배의 이념, 강한 금욕적·자율적인 생활, 가족과 친척에 대한 배려 등 훌륭한 개성을 가진 사람이었다.

우선 강조해두고 싶은 것은 경영자로서 쉽게 찾아보기 힘든 능력이다. 경영자의 중요한 자질 중의 하나가 앞날의 결과를 향해 오늘의 리스크를 범하고 의사결정을 내리는 결단력일 것이다. 그 결단력을 갖게 하는 것은 담력은 말할 것도 없고 정확하고 치밀한 관찰력과 그 배후에 있는 본질을 연역해내는 능력과 미래를 보는 통찰력이다.

그러한 부분들을 가쓰지로의 미국 시찰일기를 통해 엿볼 수 있다.

여기서는 원문을 통해 그의 날카로운 통찰력을 보여주는 일화를 3개 정도 발췌해 보도록 한다한문체의 간결한 리듬조를 느껴보기 바란다.

①6월 28일27일, 샌프란시스코의 센트프랜시스호텔의 묘사다.

이 건물은 13층 건물로 대형 호텔이며, 이 항구의 유일한 호텔이다. 정면 폭이 70여 미터, 건물 안쪽 깊이는 50여 미터 정도 된다. 1층의 기둥은 모두 대리석으로 원형기둥이고, 천정의 높이는 6.5미터 정도이며 금색의 찬란한 조각을 겹겹이 달아 마치 대불전과 같이 장관이다.

접수대에서 각자 서명을 하고 안내해주는 벨보이를 따라 엘리베이터를 타고 10층에 올라가니 복도에는 천연양탄자가 깔려 무척 화려하다. 37호실로 들어갔다. 6평 정도의 거실에 침대 2개가 있고, 밖에는 욕탕설비가 되어있다.

안락의자와 함께 나란히 의자 3개가 놓여 있고, 서랍장, 화장대, 테이블, 탁상전화 설비도 있다. 창문도 넓이가 4척, 높이가 6척 정도 되었고 채광이 좋고 하얀 비단색깔의 화려한 커튼이 걸려있다. 아래에는 우단이 깔려있고, 신발을 신은 채로 걷기가 부담스러울 정도로 깨끗하다. 오찬을 하러 엘리베이터를 타고 아래층의 식당으로 들어갔다.

식당은 50평 정도가 넘을 정도의 드넓은 대광장에 벽은 선명한 색상의 로마시대 유화로 둘러싸여 있고, 벽면과 기둥은 청색의 대리석을 붙여 무척 아름답다. 끝나고 거실로 돌아와 나는 고이즈미 세이조(小泉精三)와 함께 37호실, 고이즈미 쥬스케(小泉重助) 씨는 마키야마(牧山) 씨와 함께 36호실로 들어가기로 했다.

② 두 번째는 7월 6일5일, 옐로스톤국립공원Yellowstone National Park을 자동차로 방문했을 때의 묘사.

도로는 6미터 폭의 도로로 되어있고 양쪽은 소나무가 무성하다. 계곡을 따라 달린다. 25마일의 속도로 유쾌하게 달렸다.

강은 폭이 10미터 정도의 작은 하천 같지만 수심은 몇 척이나 된다. 물이 맑아 이리저리 다니는 고기들이 보인다. 양쪽 강가에는 기암괴석이 융기해있고 울퉁불퉁하게 암석이 퇴적된 모습이다. 바위를 깎고 강기슭을 씻어 내리면, 떨어져 물기둥을 만들고 소용돌이를 일게 한다. 하얀 물보라가 바위를 덮어 크고 작은 파도처럼 절경이며, 이에 비할 것이 없다.

울창한 나무숲으로 덮인 계곡을 벗어나자 자동차는 갑자기 속도를 줄인다. 서행하는 가운데 자동차 20여대가 줄을 지었다. 도로 복구공사를 하고 있다는 것을 알았다. 이 심산계곡의 훌륭한 경관인데…….(중략)

9시 30분 오랜 역사의 대형 분화구에 도달했다. 크기가 1백미터 정도다. 하얀 연기가 항상 피어오르고, 가끔씩 땅 속에서 땅울림과 굉음의 음악소리를 내는데 그 깊이가 어느 정도인지 알 수 없다. 무시무시하다. 그 주위 1Km가 넘는 지역에서 여기저기 분출하는 연기를 볼 수 있다. 또 4리 정도 떨어져 분화구가 있다. 뜨거운 열탕에서 나오는 수증기가 뜨거워 간담을 서늘케 한다. 이곳은 해발 7300척(尺)의 높은 곳으로 분화구 수는 알 수 없다. 용출되는 샘물은 흘러 계곡을 만들고 호수가 되었다.

이처럼 호텔 내부나 자연경관 묘사에서는 마치 사진을 오려놓은 듯 정확하다. 그러나 이상하게도 가쓰지로는 뉴욕에 체재하고 있는 동안 딱 한번 60층 건물의 빌딩에 올랐다는 것, 높이 792척 정도라고 밖에 일기에 기록되어 있지 않다(문헌을 찾아보니 이 건물은 1913년에 완성된 울워스빌딩Woolworth Building인 듯하다. 높이 241미터로 현재 도쿄도청과 같다. 1931년 엠파이어스테이트빌딩Empire State Building이 완성될 때까지 세계 최고를 뽐냈다). 세계최대의 마천루Skyscraper가 즐비한 도시 뉴욕의 위용에 대해서는 기록하지 않았다. 월드타워빌딩이나 뉴욕 시청사 등 2백 수 십 미터의 마천루가 하늘을 찌르고 있었던 때였다.

나는 그 이유를 두 가지로 추론해보았다.

하나는 가쓰지로가 이미 일본에서 사진이나 영화 등을 통해 뉴욕 빌딩들을 잘 알고 있어 새삼스럽게 특별한 감정을 느낄 수 없었다는 것이다.

두 번째는 이것이 타당한 이유라고 생각하는데, 그의 한자어 실력으로는 그 거대한 마천루를 표현할 어휘력이 부족했고, 또한 뉴욕이 필설筆舌로 형언할 수 없기도 했다. 그만큼 미국 문명의 위력에 충격을 받은 것은 아닐까 한다.

당시의 뉴욕에는 2층버스나 고가철도가 달리고 있었다. 물론 지금은 없다. 자동차 증가로 인해 무용지물이 되어서 그런 것일까. 1970~1975년경, 도쿄와 오사카의 노면전차나 로터리버스가 사라진 것처럼 말이다.

③ 8월 3일2일 워싱턴 DC에서 링컨 기념관과 워싱턴기념탑을 방문했을 당시의 묘사.

링컨기념관 앞에 하차, 안으로 들어갔다. 전부 대리석으로 만들어져 호화스럽고 웅장한 건물이다. 둘레가 3미터에 이르는 큰 원형 기둥이 40개 정도이며, 높이 10미터에 달한다. 중앙에 용기 있는 링컨을 기리는 생전 모습의 대리석 동상이 있다. 양 벽에는 이력과 링컨 생전에 있었던 유명한 어록이 새겨져 있고, 링컨의 모습과 함께 그 공적을 오래도록 기리고 있다. 부근 일대는 고지대이고 앞에 장방형의 큰 연못이 위치하고 있으며, 멀리 워싱턴기념탑이 마주보고 서 있다. 시내가 내려다보이는 전망이 좋은 곳에 위치하고 있다. 두 영웅이 시민의 발길을 이끌고 있으며, 대미제국의 초석이 되고 지침이 되었다는 느낌을 갖게 한다.

이러한 정경묘사는 무척 정확하다. 링컨기념관이나 워싱턴기념탑은 당시나 현재나 변함이 없을 것이다. 리드미컬Rhythmical한 그의 문장을 읽으면 그 곳의 풍경이 눈앞에 선명하게 나타난다. 뛰어난 두뇌, 강한 호기심, 가벼운 발놀림Footwork의 소지자인 가쓰지로는 또한 뛰어난 기억력과 문장력을 겸비했다.

여행 중의 생활

가쓰지로는 여행 도중에도 6월 23일의 모친 기일, 7월 5일의 부친 기일을 모두 엄숙하게 맞이했다. 부친은 1897년 6월 5일에 사망했고, 모친은 1913년 8월 23일에 사망했다.[35]

가쓰지로가 정토진종淨土眞宗의 열성 신자였다는 사실은 잘 알려져 있다. 미나카이의 각 지점에서 매일 아침 개점 전에 점장이 중심이 되어 독경을 하고 전원이 그것을 따라했다. 가쓰지로의 종교심의 반영이다.

가쓰지로는 여행 중 생활도 규칙적이었고, 항상 아침 일찍 기상했다. 5시에서 6시, 가장 늦은 시각이 7시였다. 삼시 세끼 식사를 거르지 않고, 술은 일절 마시지 않았다. 담배는 피웠던 것 같다1925년부터 금연. 밤에는 11시에서 12시 사이에 취침에 들어갔다.

일기를 쓰고, 엽서나 편지를 수차례 가족, 친척, 친구들에게 자주 보냈다. 일기를 보면 여행 중에 엽서와 편지를 8회 보냈다. 수신처를 분석해보면 몇 가지 짐작할 만한 것들이 떠오른다.

기미부인 및 본가즉, 부인을 의미하는 것이다 앞으로 매회 편지 아니면 엽

35 일본에서는 가족의 기일을 정할 때 달을 달리하는 경우도 있다. -역자

서를 보냈다. 도미주로富十郎 및 경성즉, 도미주로를 의미하는 것이다으로는 7회 보냈는데 편지가 대부분이다. 규

지로久次郎에게는 5회 보냈다. 그 외에 준고로準五郎와 양자인 슈고修吾와 마사요시將悌: 悌一, 그리고 친척, 친구 등에게도 엽서를 썼다.

주목하고 싶은 것은 도미주로에게 보낸 편지다. 현물은 남아있지 않지만 아마도 미국 백화점이나 상점가의 모습, 귀국 후의 구상이나 비즈니스플랜 등을 틀림없이 자세하게 기록해서 보냈을 것이다. 도미주로도 그것을 받고 장기적인 백화점 전개 비전을 세웠을 것이다. 규지로에게는 미국에서 본 상품구성과 진열 등의 아이디어 외에 총무, 경리 업무 등에 관해서 기록해 보냈을 것이다. 거기에다 도미주로에게 보낸 내용보다는 구체적이지는 않았겠지만, 미나카이는 백화점화를 진행해야 한다는 가쓰지로의 각오를 써 보냈을 것이다.

미국 체류 중에 매일 규칙적인 생활을 했던 가쓰지로는 매일 세끼의 식사를 했으며, 일본식이 아닌 현지의 식사류를 맛있게 즐겼다. 그러나 그런 그도 8월 1일7월 31일 뉴욕에서 필라델피아로 이동하는 도중에 처음으로 복통 설사를 경험했다.

한여름의 미국 대륙을 왕복횡단했다. 게다가 당시에는 호텔이나 열차에 냉방시설이 없었다. 그는 항상 깔끔한 옷차림을 했다. 그리고 손수건을 짜낼 만큼 많은 양의 땀을 흘렸다. 그리고 통역 없이는 회화가 불가능한 나날을 보냈다. 이런 상황에서는 제아무리 장사일지라도 심신의 피로가 쌓였을 것이다.

8월 13일12일. 멕시코에서 미국 엘파소로 돌아온 날부터 신경성이라고 추측되는 설사 증상을 보여 그때까지와는 달리 며칠 건강상태가 좋지 못했다. 더위를 이겨 낼만한 체력과 정신력이 약해졌기 때문일 것이다.

8월 15일14일. 샌프란시스코에서 고이즈미 세이조小泉精三와 헤어졌다. 고이즈미는 영국으로 출발했다. 이날의 일기를 토대로 추측해보면 가쓰지로의 미국 여행은 고이즈미 세이조에게 통역가이드 요금을 지불하기로 하고 실행했던 것 같다.

남겨진 가쓰지로와 고이즈미 쥬스케小泉重助는 말이 전혀 통하지 않았을 정도였고, 악전고투하면서 귀국 배편이 있는 시애틀로 향한다. 두 사람은 설사를 계속 했다. 가쓰지로의 영어 실력이 전혀 실용적이지 못해읽을 수는 있었을 것이지만, 샌프란시스코에서 시애틀까지 예상치 못한 고생을 하게 된 장면들이 묘사됐다. 그 당시 독학으로는 듣기나 발음에 한계가 있었을 것이다.

그때까지도 말이 통하지 않아 불편하고 만족스럽지 못한 부분이 많았겠지만, 그래도 고이즈미 세이조라는 훌륭한 통역사가 있었기 때문에 '불편하고 불만족스러움'을 노래한 내용에는 아직 여유와 유머가 있었다. "언어 소통이 불편한 것이 한없이 원망스럽다"고는 하지만 "말이 통하지 않기 때문에 거리를 거닐어도 상품을 봐도 그저 볼 뿐이니 마치 말 못하는 벙어리 같아서 슬프다"면서 그래도 미국 견학여행을 즐기고 있었다.

그러나 단 둘만 남게 되자 양상이 완전히 달라진다. 자칫 잘못하면 '제때에 일본으로 못 돌아갈지도 모른다'는 불안감과 절박함이 느껴진다. 그래도 두 사람은 필사적으로 목적지인 시애틀까지 잘 도착했다. 거기까지 우왕좌왕 했던 모습들이 선명하게 기록되어있다. 혼란스럽기는 했지만 나중에 차분하게 되돌아보면서 있었던 일들을 정확하게 기술할 수 있었던 가쓰지로의 능력이 유감없이 발휘됐다.

예를 들면 이런 일들이 있었다.

샌프란시스코에서 시애틀까지 밤 11시에 출발하는 열차에 승차하고 싶은데 역무원에게 영어로 어떻게 물으면 좋은지 모른다. 그래서 '시 애틀, 고, 훼어이즈Seattle, go, where is?'라고 단어를 나열해 보았지만 역무원은 벽에 있는 숫자 1을 가리킬 뿐이고, 그것이 무엇을 뜻하는지 전혀 눈치 채지 못했다. 아무튼 역 홈으로 향했다. 열차가 5열로 나란히 서있다. 어느 열차를 타야 하는지 짐작이 안 간다.

> 어느 열차를 타야 되는지 마음만 조급해지고, 우선 앞에 있는 열차를 타 볼 생각으로 역무원에게 열차표를 보였더니, '노(NO)'라고 고개를 가로 젓는다. 다음 열차로 가서 보여줘도 '노', 또 다음 열차에 갔더니 '노'라고 3번이나 연속해서 거절당했다. 그 다음 열차로 갔더니 체크하고 개찰 하라고 손짓 발짓으로 가르쳐 준다. 가까이에 개찰하는 곳이 있어 표를 보여주었더니 4번 연속해서 '노', 마지막 개찰구에 가서 다행히 개찰을 한 후 열차에 들어가니 실내는 약간 어둡고, 우리는 둘이서 좌석을 찾았다. 뱀처럼 길게 늘어선 열차에 이미 승객승차는 거의 끝났고 몇 좌석 안 남은 상태였다. 물어물어 124호 열차를 찾아 가는 것도 쉽지 않고……(이하 생략)

이렇게 악전고투 끝에 자신들의 침대에 들어간 시각은 한밤중인 1 시였다. 인내력이 강한 고이즈미 쥬스케도 기진맥진 했을 것이다. 두 사람 모두 설사가 심해 환약을 복용했다. 꽤나 신경이 곤두서고 피곤했을 것이다.

그 후에도 두 사람은 설사를 계속 했다. 그래도 가쓰지로는 시애틀에 도착해서 안정을 찾자 8월 20일19일부터는 멈췄지만, 고이즈미 쥬스케는 중증으로 그 후 3일 정도 의사의 치료를 받았다.

4. 백화점화의 결단

미나카이의 비약飛躍과 반격이 시작되다

8월 31일30일. 알라바마마루호로 시애틀에서 요코하마를 향해 출항했다. 귀국 선상에서도 갈 때와 마찬가지로 국민체조, 독서, 영어 등 매일 규칙적인 생활을 했다.

　앞서 소개한 스에나가未永의 저서《오우미상인近江商人경영사론》에서 일부를 인용했다.

> 9월 15일 오후 잠시 요코하마 항에 안착했으며 동생 준고로를 비롯해 다수의 환영을 받고, 오후 8시 40분 열차로 교토로 출발해 다음날인 16일에는 오가키(大垣)[36], 노토가와(能登川)에서 한 사람씩 귀국환영인사를 받고 12시에는 교토에 도착해 고이즈미 쥬스케와 헤어졌다. 그날 바로 니시무라 규지로, 나카에 도미주로, 나카에 준고로의 3형제와 나카에 슈고, 나카에 마사요시의 두 명의 양자, 처인 나카에 기미와 가와이 구메지로의 친인척 7명을 모아놓고 일기를 토대로 미국 견학 순서를 설명하고 느낀 점 등을 얘기했으며, 이 시찰 보고간담회는 19일까지 계속 이어졌다고 기록한 후 일기를 마무리 지었다. 이 보고간담회에 출석한 나카에 마사요시에 의하면 가쓰지로는 "포목점은 이제 안 된다. 앞으로는 백화점이 아니면 안 된다"고 포목점의 백화점화를 역설했다고 한다.(중략)

미나카이가 백화점화를 재촉하게 된 가쓰지로의 해외 상업시찰은 당초 서양을 1년에 걸쳐 순회할 계획이었다. 그것이 축소되어 왕복 약 1개월, 미국 현지에서 약 2개월 동안 중심적인 북미 여러 도시를 순방하는 것으로 대체되었다. 광대한 자연과 풍부한 자원에 혜택 받아 자동차문명이 매우 빠른 속도로 발전한 신흥공업국 미국의 부와

36 기후(岐阜)현 남서부의 시. ―역자

위세를 통감하면서 무척 열심히 순회시찰을 했다. 그 왕성한 호기심과 열의는 청년들의 열정에 필적할 만하다. 단순히 상공업만이 아니고 대학, 도서관, 미술관, 박물관, 역사, 공원 등의 실제 경험을 통해 문화나 생활양식에 감명을 받았으며 현지의 일본 배척 경향을 항상 주의 깊게 분석하고 우려를 나타냈다. 여행지 경험에서 사람들의 친절한 대응에 감명받은 부분에 대해서도 솔직하게 기록하고 있다. 아스팔트 도로와 질주하는 자동차와 고층건축물로 숲을 이룬 근대도시의 장관을 경탄하며 경영자로서 규모의 확대로 설비가 충실한 공장, 백화점, 대형마트, 체인스토어, 통신판매점, 잡화도매상점을 방문해 청결한 근무 환경, 판매원으로 주부사원을 채용하고, 접객서비스의 친절과 열의, 연구에 연구를 거듭한 흔적이 있는 상품전시 방법, 대규모 상점의 풍부한 상품구색 등에 깊은 관심을 표시했다.

이처럼 스에나가末永는 '가쓰지로가 미국 여행을 단순히 상업시찰로 끝내는 것이 아니고 그의 그 이후의 경영철학이나 경영전략 수립 방법까지 전환하는 계기로 삼았다'고 했는데, 이런 의견은 나의 분석과 비슷한 부분이다.

단, 나는 사업의 백화점화는 가쓰지로가 미국 시찰에서 돌아와 처음 꺼낸 이야기가 아니고 출발 전에 이미 가쓰지로와 도미주로가 그 방침에 공감대를 형성하고 있었으며, 가쓰지로가 백화점비즈니스 노하우를 배우기 위해 미국에 여행을 떠났다고 생각한다. 귀국 후 미나카이의 백화점화를 역설한 것은 모든 간부에게 정식으로 선언하기 위한 것이다. 경성 미나카이포목점은 이미 가쓰지로가 여행을 떠나기 전부터 경쟁하고 있는 3대 백화점에 포위되어 있었으며, 하루라도 빨리 대대적인 대변신이 절실히 요구되고 있었다.

가쓰지로는 미국 시찰을 단순히 백화점과 상점의 노하우나 식견을 쌓기 위한 것에 머무르지 않고, 경영자로서 전체적인 폭넓은 시야를 가지고, 미국을 본보기로 미나카이를 번영시켜야 하며, 또 스스로가 일본이라고 하는 국가와 불가분한 존재임을 인식하고, 산업발전에 기여함으로써 보국報國할 수 있다는 신념을 확립했다. 그런 점에서도 도미주로가 아닌 가쓰지로가 시찰여행을 실행한 것이 좋았다.

가쓰지로의 이 신념이 그 후 '헌칙憲則'이나 '미나카이 요람要覽' 양쪽 모두 현대 경영이념이나 취업규칙, 사규 등에 해당한다에 반영되고 경영전략의 핵심이 되었고, 조선에서는 도미주로가 중심이 되어 백화점 전개를 가속화시켰던 것이다. 미나카이는 조선총독부의 정책과 조선군의 방위전략을 전면적으로 지지하면서 철저한 어용상인으로서 그 역할을 이행해 비약적인 발전을 이루었다.

백화점왕의 길

1. 확대와 성장의 전략

미나카이포목점 경성 본점 완성

1929년 3월, '미나카이三中井포목점 경성 본점' 빌딩이 완성되자 미나카이는 본격적인 백화점화의 길로 돌진하고 있었다. 미쓰코시三越에 13년이 늦었고, 조지야丁子屋에 8년, 히라타平田에도 3년이 늦은 시기에 드디어 미나카이는 백화점을 비즈니스 중심 영역으로 정하고 뒤떨어진 부분을 만회하고 조선 제일의 백화점을 이루겠다는 목표로 새출발 했다. 그 목표달성을 위해 미나카이는 도쿄, 교토, 그리고 경성을 무대로 조선총독과 조선군사령관, 만주국외교부 고관, 관동군사령관 등 정부와 군대 최고 간부와 친분을 돈독히 유지하면서 국책에 적극 협력 하는 등 중점적으로 어용상인으로서 활동무대를 크게 확대해 간다.

본점 빌딩은 그 이전의 일본식 2층 건물 안쪽에 5층으로 지어졌고, 자신 있게 내세울 만한 하얀색의 멋진 건물이었다p.81. 이름은 포목점이었지만 내부는 본격적인 백화점이었다. 경성부시정 20주년 기념 박람회京城府施政二十周年記念博覽會에 맞춰 나온 1929년 발행된 광고팸플릿 '미나카이 포목점 안내'에는 근세조감도의 창시자인 요시다 하쓰사부로吉田初三郎[37] 화백당시 교토에 거주의 백화점을 중심으로 하는 '대경성 안내조감도大京城案內鳥瞰圖'가 게재되어 있다.

이 팸플릿에는 신축빌딩의 매장안내도가 그려져 자세하게 설명되어 있고, 매장 구성과 취급 상품 등을 구체적으로 알 수 있다. 이것을 보면 미나카이는 실질적으로 백화점이라는 사실을 확인할 수 있다. 미나카이의 전국 지점망도 소개되어 있다.

구관일본풍의 2층 건물의 2층이 포목점 매장이지만 신관 5층도 포목 진열장으로 되어 있어, 포목이 큰 비중을 차지하고 있다는 것을 알 수 있다. 한편 가구, 침구 등의 실용품구관 1층, 잡화용품이나 여행용품신관 1층, 아동과 부인복신관 2층, 성인 양복신관 3층 등 신상품도 처음으로 취급하고 있다. 4층에는 식당이 오픈했다.

매장은 구관과 신관으로 연결되어 있으며 신관은 구관을 걸치지 않고도 들어갈 수 있도록 되어있었다. 신관에는 엘리베이터를 1층에서 5층까지 설치했다.

37 교토 태생(1884~1955), 유젠(友禅)기법(비단 등에 화려한 채색으로 인물, 꽃, 새, 산수 등을 염색, 그리는 수법의 하나)을 이용해 상업미술 분야에서 왕성한 활동한 작가. 1920~30년대에 철도망의 발달에 따른 일본 전국각지의 관광안내도를 작성, 그 수는 5백종 이상에 이른다. 좌우의 끝을 U자형으로 곡선을 그려 보이지 않는 것을 보여주는 독특한 파노라마 화보로 잘 알려져 하츠사부로식 조감도라고도 불렀다. 지도뿐만 아니라 엽서를 비롯해 포스터, 달력 제작 등 다방면의 상업미술에 활동했다. —역자

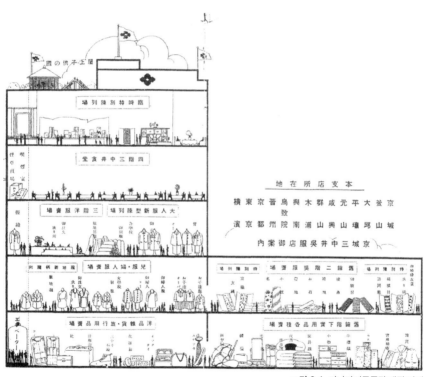

그림 3-1 미나카이포목점 매장 안내

출처_《미나카이포목점 안내》(1929년)

미나카이백화점 경성본점 완성

1933년 전사원이 기다린 '미나카이백화점 본점' 신증축이 완성되었다사진 K. 1929년 완성되었던 포목점 빌딩에 인접한 토지를 매수해서 지은 지상 6층 지하 1층 건물로 하얀 색의 근대 르네상스양식의 빌딩이었다. 혼마치 거리에 면하고 있는 구관인 일본식 2층 건물은 3층 건물로, 뒤쪽의 5층 건물은 6층 건물로 개축됐다. 신, 구관을 합해 토지 808평, 연건평 2504평의 거대한 백화점이었다.

　그 이미지를 전하는 일러스트가 한국에서 발행된 사진집《한국백년》동아일보사 편·발행, 1978년에 게재되어 있다. L-1이 그것이다. 미나카이백화점 정면은 혼마치 거리에 바라보고 있었지만, 도로 폭이 좁았기 때문에 다른 백화점과 같이 바로 정면에서 점포 전체를 촬영한 사진이 없다. 이 일러스트는 백로처럼 수려한 미나카이백화점 빌딩의 이미지를 적절하게 전달하고 있는 귀중한 자료다.

　사진 L-1은 쇼와거리 쪽에서 본 미나카이백화점이다. 왼쪽에 뉴스와 만화영화전문인 문화영화극장이 보인다.

　신축 완성 직후 경성본점의 점장은 나카에 준고로中江準五郎, 부점장은 야마와키 고사부로山脇五三郎였다.

　점포 내부 중앙에는 조선에서 처음으로 2층까지 에스컬레이터가 설치되어 경성에 화재가 되었다.

　매장 구성은 다음과 같다.

【구관】생활용품잡화, 마켓생선 식료품, 외판外商, 지방부地方部

【신관】

1층과 2층 화장품, 생활장신구, 부인복, 아동복, 메리야스, 잡화, 신

K-1 미나카이백화점 경성본점(1933년 신축), 혼마치 거리 쪽의 3층 건물 부분

K-2 미나카이백화점 경성본점(1933년 신축 후) 쇼와거리 쪽
출처_미나카이 편집발행(1935년)《선만(鮮滿)과 미나카이》

발, 문구, 운동구, 서적, 완구, 식료품매장과자, 국내외 주류, 통조림, 조미료, 건어물, 해산물, 절임류, 조림류 등. 그 외에 교통공사와 뉴스영화와 만화영화 전문관문화영화극장.

3층 경성포목, 관동포목, 띠 감, 면포, 서양 원단, 장신용구와 소품 등.

4층 성인복신사복, 성인복 출장외근판매소, 재단, 아동복, 양품잡화, 이불.

5층 가구, 도기, 서양그릇, 금속제 생활용품, 전기기구, 가스기구, 미술, 장식.

6층 귀금속, 카메라, 시계, 악기, 토산품, 포목갤러리, 직영식당대식당.

지점망의 확대

한편 미나카이는 지점망의 확대와 기존 점포의 증개축을 계속 공격적으로 진행했다.

1928년에는 함경남도의 흥남興南점과 함흥咸興점을 개설, 이들 도시에는 조선질소朝鮮窒素, 가타쿠라제사片倉製絲, 태양레이온 등 일본의 유명 기업이 진출해 대형 공장이 모여 있었다. 파견된 많은 일본인 사원들이 자국 상품을 원해 미나카이는 기업의 의뢰를 받아 진행하는 형태로 지점을 오픈했다.

1929년에는 전라북도 군산점을 개설했다. 군산항은 일본으로 보내는 쌀을 선적하는 조선 최대 항이었고 그로 인해 그 지역이 번성했다. 배후에 위치한 전라도와 충청도는 조선 최대의 쌀 생산지로 많은 일본인이 쌀농사에 종사하거나 쌀 상인으로 활약하고 있었다. 군산항은 조선 서해

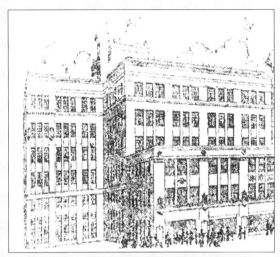

L-1 미나카이백화점 경성본점(1933년 신축 후) 혼마치 거리 쪽

출처_권오기 편(1978년)《사진으로 보는 한국백년(1876~)》동아일보사

L-2 미나카이백화점 경성본점 쇼와거리 쪽

출처_나카에 스미 소장 촬영 연도 불분명

안 최대의 일본 해군항이라는 측면에서도 주요 요충지였다. '미나카이 포목점'의 지점 개설은 백화점 개점을 학수고대하던 현지의 일본인으로부터 대환영을 받았다고 한다. 이 군산점 초대점장은 후에 4대 가쓰지로勝治郞가 되는 나카에 슈고中江修吾였다.

1932년에는 광주점과 대전점을 개설하고, 전라남도 최대의 도시 광주부光州府와 충청남도 최대 도시인 대전부大田府에 미나카이의 깃발을 세워 선점하고 상권을 장악했다. 조지야丁子屋와 히라타平田는 이 두 도시에 지점을 개설하지 않았다. 이 두 회사는 경성, 부산, 평양 등 대도시를 선택해서 지점을 출점 했지만 미나카이는 중도시즉, 각 도의 중심도시나 일본인 거주자가 많은 도시에도 지점을 개설하고 보다 세심하게 일본인 거주자를 대상으로 고객서비스를 실천하는 차별화를 내걸어, 백화점 후발주자로서 불리한 점을 극복해 약진, 성장했다.

또한 미나카이는 만주국 건국 이듬해인 1933년에 신경新京에 발 빠르게 신경점을 개설했다. 만주국 외교부와 관동군만주에 주둔했던 일본군의 고급간부와의 친교가 결과적으로 이를 가능케 했다.

참고로 미나카이는 조선과 만주에서 본점, 지점 등의 건축을 모두 시미즈구미清水組, 현재 시미즈건설에 의뢰하였다. 그 이유에 대해서는 기록이 전혀 없지만 시미즈구미 한 회사로 집중시켜 가격을 대폭 인하하고, 지불 연기 등 결제 조건을 용이하게 하면서 자금운용 면에서도 충분한 이득을 보았을 것이다.

1933년에는 평양점과 대구점도 동시에 신축했다.

1937년에는 부산점을 신장개점 했다. 소재지는 벤텐초弁天町에서 혼마치本町로 부산부청釜山府廳 인근의 일등지로 이전했다. 부산점 점장은 오쿠이 와이치로奥井和一郞, 가쓰지로 부인의 동생, 부점장은 가쓰지로의 두 번째 양자인 나카에 마사요시中江將悌(悌一), 친부는 도미주로였다.

경성본점을 시작으로 주요 4개 지점의 신, 개축이 완료되어 미나카이백화점망은 후발주자로서의 핸디캡을 극복하고 규모에서 조선최대가되었다. 가쓰지로와 도미주로富十郎가 목표로 했던 매출규모에서도 업계를 제패할 수 있는 그 무대가 완성된 셈이다.

무선을 이용한 획기적인 경영관리

경성점이 어떻게 조선 전지점을 관리하고 통제할 수 있었는가에 대해서 미나카이三中井의 전성기1935~40년에 본점 경리책임자를 맡았던 나카에 아키히로中江章浩는 귀중한 증언을 했다.《지점장 회의 의사록》1926~31년,《제기사諸記事1》1932~34년의 내용과 서로 조합해서 전지점의 운영관리 실제상황을 재현해보자.

주식회사 미나카이는 법률상 본사를 경성부 혼마치 1정목 45번지에 있는 미나카이백화점 본점경성점 내에 위치해 두었지만, 실질적인 본사인 총본부는 시가현 곤도의 가쓰지로의 자택본가저택이었으며, 교토 본사는 교토의 무로마치에 있었다. 경성에서 최고 경영자는 조선총무로 1917~30년까지 도미주로가 그 지위에 있었다. 그 이후는 경성점장이었던 준고로準五郎, 야마와키 고사부로山脇五三郎가 뒤를 이었다.

지점장회의는 긴급 변경을 제외하고는 매월 10일에 열었다. 주최자는 조선총무다. 회의록의 내용은 거의 대부분 의제만 기록되어 있으며 자세한 내용은 기록되어 있지 않다. 회의 내용은 총무의 훈화나 전반적인 지시, 조선 내의 전점포에 공통되는 방침이나 영업정책이었다.

도미주로富十郎는 입버릇처럼 모든 점장에게 "각 점포가 그 도시에

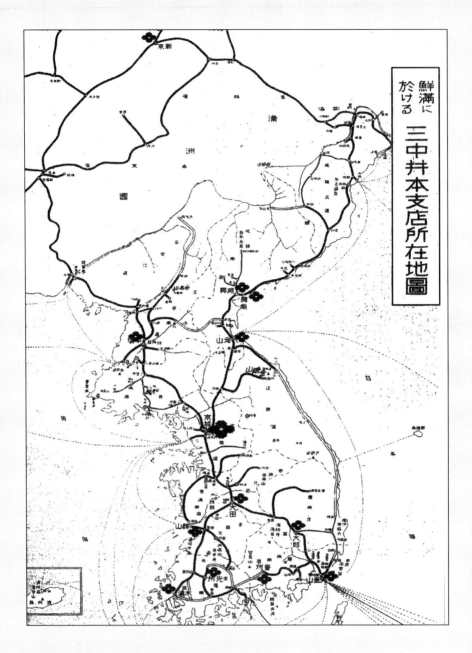

그림 3-2 선만(鮮滿: 조선과 만주)지역의 미나카이본점 · 지점 소재 지도
출처_미나카이 편 · 발행(1935년) 《선만과 미나카이》

서 1위가 되라"고 독려했다. 구체적인 판매캠페인 계획은 한 단계 아래인 각 점포의 '영업부장' 회의에서 토론했다. 또 각 지점 독자적으로 영업의 제반문제에 대해서는 도미주로가 빈번하게 지점 순회를 했으며 그때마다 직접 지시를 했다.

미나카이의 교토본사와 경성본점, 신경점新京 간은 모두 무선으로 연결되어 있었다. 시외전화도 어려운 시기에 조선, 만주, 중국에 걸친 광범위한 사업망을 경영관리 하기 위해서는 무선을 통해 일상적인 지시나 보고가 이루어져야 했다. 무선에 의한 경영정보시스템은 당시로서는 최첨단에 가까운 혁신적인 전략시스템이었다. 조선군조선에 주둔했던 일본군과 관동군만주에 주둔했던 일본군에서 배워 도입한 시스템이라고 할 수 있다.

어느 시대이든 경영전략 결정에 필요한 것은 내실 있는 정보, 그리고 정확성, 스피드, 그리고 이런 것들이 잘 반영된 합리적이고 전략적인 의사결정이다. 미나카이는 무선으로 경쟁 타사보다 앞선 정보를 얻을 수 있었고, 전략적인 우위성 측면에서 보면 엄청난 힘을 가지고 있었던 것이다.

다른 경쟁 기업에 없는 미나카이만의 강점은 일본 상품의 다양한 구성과 조달 능력에 있었다. 또한, 본고장 교토의 포목패션을 풍부하게 보유할 수 있어 마케팅적인 측면에서 보면 최대의 강점을 확보하고 있었다. 이 상품구성과 조달 능력은 무선에 의한 경영정보시스템이 큰 공헌을 했다.

조선과 일본 국내와의 유행의 시차는 1년 정도 있었지만, 일본에서 무선을 통해 들어오는 다양한 정보는 조선의 미나카이 각 지점이 새로운 패션 흐름에 따라 포목의 전략적인 판매전략 수립을 가능케 했다. 그리고 조선의 유행을 선점할 수 있는 대량의 상품조달은 교토에서 진행했다. 미나카이의 각 지점에서 판매하는 상품뿐만 아니라, 직접 상품조달을 할 수 없었던 경성의 일반 포목점에서의 주문도 미나카이로 쇄도했다. 이처럼 최첨단의 교토패션을 제공함으로써 미나카이는 큰 수익을 올릴 수 있었다.

조선군이나 관동군의 움직임도 도쿄에서 교토 경유의 무선으로 경성이나 신경으로 보내졌을 것이다. 즉, 군납품을 위한 유리한 정보가 타사보다 빠르게 미나카이 경성점과 신경점 등으로 전달되었다. 경성이나 신경에서 군수품을 제조해 납품하는 미나카이로서는 무선 정보는 리스크가 없는, 또한 확실성이 높은 비즈니스를 가능케 하는데 큰 도움이 됐다.

총본사의 사장 가쓰지로는 매년 정기적으로 3월이나 5~6월경 조선을 방문했다. 경성점을 중심으로 부산점, 대구점, 평양점 등 각 지점을 순회했다고 기록되어있다.

니시무라 도시키치西村敏吉 변호사의 회고에 의하면, 가쓰지로가 참석한 자리로 경성에서 개최한 각지점장 회의는 마치 천왕이 참가하는 어전회의 같았다고 한다. 단 위에 특별하게 마련된 자리에 책상을 앞에 두고 앉아 있는 가쓰지로, 앞쪽에 한 계단 내려와 ㄷ자 형태로 지점장들이 앉았다. 조선총무인 도미주로富十郎나 준고로準五郎는 마치 총리와 같은 역할로 가쓰지로에게 격식을 차려 정중하게 사업보고를 했다.

니시무라 변호사는 당시 시가滋賀은행 근무변호사로 그의 딸인 고우幸는 가쓰지로 집안으로 들어와 양아들인 나카에 마사요시中江将悌: 悌一의 부인이 된다. 가쓰지로에게 니시무라는 와카和歌 분야에서 한수 배울 수 있는 선배였다. 조선 방문은 가쓰지로가 같이 가자고 권유해서 같이 동행했다고 전해진다.

1930년 도미주로가 귀국한 후 지점장 회의는 조선에서 매달 한 번 진행되었고, 그 외에 별도로 1년에 한 번 교토 본사가 주최해서 교토에서도 열렸다고 한다나카에 마사요시(中江将悌)의 가문 전기. 본사 회의의 경우 회의가 끝나면 밤에 기온祇園,[38] 시마바라島原,[39] 가미시치켄上七軒[40] 등에서 연회를 열었는데 그때마다 대단히 호화스러웠다고 한다.

도미주로의 활약

오직 백화점업에만 집중하며 조선에서 최대 규모로 성장시키겠다는 목표를 실현하기 위해 4형제가 쏟아야 했던 열정은 이제까지의 그것보다 몇 배나 강력한 에너지를 발산하는 작업이었을 것이다.

특히 공격적인 지점망 확대에 필요한 자금 조달은 '주거래 은행으로 알려진 제일은행과 조선은행에 의존하지 않고 주로 계약금 활용, 협력업자의 납품 대금 후 결제, 수표발행 등 단기자금 조달로 대응'(스에나가 구니토시末永國紀의 저서《오우미상인 경영사론近江商人経営史論》)했다.

가전家傳[41]에 따르면 이 자금조달을 직접 지휘했던 사람은 도미주로였다. 1905년부터 26년간 조선에 주재하면서 지점망 확대를 정열적으로 추진

---

38 교토에서 전통적으로 유명한 번화가 중의 하나다. 특히 옛날부터 실력과 미모를 겸비한 게이샤가 많은 하나마치(花街:여러 예능을 겸비한 기생이 있는 거리, 환락가)로 유명하며 미나미자(南座)라고 하는 유명한 가부키(歌舞伎)극장도 있다. ─역자

39 교토의 시모교(下京)구에 위치했던 번화가다. 시마바라(島原)는 특히 요정이 많고 노골적인 기생들이 많았던 환락가였다. ─역자

40 가미시치켄(上七軒)은 가장 오래된 교토 유흥가 중 하나로 무로마치(室町) 시대에 이 지역 신사를 재건할 때 남은 목재 등을 활용해 7채의 찻집을 만들었는데 이것이 가미시치켄(上七軒)의 유래라고 전해지고 있다. 또 인근 신사에서 도요토미 히데요시(豊臣秀吉)가 대규모 다과회를 개최해 유명해지기도 했다. 환락가로도 번성했던 곳이다. ─역자

41 가문의 전기, 자서전. ─역자

했고, 경성본점 빌딩의 건설을 진두지휘했으며 조선총무로서 조선의 본점과 지점 모두를 결속시켜 이끌었던 도미주로는 그 직무를 동생인 준고로에게 물려주고 1930년 일본으로 돌아와 교토본사 책임자 겸 구매담당 부장이 된다선임자는 형인 규지로. 도미주로가 일본으로 귀국한 목적은 가쓰지로 옆에서 오른팔 역할을 하며 앞으로의 미나카이의 사업 확대와 발전 전략을 수립하는 등의 경영의 최고 일선을 맡기 위해서였다. 구체적인 임무는 다음과 같은 내용이었을 것이다.

조선총독부나 만주국의 요인, 조선군이나 관동군의 최고 간부가 공무로 일본으로 귀국하는 기회를 노려 형인 가쓰지로와 함께 도쿄와 교토에서 친분을 쌓는 일이다. 향후 조선, 만주, 중국에서 보다 활발하게 점포망을 확대해 어용상인으로 한층 더 성장하기 위해서는 아무래도 이런 최고 간부의 지원이 필요했다.

주간의 교류는 가쓰지로, 야간의 연회석 등의 주요 역할은 도미주로가 담당하며 서로 역할분담을 했다. 가쓰지로는 술을 한모금도 마시지 않았다.

확대와 성장에 따른 막대한 자금조달도 도미주로의 역할이었다. 은행의 차입금이 아닌 상품 구매대금 및 외상금액의 연장, 수표발행을 통한 원활한 자금운영을 위해서는 거대한 유통판매망을 무기로 납품업자들(미나카이의 납품업자 모임으로 이게타상성회商盛會라는 조직이 구성되어 있었다)과 앞으로의 거래확대를 조건으로 한 가격인하나 지불기한 연장 등에 대해 강력한 교섭능력이 필요했다.

조선의 시장을 잘 알고 있고 동시에 조선이나 만주의 관군 요인들과 친분을 쌓은 도미주로는 그 정치적 능력을 고려한다면 그런 교섭담당관으로 적격이었다.

조선과 만주와의 유행, 상품가격의 시간차를 이용한 구매방법으로 이익을 창출하는 것도 도미주로의 역할이었다. 예를 들어 최대 규모의 상품이었던 포목원단은 교토에서 대량으로 일괄 구입해서 가격상승을 기다렸다가 현지에서 옷 등으로 주문제작하여즉, 부가가치를 크게 해서 판매하는 방법으로 큰 이익을 올렸다. 다른 상품도 같은 방법으로 일괄 구매 방법을 이용했다. 이러한 구매력으로 조선, 만주, 중국 거리의 포목점에도 원단 납품을 했다.

미나카이백화점의 일본 상품의 다양한 구성 능력은 미쓰코시를 능가했다고 한다. 이것이 미나카이 상품구성의 차별화였다. 특히 경성점에서의 일본 상품 구성 능력은 다른 백화점들을 압도했다. 경성부나 그 주변의 인천, 수원, 개성의 일본인이 특히 미나카이쪽으로 몰린 것도 이 때문이다. 또한 부산, 평양, 대구 등의 지점은 미쓰코시와의 직접적인 경쟁이 없고, 각각의 도시에 주재하는 일본인에게 있어서는 최첨단의 일본 상품을 구매할 수 있는 거의 유일한 점포였다.

미나카이는 교토에 구매 본부를 두고 있었는데 도쿄와 오사카에도 구매부를 설치해 '이게타상성회' 멤버인 납품업자들과 직접 교섭해 상품조달을 했다. 포목이나 원단의 구매는 전국의 포목 패션의 발신지인 교토에서 했다. 미나카이 각 점포는 '시즌의 교토 포목'을 취급하였다. '포목의 미나카이'라는 명성은 조선에 주재하는 일본인들에게 절대적인 신뢰를 얻었다.

전기기구, 카메라, 시계 등 공업제품의 구매담당은 도쿄의 구매부가 담당했고, 잡화나 가구류는 오사카 구매부가 취급했다.

미나카이 헌칙憲則: 기업의 사규 등에 해당 제35조에는 이렇게 기록되어 있다.

"상품구매는 구매점교토, 도쿄, 오사카으로 통일해서 구매하고, 조선과 만주 각 지점에서는 특수품을 제외하고 일절 구매를 해서는 안 된다."

실로 수익 확보는 구매력에 달려있다는 말이다. 그 상품구매의 총 책임자는 다름 아닌 도미주로였다.

이런 도미주로는 타고난 상업적 재능과 지휘력, 실행능력, 교섭능력을 발휘하며 종횡무진 활약했고, 1933년 경성본점의 증축과 신축을 비롯해 조선, 만주에서 방대한 미나카이백화점망이 완성되기까지 자금수요를 지탱했다.

2. 백화점 경쟁에서 이기다

세력을 갖춘 5대 백화점

미나카이三中井가 활발하게 백화점 지점 전개에 매진하고 있었던 1926년부터 1934년에 걸쳐 백화점 업계는 경성을 중심으로 본격화, 대형화 기치아래 치열한 경쟁이 전개되고 있었다.

미쓰코시三越의 개점1916년에 이어 1921년에는 조지야丁子屋백화점이 경성본점을 개점했다.

미나카이의 최대 라이벌은 조지야였다. 중심 고객이었던 일본인 고객특히 중산층의 샐러리맨을 두고 숙명적으로 쟁탈전을 펼쳤고, 관청이나 군대 납품도 계약 획득을 위해 치열하게 경쟁했다. 미나카이는 선점을 당한 조지야에 대해 경쟁심과 초조함을 느꼈을 것이며, 특히 최고가 되겠다는 것에 고집했던 도미주로富十郎 성격으로 보아 크게 자극을 받았을 것이다. 결과적으로는 가쓰지로勝治郞에게 양보를 했지만, 도미주로가 서양의 백화점 경영에 관해 철저하게 공부하고 싶다는 생각을 갖게 된 계기도 거기에 있다.

1927년에는 미나카이에서 200미터도 떨어지지 않은 혼마치本町 거리에 나란히 히라타平田백화점이 개점, 1929년에는 미나카이의 신·증축에 맞서듯 조지야가 경성본점을 증축해 대대적인 기념행사를 진행하며 위세를 부렸다. 조지야는 600평의 신관을 증축해 연면적 2200평이 되었다.

미쓰코시백화점은 1929년에 출장소에서 지점으로 승격시켰고, 1930년 10월 혼마치 1정목 입구에 건물을 신축해 이전했다. 미쓰코시는 정치적 능력을 발휘해 조선은행현 한국은행 앞의 로터리에 면하고 있는 당대 최고 일등지인 경성부청京城府廳의 땅을 양도 받았다. 지하 1층 지상 4층 건물일부 5층의 근대르네상스식 대형 건물이었다. 대지 734평, 연면적은 2,300여 평이었다.

미쓰코시 사내보 〈금자탑金字塔〉을 인용해 점내를 살펴보자.

신규로 양복, 귀금속, 도서, 악기 매장을 설치하고 지하층을 시장으로 하고 1층에서 3층까지는 각각 매장으로 채우고 4층에는 대식당과 홀(특별행사 매장), 5층은 갤러리, 옥상에는 정원을 조성했다.

외부 상부에는 일루미네이션(Illumination)을 설치하고, 내부 장식 및 각 설비는 최신설비를 도입했으며, 조선 내에서 최고의 백화점으로 손색이 없을 정도로 훌륭했고 조선과 만주를 통 털어 명실상부하게 넘버원이라는 소리를 들었다(중략).

드디어 개점을 할 시기인데 일반 경제가 전체적으로 부진한 모습이고, 모

든 업종의 사업들은 신규계획은 물론이고 종래의 사업조차 중지 또는 축
소하는 곳도 있으며, 구매심리는 극도로 침체되어 낙관할 수 없었다. 그
러나 홀에서 개최하는 행사나 특설 갤러리, 온실, 여행안내소(tourist
bureau), 대식당은 큰 호평을 받으며 많은 사람이 찾았다. 개최 행사 중
러일전쟁 25주년 기념회고 전람회 이벤트가 가장 큰 호응을 보였다.

(중략)

경성 최초로 광고제전이 성대하게 개최되어 당 백화점도 참가, 가장행렬
을 했다.

미쓰코시의 신축개점은 용지 취득 등을 포함해 전체적으로 매우
신속하게 진행되었다고 하는데, 이것은 총독부와 경성부가 일체가 되어
미쓰코시에게 '일본 문화의 보급'이라는 역할을 기대했기 때문이다. 미
쓰코시의 건물은 광복 이후에 5층 부분이 증축되어 지금도 한국에서 가
장 오래된 백화점의 하나인 신세계백화점 본점으로 사용되고 있다.

1930년 2월 16일 경성일보는 경성에서 벌어지는 이러한 백화점 대
형화 경쟁을 "1930년의 경성은 실로 백화점 시대다"고 보도했다. 미나카
이, 미쓰코시, 조지야, 히라타백화점 외에도 조선인 상인이 개설한 백화
점도 있었다. 그 대표적인 것이 박흥식이 1932년에 조선인 거주지역인
종로 2정목의 교차점 모퉁이에 있던 동화백화점을 인수해 신장개업한
화신백화점이다. 이렇게 5개의 백화점이 1935년대에 각각 자리를 잡았
으며, 경성의 5대 백화점으로 불리었다사진 M.

화신백화점에 대해서는 4장에서 상세하게 언급하겠지만 조선
인은 화신백화점을 압도적으로 지지했으며 '민족적 자부심'으로 생
각했다.

조지야백화점

미쓰코시백화점

미나카이백화점

화신백화점

히라타백화점

M 경성의 5대 백화점
출처_백화점신문사 편 · 발행(1939년), 《일본백화점 총람》

호황기의 백화점 비즈니스

1926년 이후 일본은 금융공황金融恐慌[42] 세계공황世界恐慌으로 이어지는 일명 '쇼와공황昭和恐慌'으로 엄청난 대불황1930년에 빠져 고통의 나날이 이어졌다. 조선도 마찬가지로 불경기로 침체됐지만 일본보다 회복이 빨랐다. 그것은 만주국 건국1932년, 일본, 만주, 중국의 블록화 추진 등의 움직임에 발맞춰 일본 기업이 조선에 보급 기지로 공장 건설을 추진하고 1933년에 들어 공업생산능력이 나날이 향상되었기 때문이다. 1933년 이후 이들 공장이 쉴새없이 가동되는 덕택에 그곳에 근무하는 일본인과 조선인의 주머니 사정이 좋아졌다고 한다.

예를 들면 1933년 12월 17일의 경성일보는 '보너스 경기의 백화점'이라고 하는 제목의 기사를 게재해 미쓰코시, 조지야, 화신, 히라타백화점은 12월 1일부터 15일까지 매출이 작년보다 5~15% 상승했다고 보도했다. 미나카이는 제로성장이었지만 4대 백화점은 연말에 걸쳐 지속적인 호경기를 예상하고 있다.

5대 백화점은 앞 다투어 화려한 판촉행사를 내세워 고객 쟁탈전을 전개하고 있었다. 출장판매 행사, 상품권 가격인하 남

42 1927년 3월부터 일본 국내에서 발생한 공황의 하나다. 2년 후에 발생한 세계공황(1929)과 함께 쇼와공황이라고 부른다.

일본 경제는 1차 세계 대전 등으로 호황이었는데, 이후에 침체기를 맞이하다가 1923년 관동지진이 일어나 혼란에 빠진다.

1923년 관동지진 피해를 복구하기 위해 일본 정부가 지진 복구 자금 확보 등을 목적으로 시중은행 등을 통해 대량의 채권을 발행하게 했다. 1927년 9월 30일의 채권 기일을 앞두고, 그해 3월 14일의 중의원예산위원회에서 지진 복구를 위해 발행한 채권을 10년간 연기할 것을 심의했다. 그런 와중에 시중은행에서 자금 확보가 어렵다는 의견 등이 국회에 전달되었는데, 그 내용이 언론기관에 보도되면서 일본 국내에 혼란을 가져왔다. '기업은 자금조달과 신용불안 등으로 도산할 수 있다', '은행이 위험하다', '은행이 망하면, 예금 인출을 할 수 없다' 등의 소문이 항간에 떠돌아 결국 시중은행이 휴업을 하는 등의 혼란이 일었다.

채권연기에 관한 법안은 무사통과 되어 진정되기는 했지만 다수의 기업이 도산하고, 은행에 대한 신뢰가 떨어졌다.

이 사건을 계기로 국민들은 소규모 시중은행 등과 거래하는 것은 위험하다는 인식이 확산되어 재벌 등의 대형은행에 예금하는 것을 선호했고, 이러한 예금 등의 집중화 현상은 재벌의 세력이 한층 커지는 계기가 되기도 했다. ―역자

발, 한정판매 행사에 의한 고객 끌기, 포목의 무료 염색, 무료 배송, 자주 열리는 경품 판매 행사, 휴일 반납 영업, 과잉 포장, 야간 연장영업 등을 계속 반복했다.

이런 과당 경쟁을 그냥 지나칠 수 없었는지 1938년에는 백화점위원회가 설치되어 상호간에 자숙하고 자제하기로 합의했다. 위원회 임원을 보면 경성부상공회의소 회장을 비롯해 관련 관청의 과장급이 이름을 올리고 있으며 그들이 중재역할을 맡아 조정을 했다는 사실을 확인 할 수 있다.

미나카이의 《지점장회의 의사록》1931년 5월을 보면 일본인뿐만 아니라 조선인도 빈번하게 일본인이 경영하는 백화점을 이용했다는 것을 알 수 있다. 미나카이의 고객층 대부분이 일본인 중류층 샐러리맨으로 일부는 유복한 조선인도 있었다. 앞으로 어떻게 조선인 고객을 늘려갈 것인가에 대해 의논했다.

백화점 비즈니스에 있어서는 오히려 조선인이 중요한 고객이었다. 조지야는 고객의 60%가 조선인이고 일본인은 40%, 미쓰코시는 조선인이 60~70%인데 대해 일본인이 30~40%였다.

주로 양반계급의 유복한 조선인이 일본을 대표하는 미쓰코시백화점이라고 하는 명성과 브랜드가치 때문에 일본제 상품을 포장해서 사는 것을 좋아했다. 가격은 일본 국내보다 15~20% 비쌌지만 그래도 인기가 높았다. 화신은 일반 조선인, 특히 그 중류층 이하가 주요 고객층이었다.

현재 한국에서 참고할 수 있는 문헌에서는 "일본인이 경영했던 백화점은 한국에 거주하는 일본인을 대상으로 했으며, 당시 한국인은 상대도 해주지 않았다"고 하는 식의 내용으로 기술되어 있지만 이것은 사실과 다를 듯 싶다.

조풍연趙豊衍은 경성시대의 5대 백화점에 대해《한국의 풍속~지금은 옛날부터》南雲堂라는 저서에서 다음과 같이 기술하고 있다.

경성시대의 백화점은 서울 종로에 있었던 한국인이 경영했던 화신과 일본인이 경영했던 미쓰코시, 조지야, 미나카이 그리고 히라타 5개를 들 수 있다.

1대 4의 비율에서 볼 수 있듯이 힘의 차이에다 물론 일본인 쪽이 자본도 풍부했다.

이 중 한국에서 맨 처음 생긴 것이 1930년에 오픈한 '미쓰코시'다. 종로[43] 입구에 새로운 빌딩(지금의 신세계백화점이 있는 곳)을 지었다. 이곳은 번화가인 명동을 코앞에 둔 곳이다.

미나카이는 포목상에서 백화점으로 변신한 브랜드다. 히라타는 미나카이에서 얼마 떨어지지 않는 곳에 위치해 있었으며 비교적 저렴한 상품을 취급 판매했다.

이 히라타백화점의 특색은 아무리 싼 물건일지라도, 예를 들어 10전의 붓 한 자루라도 손님이 원하면 집에까지 배달해준다.

히라타에는 근처의 점포보다 싸다고 해서 비누 한 개를 사기 위해 10전의 전차운임을 내고 찾아오는 한국인이 많았다.

동아일보(1932년 11월 22일)의 보도에서는

"혼마치 2정목에 있는 일본인의 모 잡화상(히라타를 가리킴)에서는 매일 약 1천원[44] 규모의 대량 상품을 판매하고 있는데 그 중 약 6할은 조선인이 구매한다. 또 미쓰코시의 손님 중에 약 반수 이상이 조선인이라고 하는……. 그러나 조선인 상점에 일본인 고객은 고작해야 5%밖에 안 된다고 한다"고 일본인이 운영

43 충무로의 잘못 표기. —필자
44 엔(円)의 착오. —필자

하는 백화점을 이용하는 조선인들에 대해 언급하고 있다.

히라타를 제외한 다른 백화점에는 대식당이 있었다. 청결하고 위생상태도 비교적 좋았다. 게다가 가격도 저렴해 손님이 많았다. 화신백화점의 대식당은 경양식도 있었지만 아무래도 한식이 전문이었으며, 특히 70전하는 '정식'이 인기가 있었다.

(중략)

미쓰코시는 1원 50전 했던 양정식과 갈아 넣어 만든 원두커피가 유명했다. 조지야는 메밀국수가 호평이었고, 미나카이는 장소가 조용하고 안쪽에 있어서 데이트 장소로 많이 이용되었다.

연말이 되면 보너스를 노린 특별세일로 인해 백화점이 매우 붐볐다.

(중략)

일본인이 한국에 들어온 지 불과 10년 만에 한국인과 일본인 재력은 한국인이 1이라면 일본인은 10으로 엄청난 격차가 벌어지고 말았다. 이는 한국 민중이 자기 나라 상품보다도 일본인 상품을 선호하는 경향이 있는데, 이것이 그런 격차를 벌린 원인 중 하나다.

예를 들면 1924년 12월 그믐날 하루의 실적. 일본인이 경영하는 미쓰코시포목점[45]은 3만 5천원의 매출을 올렸는데 이 매출 중에 3분의 1은 한국인 동포에게 팔았다는 기록이 있다.

경성의 백화점업계 고객 비중은 6~7할 정도가 조선인이 차지하였다고 해도 과언은 아니다.

미쓰코시가 "1930년에 오픈했다"고 했는데 이것은 잘못으로, 실질적인 백화점 개점은 1916년이다. 1930년은 미쓰코시백화점 경성점이 신축이전한 해다.

[45] 후에 미쓰코시백화점, 그 당시는 혼마치 거리에 입지해 있었다. —필자

그림 3-3 미쓰코시나 조지야에 물건을
사러 달려드는 여학생들
출처_《모던뽀이, 경성을 거닐다》

　지금까지 쉽게 찾아볼 수 없었던 히라타백화점에 대해 언급하고
있는 점은 귀중한 자료다. 내용은 1929~33년경의 상황이라고 생각된다.
그 이유는 1929년 6월에 오픈한 미나카이의 4층에 있었던 식당이 등장하
는데, 1933년에 신장 개점한 미나카이백화점에서는 6층으로 이동했기
때문이다. 저자는 조선인이 아무 거리낌 없이 일본인이 경영하는 백화점
을 이용한 것에 대해 "한국인의 반성"[46]이라는 심정으로 쓰고 있다. 반
대로 말하면 당시의 조선인의 라이프스타일이 그 정도로 일본인화 되었
다는 것을 한국인 스스로가 인정하는 것이다.

　신명직이 저술한 《모던뽀이, 경성을 거닐다》현실문화연구사, 2003년 2월
는, 일본인이 경영하는 백화점이 좋든 싫든 조선인의 라이프스타일에 완
전히 정착되어 있던 그런 모습을 당시의 조선일보에 게재된 만문만화漫
文漫畵를 소개하며 재현하고 있다(그림 3-3). 조선일보는 조선인이 "백화
점 상술에 놀아나고 있어 개탄스럽다"고 비판적이며 동시에 야유하듯
거론하고 있는데 1925년대 이후 경성의 조선 여성들에게 백화점이 어떤
위치를 차지하고 있었는지 잘 알 수 있다.

　1930년 7월 19일의 조선일보의 칼럼은 이렇게

46 침략자인 일본의 상품을 거
리낌 없이 구매했다. ―필자

말한다.

"현대의 유행에 빠진 경성의 여학생들이, 1학기 기말고사가 끝나자 미쓰코시와 조지야에 몰려들어 화장품을 구입하고 있다."

여학생들은 나름대로 시험 끝내고 백화점에 가서 쇼핑해야겠다는 생각으로 힘든 시험기간 동안 잘 참고 시험을 마쳤을 테지만 칼럼은 비판적이다. "그녀들은 고생해서 학비를 보내주는 고향의 부모에게 선물을 사기는커녕 자신들만의 욕망을 채우고 있다"고 말이다.

1933년 9월 22일 칼럼은, 최근의 젊은 주부들은 집안일은 뒷전이고 "살로메Salome처럼 낭비에 빠져있다. 김치도 담그지 않고 가정부가 만들어준 요리는 맛이 없다는 이유로 남편, 아이들과 함께 백화점 식당을 순례하고 있다"고 노하고 있다.

그럼 이번에는 미나카이와 거의 인접해 있던 히라타백화점에 대해 《일본백화점총람》1939년을 참고해 소개하기로 한다.

히라타백화점은 목조 2층일부 3층 건물로 연건평 800평 정도의 점포였다. 일용품, 잡화 및 식료품을 대량으로 구매해 저렴하게 판매했던 곳으로 경성 사람들에게 인기를 모으고 있었다. 지금으로 말하면 할인점에 가까운 매장이었다. 혼마치 거리 상점가의 프라이스 세터Price setter: 상품의 표준가격을 설정하는 것가 되어 경성사람들을 혼마치 거리로 끌어들이는 흡입력을 발휘했다. 창업은 1906년 히라타 지에토平田知惠人가 조그마한 생활용품잡화점을 개점하면서 시작됐다. 1939년 당시 사장은 히라타 잇페平田一平, 전무이사는 히라타 데루오平田輝男, 임원으로 히라타 미쓰오平田光夫라는 이름이 올라있다. 히라타 일가의 백화점이었다.

창업자인 히라타 지에토가 구미지역을 시찰할 때, 할인점이 번창하고 있는 모습을 본 후 백화점화를 추진하게 되었을 것으로 추측된다.

히라타 지에토의 통역 및 안내역을 맡았던 사람은 히라타 미쓰오혈연관계
인지는 불분명로 그는 이전에 20년간 미국에 거주해 영어에 능통했다. 그 후
히라타 지에토와 함께 조선으로 들어가 히라타백화점에 입사한다.

3. 미나카이의 경영과 마케팅

경영 · 마케팅 이전

미나카이가 1933년 경성에 '미나카이백화점 본점'을 완성시키기까지 가
쓰지로와 도미주로가 백화점 경영기술이나 노하우를 어떻게 습득하여
사원들까지 일심동체로 이끌 수 있었는지에 대한 기록은 아무것도 남아
있지 않다. 가쓰지로가 미국에서 얻은 정보지식을 어떤 과정을 통해 구
체화 하고, 미나카이를 어떤 단계와 방법으로 백화점으로 변신시켜야 할
지, 이 두 사람은 당연히 실직적인 경험과 지식 면에서 부족했다. 구체적
으로는 상품의 구성과 진열, 인테리어, 판매기술과 사원교육, 디자인개
발, 백화점의 이미지 구축 등 백화점 마케팅에 필요한 지식과 경험이 부
족했다.

　　　자신이 가지고 있지 않은 것을 자발적으로 타사나 외국에서 도입,
그것을 채용 · 모방Adopt and Imitate하는 것에서부터 시작하여 응용 · 혁
신Adapt and Innovate하는 것으로 자사의 독자성을 만들어 더욱 심화습득숙
련 · 창조Adept and Invent하여 리더가 된다고 하는 경영 · 마케팅의 기술 ·
노하우 습득과정을 이 단어들의 이니셜을 이용하여 나는 'AI이전'이라
고 했다.

백화점경영 · 마케팅 기술과 노하우를 습득할 생각을 가지고 있었던 미나카이가 전수傳授하고자 하는 의사를 가진 백화점그곳이 어디였는지 알 수 없다에서 AI이전을 했을 것이다. 그 기술과 노하우가 그 후 미나카이백화점의 확대 · 발전에 큰 추진력이 되었다.

이 경영기술과 노하우 습득에는 1930년에 교토 본사에서 미나카이 전점포의 상품 조달과 구매 총책임자가 된 도미주로가 깊이 관여했을 것이다. 전수한 곳은 아마도 미쓰코시 이외의 일본 백화점으로 미나카이가 상품을 구매하던 이토추伊藤忠, 마루베니丸紅, 이치다市田, 요시추吉忠, 도노요外与, 도노이치外市 등 교토나 오사카의 상사나 직물도매상에게 소개받은 그 지역교토, 오사카의 백화점 중 어느 한 곳이었을 것이다.

당시 시로키야白木屋와 마루베니丸紅는 한때 경성 진출을 위해 집중적으로 검토하고 준비했지만 결과적으로는 경성 진출을 단념했다고 전해지고 있으며, 다카시마야高島屋는 한때 경성에 출장소를 가지고 있었지만 미쓰코시처럼 본격적인 점포 전개는 하지 않았다. 이 중 한곳의 백화점이 미나카이에 협력했을 것이라고 추측해 볼 수도 있다.

이 추론에는 몇 가지 방증이 있다. 화신백화점이 많은 일본인과 일본 기업의 협력을 받아 개설됐다는 기록이 남겨져 있는 것, 해방 후 한일 정상화가 이루어진 다음에 미쓰코시 건물이 신세계백화점으로 재탄생되었을 때1975~80년대 중반, 그리고 이어진 롯데백화점 신규개점1979년때 각각 미쓰코시와 다카시마야가 의뢰를 받아들여 백화점 경영 · 마케팅 기술과 노하우를 전했다는 사실이다. 이들 백화점을 개설했던 한국 기업은 백화점 경영 경험과 기술 · 노하우 축적이 없었기 때문이다.

미나카이백화점의 특징

미나카이는 어떤 특징을 가진 백화점이었을까? 자사 브랜드 컨셉과 아이덴티티Identity를 어떻게 구축했는가? 현존하는 자료나 사진을 이용해 미나카이백화점 브랜드를 해부해 보자.

우선 외관부터 보도록 하자. 사진 M p.97을 보면 미쓰코시, 조지야, 화신의 건물은 각각 대로에 인접한 모퉁이에 입지하고 있고 정면은 가슴을 활짝 편 것처럼 당당히 자리 잡고 있으며 좌우에 학 날개처럼 건물이 펼쳐져 있다. 하지만 미나카이의 경우는 경성점이 그 전형적인 예인데 정면이라고 특정할 수 있는 곳이 없었으며 1933년의 신축 낙성식 후에도 입구는 혼마치 거리 쪽에 몇 개나 있었고사진 L, p.85, 다른 백화점처럼 일종의 위압감 같은 것을 느낄 수 없다. 이것은 가쓰지로가 미국에서 느낀 고객이 접근하기 쉬운 점포가 중요하다는 식견에서 탄생된 결과일 것이다.

밤의 야간조명이 특히 눈에 띄었다. 혼마치상점가의 밤은 은방울 꽃 모양의 가로등이 거리를 밝히고 있었는데, 미나카이는 한층 더 휘황찬란하게 건물에 조명을 밝혀 본점 전체를 밤하늘에 띄운 듯 했다. 그 때문에 부근에서는 물론이고 경성시내 어디서든 7층 건물옥상 탑을 포함인 미나카이백화점을 쉽게 알아볼 수 있을 정도였다.

당시 경성의 백화점들은 밤 9시 내지는 9시 30분까지 영업을 했는데 1936년 7월 미쓰코시의 야간영업 사진에서 확인해 보면 미쓰코시는 외벽 조명을 활용하지 않았다는 사실을 확인할 수 있다. 조지야가 어떠했는지는 불분명하다. 미나카이 부산점도 일루미네이션Illumination으로 화려하게 조명을 밝힌 야경과 대규모 기획행사 때 건물 전체를 화려하게 장식한 모습이 특징적이다사진 N, p.108. 대구지점의 야간 조명도 인기를 누렸다고 한다사진 O, p.109.

　"밝고 친근감 있는 점포를 만든다"고 하는 가쓰지로의 생각을 반영한 일루미네이션이라고 할 수 있다. 샌프란시스코 상점가를 조금이라도 가깝게 재현하려고 했을 것이다.

　다음은 점포 내부를 살펴보자. 경성본점 각 층사진 P, p.110, p.111은 유리 케이스를 이용해 상품이 정연하게 진열되어있다. 상품은 입체적으로 배치되었고, 그로 인해 점포 내부는 말끔하다. 통로는 넓고 고객의 동선에 여유가 있을 정도로 배려했다. 천정이 높다. 여성 점원은 전원이 일본 전통복장에 갓포기割烹着[47]를 걸치고, 남성 점원은 와이셔츠에 양복차림으로 정해놓았다. 부산점이나 대구점의 점포내부 사진을 보면 두발은 포마드Pomade로 고정시켜 7대 3으로 가르고 있음을 알 수 있다.

　대규모 기획행사 때는 점내에 초만원이 될 정도로 고객이 몰려들었고, 하루에 2~3회 매장 입장을 규제해야 했다고 한다.

　점내 식당은 조용하고 고급스러움이 풍기고 부유층의 모임이나 휴식장소가 되었다. 또한 젊은 커플의 데이트나 맞선장소이기도 했다.

---

47 소매 있는 앞치마. 일본에서 기모노 등의 옷을 보호하기 위해 걸치는 앞치마의 한 형태로 주로 일본의 기모노의 형태. 소매는 길고 넉넉하며 기장은 무릎까지 내려온다. ─역자

N 미나카이 부산점
주간(←)
야간(↓)
출처_미나카이 편 · 발행(1935년)《선만(鮮滿)과 미나카이》

O 미나카이 대구점
주간(↑)
야간(←)
출처_위의 책

1층

3층

4층

4층

5층

6층

P 미나카이백화점 경성본점 매장
출처_위의 책

계급과 직제

미나카이백화점과 다른 백화점과의 결정적인 차이는 사원의 호칭일 것이다.

미나카이는 '백화점 비즈니스를 국가발전을 위한 전투로 생각해 비즈니스 전쟁'이라고 정의하고 그에 승리하는 것이 국가와 사회에 공헌하는 것이라고 했다. 당시의 표현을 빌리자면 '산업보국産業報國'이다. 자사의 확대와 발전은 그 결과라고 생각한다.

그 때문에 모든 남성 사원을 '상전사商戰士'라고 부르고 군대 계급을 그대로 사용했다. 상전사원사商戰士元帥, 상전사대장大將, 상전사대좌大佐, 상전사소위少尉, 상전사병장兵長 등으로 가장 아래는 상전사이등병二等兵이었다. 좌관급佐官級=대좌(大佐), 중좌(中佐), 소좌(少佐) 이상을 간부로 하고, 이들 계급은 일본인 종업원들에게만 적용되었다. 조선인 종업원은 전체 30%를 차지하고 있었는데 전원 '준상전사準商戰士'로 적용하고 예외즉, 준상전사의 준(準)을 떼면 상전사(商戰士)가 된다는 없었다고 한다.

계급과는 별도로 직제職制가 있어 사장, 부사장, 전무, 상무 등의 중역진 외에 점장, 부점장, 부장, 과장, 주임 등도 배치되어 있었다.

미나카이포목점《지점장 회의 의사록》1929년과 나카에 아키히로中江章浩의 인터뷰를 기초로 1929년 당시 간부임원의 구체적인 예를 들어보자.

가쓰지로는 당연히 상전사원사인 동시에 사장이었다. 조선 내 본점과 지점을 총괄한 도미주로는 상무이사 조선총무인 동시에 상전사 대장이었다. 준고로는 경성본점 점장인 동시에 상전사대장, 무라니시 세이지 구매부장경성은 상전사소장. 그 외에 상전사중좌가 5명, 상전사소좌가

5명 있었다. 당시 미나카이의 기본 조직도를 표 3-1로 표기해 본다.

표 3-1 미나카이 조직도(1928년~1930년 전후)

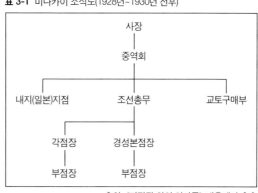

출처_《지점장 회의 의사록》 내용에서 추측

미나카이 정신이란

미나카이의 경영이념, 사원의 태도와 행동 방침이 《헌칙憲則》1937년과 《미나카이 요람要覽》1938년에 남아 있다. 오늘날의 기업이념과 취업규칙에 해당될 것이다.

'헌칙' 1장은 '정신'으로 시작한다.

1장　정신

1조　나 자신은 국가를 생각해 사람의 도리를 중시하며 정직을 최우선해야 한다.

2조　나 자신은 윗사람을 존경하고 부하를 사랑해야 한다.

3조　나 자신은 신체의 건강과 인내력 증진에 힘써야 한다.

4조　나 자신은 항상 절약하고 근면하는 건전한 습관을 몸에 지녀야 한다.

5조   나 자신은 매일 혁신하고 점진적인 발전을 꾀하고 시대에
      뒤떨어지지 않도록 노력해야 한다.

국가를 최상위에 두고 오우미상인의 전통적인 상인철학을 이어가
고 있다. 즉, 낭비를 줄이고 근면으로 건강과 인내심을 양성하고, 위계질
서장유유서를 중시하며, 매일 향상심으로 발전할 것.

또한 '요람'에서는 "기업체를 통해 이 회사에 취직해서 조선, 만주, 중국
에서 활동하고자 하는 청년은 우리 미나카이에 오라! ―미나카이 사장
나카에 가쓰지로"라는 호소문으로 시작한다.

사장 지시의 5가지 조항

1. 열심히 하라

2. 분투노력하라

3. 절약하라

4. 예절을 지켜라

5. 본분을 알라

마지막으로 "미나카이정신" 1조~5조가 상세하게 해설되어 있다.
나름대로 해석해 보았다.

1조   충군애국忠君愛國은 일본 고유의 아름다운 풍습으로 한순간
      도 이 정신을 잊지 말고 실천을 위해 노력해야 한다. 그러므
      로 미나카이를 천직으로 정하고 정직을 중요시하여 산업보
      국에 매진하라.

2조   미나카이는 화기애애한 대가족과 같으니 윗사람은 인격을
      고결하게 유지하고 아랫사람으로부터 존경과 신뢰를 받도

록 해야 한다. 아랫사람은 윗사람을 존경해야 한다.

3조 건강을 오래도록 유지해야 하며, 인내 노력하는 것이 승자
가 되기 위한 불가결한 조건이다. 그렇지 않으면 비범한 재
능도 꽃피울 수 없다.

4조 일확천금을 노리는 행위는 실업가가 절대로 해서는 안 되는
것이다. 검소함을 중요시 여기며 절약 저축하고, 근면한 노
력을 계속해야 한다.

5조 사회 변화에 뒤처지지 않고, 나날이 새로운 혁신으로 지속
적인 사업발전을 꾀하지 않으면 안 된다.

이러한 사장 지시나 미나카이 정신을 모든 점포에서, 매일 아침 개
점 전에 제창하게 했고, 많은 사원들은 몸과 마음에서 미나카이정신으로
물들어 갔다.

관軍 · 군官 요인과의 친교

미나카이도 미쓰코시나 조지야에 대항하여 2개의 얼굴을 가지고 있었
다. 하나는 일반 소비자生活者나 대기업의 후생부厚生部[48]를 통해 사원과
그 가족을 대상으로 상품을 판매하는 백화점 상인의 얼굴이고, 다른 하
나는 그 보다 큰 비즈니스로 조선총독부, 경성부, 경기도 등의 정부, 조선
군, 조선철도 등에 물품을 납품하는 어용상인의 얼굴이다.

미나카이는 관청이나 군의 최고 간부와 활발하게 친교를 돈독히
해갔다. 그 어용상인 활동에서 가장 선두에 서서 지휘
했던 이가 도미주로富+郎였다. 미나카이를 대표하여

48 복리후생을 담당하는 부
서 또는 구매부 등. ─역자

정식적인 방문인사는 가쓰지로가 했지만 속마음을 터놓고 친분을 유지했던 이는 도미주로였다.

도미주로의 뛰어난 사교술은 관청과 군대의 최고 간부로부터 일방적인 지원을 얻어낼 수 있는 최고의 능력이었다. 무대는 고급 요정이었다. 연회석에서는 말술도 불사하는 퍼포먼스Performance, 딱 부러지고 남자다운 미학의 주인공이었다. 이런 스타일의 인맥관리는 경성의 아사히마치旭町, 현 회현동 주변나 일본으로 돌아온 후에는 교토의 기온祇園이나 도쿄의 신바시新橋 등에서 그 실력을 발휘했다. 도미주로는 중요한 손님과의 연회석상에서는 그 유명한 나다灘청주49를 '고모카부리薦被り'50형태인 말술로 직접 준비해 두었다가 손수 술을 따르며 고객을 접대했다는 에피소드가 전해진다.

도미주로와 친분이 두터웠던 고관으로 우가키 가즈시게宇垣一成가 있다. 우가키는 1927년 4월부터 10월까지 조선총독 임시대리를 역임하고 1931년 6월부터 1936년 8월까지 5년여 정도 6대 조선총독이었다.

우가키 뒤를 이은 7대 총독인 미나미 지로南次郞와의 친교는 더 길다. 미나미는 총독 취임 이전에 조선군사령관으로 경성에 체재하고 있었고1929~30년, 그때부터 도미주로와 친했다. 그 후 1934년에 관동군사령관이 되어 신경新京으로 전근, 1936년 조선총독 취임을 위해 경성으로 돌아왔다. 미나카이의 만주 사업 확대를 위해 편의를 봐주었을 것이다.

우가키총독시대의 조선군사령관인 우에다 겐키치植田謙吉와도 친분이 돈독했다. 우에다는 미나미의 후임으로 1936년에 관동군사령관

49 나다자케(灘酒)는 일본의 나다(灘)지방에서 나는 유명한 술로 한국에서 말하는 청주의 일종이다. 옛날부터 양질의 물과 우수한 양조기술에서 나오는 최상품이라고 칭송을 받고 있다. 나다(灘)는 효고현에 위치한다. —역자

50 거적으로 싼 너 말 들이 술통을 가리키며, 양조장에서 야무지게 포장해 내놓은 청주 꾸러미 그대로라는 뜻. —역자

으로 승진했다.

이러한 요인들과의 '사적인 교제'는 도미주로가 담당하고, '공적인 교제'를 가쓰지로가 담당했다. 가쓰지로는 성실하고 예의바르게 사장으로서의 역할에 충실했다.

가쓰지로는 1934년 11월 15일부터 12월 14일까지 일본청년협회회관 낙성식에 출석할 주목적으로 도쿄에 상경했다. 미나카이는 일본청년협회에 그때까지 고액의 기부를 하고 있었다. 16일에 세키야 류키치関谷龍吉: 문부성 사회교육국장으로 일본청년협회의 주창자(主唱者) 집을 인사차 방문하였지만 그를 만나지는 못했다. 그 후 당시 일본청년협회 회장이기도 한 우가키 집을 방문해 낙성식에 초대해 준 것에 대해 답례를 했다. 단지 우가키는 조선에 재임하고 있었기 때문에 만나지는 못했다. 17일은 낙성식 당일이고, 18일은 연회석에 초대받았다. 가쓰지로가 직접 기록한 《나카에 가보기록中江家譜記録》[51]을 읽어보면, 낙성식에서 당시의 거물급 VIP가 다수 참석한 가운데 공로자로 인정받아 감사장을 받게 되는데 그 감격스러움을 엿볼 수 있다. 또한 연회석상에서는 상석에 앉았기 때문에 그 영광에 가슴이 뜨거웠을 것이다. 가쓰지로 나이 62세로 화려한 무대 진출이었다.

다음은 《나카에 가보기록》에서 인용한 내용이다.

17일 일본청년협회 회관 낙성식 당일. 오전 8시 숙소를 나와 회관에 도착, 쓰지 쇼이치로(辻庄一郎) 씨와 만나 인사하고 같은 차로 오모리산노(大森山王) 1정목 2211에 거주하는 백작(伯爵) 기요우라 게이고(清浦奎吾)[52] 총재각하를 방문하다. 바로 거실로 안내되어 인사를 나눈 뒤 다과와 함께 담화를 나눴다. 나는

51 나카에 가문의 계보와 기록 책자. —역자
52 정치가. 1924년 수상에 취임. —역자

조선과 만주에서의 기업 활동 상황에 대해 얘기 한 후, 마음의 표시로 선물을 건네면서 이야기를 마무리하자 각하 현관까지 나와 인사를 하며 환대해주니 영광이다. 문을 나와 같은 차로 쓰지(辻) 씨와 같이 협회에 도착하니……(중략).

중식을 하고 오후 1시부터 낙성식장에 참가했다. 내빈석에는 총재 기요우라 게이고 각하, 내무대신 대리, 문부대신, 육군대신 대리, 아라키(荒木) 육군대장, 아베(阿部) 육군대장이 참석했고, 좌측에는 세키야(関屋) 이사를 비롯해 협회 임원이 앉아 있고, 오른쪽에는 나를 포함한 내빈 30여 명, 앞쪽에는 전국에서 모인 회원 100여 명이다.

개회인사에 이어 총재각하 교육칙어(勅語) 낭독, 국가제창, 다나카(田中) 위원의 건축보고, 우가키(宇垣) 회장의 대리인 인사, 세키야 각하의 활동보고, 총재각하의 축사, 문부대신, 육군대신, 아베, 아라키 두 육군대장의 축사 및 축사연설이 있은 후 공로자에 대한 총재각하 자필서명 감사장 수여식에 나도 그 중 한 사람이다(중략).

18일, 중식을 하고 청년협회에 도착해 동지 20여 명이 5대의 자동차에 나눠 타고, 협회가 경영에 관계하고 있는 지바(千葉)시의 여학교를 시찰하고 다과를 같이 한 후, 이어서 농원(農園)을 시찰했다. 아오모리(青森)에서 나가사키(長崎)에 이르는 농가 자녀 11명이 매일 정신교육과 훈련을 받고 있는 모습, 미래의 회원들로 큰일을 할 새싹들이다. 그곳 유지 중 한 사람, 농사에 종사하는 것은 바로 국가의 충신이며 부모에게 효도하는 것이라고 훈시했다. 인사를 나누고 돌아오는 길에 우가키 회장각하에게 초대받았던 사메즈카와사키야(鮫州川崎屋)에 도착. 메이지 천황폐하(明治天皇陛下)와 황후폐하(皇后陛下)의 행운을 지켜 준 유적지를 둘러보고 당시를 상상함. 6시부터 40평 정도의 넓은 홀에서, 나는 도노무라 요자에몽(外村与左衛門)과 함께 상석으로 안내받아 회장각하 대리 역할의 세키야 각하의 인사로 성대한 술자리 만찬을 같이 하고, 내빈 20여 명과 함께한 자리를 영광스럽게 생각하고, 9시에 해산하여 오이(大井) 사택으로 돌아오다.

가쓰지로는 이 영광스런 자리에 참가하기 전인 1932년에 일본청년협회(라고 예상된다) 등 공익을 위해 재산을 기부했다고 해서 정부로부터 감수포장紺綬褒章[53]을 받았다. 또한 도쿄 체재기간 중인 12월 4일에는 기요우라 게이고 총재로부터 협회에 4000엔(같은 해 미나카이 경성점 하루분의 매출에 상당하는 금액)을 추가적으로 기부해줄 것을 부탁받는다. 그러나 만주에서 백화점 경영에 사력을 다하고 있던 시기였기 때문에 즉답은 피했다. 하지만 결국 상응한 기부를 했을 것이라는 추측이다.

어쨌든 가쓰지로가 이와 같은 고관들과 일련의 교류를 한 것은 조선과 만주에서 미나카이의 지속적인 발전(새로운 출점과 관청이나 군부에 납품 확대)을 위해 보다 좋은 지원을 얻어내기 위한 것임이 틀림없다. 실제 미나카이의 기

Q 우가키 가즈시게(宇垣一成)(제6대 총독)

R 미나미 지로(南次郎)(제7대 총독)
출처_《별책 1억인의 쇼와사(昭和史) 일본식민지사1 조선》
마이니치(每日)신문사 (1978)

53 공익을 위해 사재(私財)를 기부한 사람에게 수여하는 포장. 1918년(다이쇼 7년)에 제정. —역자

업실적은 1934년에 급상승했다. 이러한 미나카이의 급속한 확대와 성
장은 우가키 가즈시게宇垣一成와 미나미 지로南 次郎, 우에다 겐키치植田謙
吉 등과의 친분과 밀접하게 관련되어있다고 할 수 있다.

　그 후 미나카이의 사업은 나날이 확대되고 실적은 계속 상승곡선
을 그었다.

4. 미나카이의 경영 실태

세계공황을 극복하고

여기서 미나카이의 경영 상황을 살펴보자. 우선 스에나가 구니토시末永
國紀가 분석한 미나카이 영업보고서의 실적수치를 인용·참고하면서 그
런 수치들이 실질적인 기업 전략에 따라 어떻게 변화하고 있는지 검증
해보자.

　연도 변화에 따라 확인 할 수 있는 자료로 판매이익이 있다. 미나카
이 본사(주)포목점 시대와 (주)미나카이 시대는 1928년부터 1931년까지 연간 70만
엔 전후의 판매이익을 올리고 있는데, 그 이전의 연간 90만엔 전후와 비
교하면 판매이익 실적은 저조했다. 같은 시기에는 미나카이뿐만 아니라
조선의 다른 백화점도 똑같이 실적이 좋지 못했다.

　자세한 내용은 4장에서 언급하겠지만, 이 시기는 세계 대공황과 그
에 따른 일본의 쇼와공황의 영향으로 제조업과 광업을 중심으로 조선 국
내총생산실질은 급격히 감소하여 1930년부터 1932년까지는 1926년의
70%~80%까지 내려갔다.

1933년부터 재차 조선 경제는 상승하기 시작해 사람들이 백화점으로 다시 몰렸다. 1933년을 분기점으로 1939년까지 미나카이의 판매이익은 연간 1백만 엔대를 돌파, 2백수십만 엔대에 달하고 있다. 경제회복의 흐름을 엎고 경성본점 개점1933년에 이어 평양, 대구, 부산 등 각 주요지점의 신축과 증축이 이어졌는데 이러한 공격적인 사업 확장이 큰 폭의 판매이익 확대로 이어져 숫자상으로 나타났다.

또한 같은 해 1933년부터 만주에도 신경점을 개점했기 때문에 그 실적 또한 적어도 1937년까지는 영업보고서에 반영되었을 것이다. 1938년에는 만주 미나카이는 별도의 회사인 동아東亞미나카이로 편입되어 별도 회계처리가 된다.

한편 순이익은 연간 20만 엔 전후로 견고하게 움직이고 있었지만 판매이익 확대에도 불구하고 1935년부터 1938년은 연간 30만 엔에 약간 못 미치는 금액이었다. 앞서 언급한대로 주요 원인은 조선에서의 백화점 경쟁이 격화되었기 때문일 것이다. 또한 경비가 같은 시기에 급격하게 늘어났는데 이것은 광고나 판촉비용이 늘어났기 때문일 것이다.

스에나가 구니토시도 이 시기 부채가 급증했다고 지적했는데, 특히 1937년에는 이전의 200만 엔대에서 500만 엔대까지 늘어났다. 경성본점과 대구점, 평양점, 부산점의 신축과 증축비용, 신경점의 신축 등의 자금을 구매대금의 연장 등으로 융통을 하거나, 시미즈구미淸水組[54]의 건축 대금의 미지급 등이 큰 비중을 차지했기 때문일 것이다.

계열회사도 적극적으로 설립했다. 삼공상회三公商会, 1939년, 미나카이목재설립연도 불명, 동아미나카이1938년 등이다. 이 회사들의 설립 자금도 미나카이가 조달했을 것이다.

[54] 그 당시 미나카이의 전담 건설회사. ─역자

다음으로 매출액을 살펴보자. 경성본점이 월등히

높고 1930~34년의 연평균 매출은 140만 엔 전후이다. 경성본점 외의 최대지점인 부산점의 같은 시기의 매출은 48만 엔대였다.

경성본점의 상권은 경성부京城府뿐만 아니라 주변을 포함해 120만 명 인구규모가 있었으며, 경성을 중심으로 도시형 주민이 많았기 때문에 그 수요도 많았던 것이다. 그 외에도 경성점은 상사부商事部를 통해 조선군, 총독부청総督府廳, 경성부청京城府廳 조선철도, 각각의 일본 기업의 구매조합 등에 일괄 납품하는 업무를 맡고 있었다. 일반시민을 대상으로 한 백화점 비즈니스 보다 상사부를 통한 관, 군, 개인 등의 어용御用 비즈니스 쪽이 많은 비중을 차지했다고 할 수 있다.

경성, 평양, 대구의 주요 3점포의 매출은 1934~35년부터 상승한다. 경성점에서는 연간 240만 엔에서 290만 엔대로 상승했다. 부산점은 50만 엔대, 평양점은 80만 엔대로 급신장하여 부산점을 제치고 지점 중에서 최고가 되었다. 평양점에서는 일본 기업이 대형 공장을 평양 주변에 연속해서 건설해 그 관련 일본인 사원의 수요증가가 매출 급성장으로 직결되었다. 그러나 부산점은 1940년 신장개점을 통해 약 180만 엔을 달성해 지점 중에서 1위로 다시 섰다. 조선 경기가 회복하기 시작했다는 시장요인 외에 신축과 증축이 완성되어 미나카이가 한층 경쟁력 있는 백화점으로 탄생했기 때문일 것이다.

현재 북한 지역에 해당하는 함흥점과 원산점의 매출 증가의 경우도 일본의 대형 공장 진출에 따른 고객층의 확대 덕택으로 생각된다.

신경의 각 영업부문백화점, 용달부(用達部), 상사부의 급격한 매출 증가는 관동군을 대상으로 한 군복, 군화, 장갑 등의 일괄 납품 등이 확대된 결과다.

조선·대륙의 백화점왕

미나카이백화점 매출을 미쓰코시와 비교해보면, 그 상대적인 세력 경쟁이 보다 선명해질 것이다. 스에나가 구니토시가 산출한 1930~41년까지의 미나카이 경성점 매출 데이터와 미쓰코시 경성점의 매출 데이터 1941~44년를 비교해보자. 미쓰코시는 연간 1000만 엔 전후의 매출 추이를 보인다.

미나카이 경성점의 매출은 1935~38년 평균이 연간 285만 엔, 1939년은 없고, 1940년은 경성점 약 450만 엔, 경성 상사부는 800만 엔으로 월등히 많다. 1941년은 약 460만 엔이다. 대략적으로 1942년 이후는 460~500만 엔 전후로 추정된다.

위의 내용에서 미쓰코시 경성점은 미나카이 경성점의 약 2배 정도의 매출을 올렸다고 말할 수 있다. 미쓰코시 경성점 규모판매면적을 의미하는 것와 비슷한 정도였던 미쓰코시 삿포로지점의 4배 가까운 매출을 올리고 있다. 미쓰코시 경성점의 직접 납품 매출규모, 즉 관청이나 군을 비롯한 일본의 대기업 대상으로 한 일괄납품 매출이 얼마나 컸는지를 짐작할 수 있다. 그도 그럴 것이 명문을 좋아하는 관청, 군, 대기업에 있어서 미쓰코시 브랜드는 절대적인 신뢰였고, 조선인 부유층의 미쓰코시 선호도도 일본인에 뒤지지 않을 만큼 강했다.

1944년부터 1945년에 걸쳐서는 미쓰코시 경성점의 매출규모는 미쓰코시의 전 지점 중 으뜸이었고, 니혼바시日本橋 본점에 이어 2위에 올랐다.

한편, 미나카이의 매출은 경성점만으로는 미쓰코시 경성점에 미치지 못했지만, 조선 전국의 12점을 합친다면 경성에 점포 하나만 가지고 있던 미쓰코시를 뛰어넘어 조선 최대의 매출을 올리고 있었던 것이다. 이와 같이 전 미나카이가 일심단결하여 미쓰코시 경성점에 도전할 정도로 미쓰코시의 브랜드파워브랜드의 자산가치는 엄청났고, 미쓰코시는 미나카이가 과감하게 도전할만한 라이벌이었다.

이렇듯 미나카이는 조선, 만주, 중국을 통해 일본인이 경영하는 백화점 그룹으로 최대 매출규모가 되었다. 그래서 '조선·대륙의 백화점왕'이라고 불렀다. 나카에 4형제가 창업할 때 목표로 한 넘버원을 실현한 것이다. 그러나 브랜드의 격이나 명성 측면에서는 미쓰코시를 뛰어넘을 수 없었다.

그동안 확대일변도였던 조직은, 그 조직의 핵심 축이나 주요 요직은 혈연관계의 인물을 중점적으로 배치했고, 일반사원 중에서 임원이나 간부로 양성하거나 발탁하는 것은 적극적이지 못했다. 이 부분이 1945년 이후 미나카이의 붕괴, 소멸을 가속화하는 크나큰 원인이 되었다. 이 점에 대해서는 재차 5장과 6장에서 자세히 언급하도록 한다.

미나카이의 조직

미나카이 조직에 관한 자료로 〈주식회사 미나카이 및 계열회사의 현황〉 1942년이 현존한다. 나카에 아키히로中江章浩 가문의 《고카쇼읍 역사자료五箇荘町史》 제3권1992년에 있다. 이것으로 1942년 8월 당시의 조직을 이해할 수 있다.

당시 미나카이 그룹조직은 몇 개 회사로 구성되어 있었다.

① 주식회사 미나카이본사: 경성. 그룹 모체이며 조선 미나카이백화점 망의 경영을 중심으로 다른 계열회사 지배주주이기도

1층(1938년 12월) 출처_(주)미쓰코시 본사 영업추진실 제공

지하 마켓(1938년 12월) 출처_(주)미쓰코시 본사 영업추진실 제공

S 미쓰코시백화점 경성점

했다.

② 주식회사 동아東亞미나카이본사: 신경. 만주국 미나카이 본·지점을 총괄.

③ 주식회사 대동아大東亞미나카이본사: 북경. 중국 미나카이 업무 총괄.

④ 주식회사 삼공상회三公商会, 본사: 경성. 양복 제조판매 및 양복 원단의 판매. 납품처는 미나카이 및 일반 양복점.

⑤ 미나카이 목재공업 주식회사본사: 경성. 책상, 책장, 가구 등의 제조. 판매처는 미나카이 각 본점과 지점. 관청, 군대의 납품 물건도 제조.

⑥ 미나카이피복공업 유한회사본사: 경성. 양복 맞춤과 세탁. 판매처는 미나카이 각 본점과 지점. 또한 제복, 군복, 군용장갑 등을 제조, 판매하고 미나카이 상사부商事部를 통해 관청과 군에 납품.

이 외에 이상의 법인조직을 결속시켜 실질적으로 미나카이 그룹을 움직이는 경영자조직이 있었다. 인명 뒤에 (◎)가 붙어있는 것은 창업자 4형제의 친척에 해당하는 인물이다.

본부 곤도(金堂)의 3대 가쓰지로(勝治郎) 본가저택에 인접한 장소
　　고문＿＿＿＿＿＿나카에 고게쓰(中江江月)(3대 가쓰지로의 개명)
　　고문＿＿＿＿＿＿니시무라 규지로(西村久次郎)
　　인사장＿＿＿＿＿야마와키 고헤(山脇五兵衛)(◎)

총본사 교토(京都)의 무로마치 마쓰바라(室町松原)에 사무소가 있었다.
　　사장＿＿＿＿＿＿나카에 가쓰지로(中江勝治郎)(4대, 슈고(修吾)의 개명)
　　부사장＿＿＿＿＿야마와키 고사부로(山脇五三郎)(◎)
　　전무＿＿＿＿＿＿오쿠이 와이치로(奧井和一郎)(◎)

전무_____가와이 분조(河井文三)(◎)

조선지방본부 미나카이경성점 내부

   본부장 상무 _____오쿠이 도요조(奥井豊蔵)(◎)

동아지방본부 만주국 신경특별시

   본부장 상무 _____야마와키 긴고로(山脇金五郎)(◎)

구매 담당 지점

   교토 구매점

   오사카 구매점

   도쿄 구매점

주식회사 미나카이

   경성점 점장 _____니시무라 게이치(西村慶一)(규지로의 장남)

   부산점 점장 _____나카에 데이치(中江悌一)(3대 가쓰지로의 두 번째 양자)

   그 외 9개 지점(평양, 대구, 함흥, 원산, 군산, 대전, 목포, 광주, 진주)

조선상사부

   경성본소

   청진(清津)출장소

   신의주출장소

   경성출장소

   그 외 7개 출장소(백화점이 있는 곳)

주식회사 동아미나카이

   신경점 점장 _____야마와키 겐고로(山脇健五郎)(◎)

   부점장_____나카에 쇼지로(中江正二郎)(◎)

   봉천(奉天)점 _____목단강(牧丹江)출장소, 계목(桂木)출장소

동아상사부

   신경본점, 봉천출장소, 하얼빈출장소

주식회사 대동아미나카이

   북경점, 남경(南京)출장소, 타오(他五)출장소

주식회사 삼공상회

   경성점, 부산점

미나카이 피복공업 유한회사

미나카이 목재 주식회사

이 조직구성도를 살펴보면 모든 임원은 창업자 4형제 후계자와 친인척으로 구성되어 있는 사실을 명확하게 알 수 있다. 또한 임원은 아니지만 많은 점포의 점장도 4형제의 후계자 아니면 친인척 후계자 세대가 맡고 있었다는 사실을 확인할 수 있다.

여기서 나카에 4형제의 경영자 취, 퇴임을 정리해 보자.

1937년 준고로가 52세로 사망하고, 이듬해인 1938년에는 뇌경색으로 도미주로도 61세의 나이로 사망했다. 마지막 3년은 고향인 곤도에 있는 대저택에서 휠체어 생활을 했다. 그 다음해인 1939년 3대인 가쓰지로 67세가 미나카이 임원회의에서 사임을 했고, 가쓰지로의 첫 번째 양자인 슈고修吾가 사장이 되어 4대 가쓰지로라는 세습 명으로 개명했다. 이후 3대였던 가쓰지로는 은거에 들어갔고 나카에 고게쓰中江江月라고 불렀다.

나카에 아키히로中江章浩는 다음과 같이 술회했다.

"1940년 젊은 사장슈고과 함께 일본으로 귀국해 취임했습니다. 젊은 사장 밑에서 조선·만주의 전체 본사와 지점의 경리업무를 일괄적으로 교토 총본사에서 확인하고 처리할 수 있도록 하는 것이 나의 임무였습니다."

사장취임 전인 슈고는 경성 본점의 점장이었다. 아키히로는 경성 본점의 경리부장으로 조선의 본점과 지점들의 매출집계와 경리업무를 총괄하고 있었다.

조선사회의 일본 적응화適應化

1. 조선의 '대중소비사회화大衆消費社會化'

조선의 인프라

여기서 잠시 '미나카이三中井'에서 시선을 돌려, 조선의 백화점·소매업 마케팅을 지탱했던 인프라, 즉 경성을 중심으로 한 당시 조선의 사회적 기반, 특히 정치·경제·사회·문화 등의 여러 사정을 살펴보도록 하자.

조선의 백화점 비즈니스 정점은 주로 1926년부터 1940년 정도까지였다. 1941년 이후에는 태평양전쟁에 돌입했기 때문에 백화점 비즈니스도 전시체제하에 들어갔다. 물자부족이 겹쳐 유통이 규제·통제되어 그 이전처럼 자유롭게 상거래를 할 수 없게 되었으며, 대부분의 백화점은 사업 존속을 위해 더욱더 관·군의 어용상인 성향이 강해졌다.

백화점 비즈니스가 정점이었을 시기, 즉 백화점·소매업구체적으로는 5대 백화점의 마케팅이 호황리에 전개되고 있을 시기에 조선, 특히 경성에 백화점 비즈니스를 지탱하는 확고한 '인프라'로서 대중소비사회(많은 사람들이 공업제품과 브랜드 상품을 구입·소비할 수 있는 사회)가 형성되어 있었다는 것을 의미한다. 판매와 생산자 쪽에서 보면 백화점·소매업뿐만 아니라 제조업에 있어서도 매스마케팅(공업제품이나 브랜드 상품을 대량으로 판매하는 마케팅)이 성립되는 데 필요조건인 인프라가 완성되어 있었다고 할 수 있다.

당시 조선에서는 일본인이 경영하는 4개의 백화점과 조선인이 경영하는 1개의 백화점합해 경성의 5대 백화점으로 불렸다 및 그들의 지점망이 구축되어 있었으며 대단히 호조였다. 이렇게 백화점 업계가 호조를 보인 것은 당시 조선의 인프라 상황—일본과 조선의 정치·경제·사회·문화 발전의 차 그리고 공통성과 차이성—에 좌우되었다.

그 시기에 조선의 인프라는 일본과 공통된 부분이 많았고 조선인도 그것을 주체적自發的으로 받아들이고 있었다. 발전 수준이 높은 일본의 인프라, 백화점 경영의 기술과 노하우는 거의 대부분 조선으로 이전 가능했다. 이것을 '표준화이전標準化移轉'이라고 한다.

4대 백화점은 일본인에 의해 일본식으로 경영되고 경영자가 조선인이었던 화신和信도 경영의 기술이나 노하우를 비롯해 마케팅 내용도 실질적으로는 일본식으로 운영·실행되었다. 일본의 백화점 경영시스템이 표준화이전 되어 조선에 정착되었던 것이다.

당시의 일본과 조선 간에는 백화점뿐만 아니라 모든 사업 분야에서 경영능력, 기술력, 자금력 측면에서 확연한 차이가 있었고 거의 대부분의 산업이 일본에서 조선으로 이전되었다. 나는 여기서 보다 구체적으로 조선의 인프라를 **사회·정신문화**와 **경제·물질문화**로 나누어 생각해 보고 싶다. **사회 · 정신문화**란 정치 · 법률제도, 교육제도, 가족제도 등의 사회시스템과 인간 상호간, 인간과 사회 · 국가와의 관계성을 지배하고 있는 도덕과 가치관과 같은 문화시스템을 가리킨다.

경제 · 물질문화란 경제나 과학기술의 발전정도를 의미한다. 과학기술은 물건과 서비스를 제조 · 생산하는 기술력, 국민에게 축적되어 있는 과학기술의 지식과 능력을 말한다. 경제력은 사람 · 자원 · 자본 · 정보와 과학기술을 조합하여 부가가치가 높은 제품과 서비스를 만들고 판매해 이익을 올리는 기업이나 상인기업인이 실천하는 마케팅의 제반 활동을 가리킨다. 즉, 백화점 사업도 일본에서 조선으로 이전된 경제 · 물질문화의 일부가 된다는 것이다.

일본의 식민지하에 있었던 조선의 **사회 · 정신문화**는 조선사회 고유의 역사배경이나 가치관의 기초 위에 일본이 가져간 정치 · 경제 · 사회 · 문화의 구조를 수용하는 프로세스에서 조선인 특유의 것으로 형성되어 갔다.

'내선일체(內鮮一體)', '일시동인一視同仁'[55]이라고 하는 일본총독부의 정책과는 별도로, 조선인이 일본인의 가치관이나 법률 · 도덕과 같은 인간의 관계성을 점차적으로 공유함으로써 일본인의 구매동기, 구매행동, 라이프스타일을 자신들의 것으로 해서 받아들였던 것이다. 기쁘게 받아들였는지 어

[55] 내선일체(內鮮一體): '내(內)는 내지(內地), 즉 일본을 뜻하고, 선(鮮)은 조선을 뜻하며, 일체(一體)는 하나다'라는 의미다.
일시동인(一視同仁): 모든 사람을 하나로 평등하게 보아 똑같이 사랑한다는 뜻이다.
그러나 내선일체, 일시동인은 일제강점기에 조선민족에 대한 정치, 경제, 사회, 문화 등의 억압, 약탈, 회유 등의 책략을 실행하면서 동시에 정신적 식민문화, 일본화를 완성하기 위한 회유책이다. 내선일체, 일시동인 등에 입각해 전쟁에 적극 참가하고, 전쟁의 승리를 위해 육체와 정신을 모두 바쳐야 한다는 것이며, 소유한 재산을 기부하고, 일본(총독부)의 정책 등에 적극 참여할 것을 선동, 또한 유력인사들은 총독부가 실시하는 정책 등에 적극 참여하도록 유도했다.
또한 이런 회유책은 황도정신(皇道精神), 동조동근설(同祖同根說) 등 다양하게 사회 · 정신문화를 식민지 확대나 전쟁 희생에 순응할 수 있도록 교묘하게 시행되었던 일본제국주의의 예속화정책이라고 볼 수 있다. ─역자

쩔 수 없이 억지로 받아들여졌는지에 대한 인식에서는 의견이 갈리나, 현
상을 보면 '조선인의 일본인 적응화適應化'라는 것으로 드러나 나타난다.
이것을 조선의 '대중소비사회화'라고 정의해 둔다.

여기서 말하는 '일본인 적응화'라는 것은 조선인이 문화융합·동
화Assimilation해서 '일본인과 같아졌다'는 것을 가리키는 것이 아니고
일본인이 메이지 이후 '일본인 성향'을 가지고 있으면서 '근대화 = 유럽
인 적응화 했던, 다시 말해 문화변용·적응Acculturation했다'는 식의 과정
을 경험한 것과 같은 그런 개념이다. 조선인은 '조선인 성향'을 가지고
있으면서 '근대화 = 일본인 적응화'했다는 것이다.

유추Analogy: 조선의 일본 적응화, 조선인의 일본인 적응화

일본의 경영·마케팅 이전에 관한 나의 생각은, 근본적으로 평화적인 시
점 또한 상호 주권을 가진 독립국 간의 자주적인 이전을 전제로 구축한
것이다. 마케팅이라고 하는 기업 활동, 특히 그 국제이전은 어떠한 강제
적인 제제도 없는 평화적 기반에서 유효하게 국경을 넘을 수 있는 인간
의 활동이기 때문이다.

따라서 당시 일본과 조선에 나의 이전론移轉論을 그대로 적용할 수
는 없다. 조선은 일본의 식민지였으며, 조선으로서는 선택의 여지가 없
는 상태로 반대도 저항도 할 수 없는 채 일본인 적응화가 진행되었고, 일
본인 적응화를 해야 비로소 평온한 생존길이 열렸던 것이다.

나는 조선이 일본 적응화하고 조선인이 일본인 적응화하는 것으로
조선의 근대화가 실현되었다식민지 근대화론고 목청 높여 주장하고 있는 것
은 아니다. 다른 민족을 지배했던 과거와, 혹은 이견을 말할 수 없었던 상

대에게 '은혜를 갚으라'고 강요하는 것은 황당무계한 뻔뻔스런 도둑놈이다. 그 평가에 대해서는 오늘날의 한국인의 생각判斷에 달려있다.

그렇다고 해서 일본의 식민지가 되지 않았다면, 현재 한국에서 거론되는, 조선 스스로가 오늘날과 같이 일본에 뒤지지 않을 높은 수준의 근대화를 실현했을 것이라고 하는 '내재적內在的발전론'이 옳다고 하는 것도 아니다. 그것은 역사에 '만약'이라는 관점을 끼워 넣게 되어 사실을 직시할 수 없게 된다는 생각 때문이다. 물론 역사 시뮬레이션으로서의 의미를 부정하는 것은 아니다.

오해가 없기를 바라지만, 유추해 표현하자면 쇼와昭和 15년 간 1926~40년 정도까지는 특히 급속히 조선이 일본 적응화, 조선인이 일본인 적응화 됐다고 말할 수 있다.

조선에 거주했던 일본인은 지배 민족으로 당연히 조선에서도 일본에서의 생활을 그대로 재현維持하려고 했다. 백화점은 일본인이 그 라이프스타일을 유지하기 위해서 불가결한 상품을 제공하는 장소였으며, 일본제 및 조선에 있는 일본 기업의 손으로 만든 조선제 일본 상품을 판매했다.

하지만 4대 백화점을 지탱해주었던 것은 일본인만은 아니었다. 많은 조선인도 일본인의 라이프스타일을 적극적으로 받아들이고, 그것을 즐기며 유지하기 위해서 4대 백화점에서 일본 상품을 구매했다. 즉, 모든 면이라고 단정할 수 없지만 조선인이 일본 사회·정신문화를 생활문화의 일부로 비중있게 받아들였다. 이것을 조선인의 일본인 적응화라고 표현한다. 당시 경성에는 '일본의 마케팅 문화가 정착되어 있었다'고 생각하는 것이 타당할 것이다. 일본인뿐만 아니라 이들 조선인도 경성을 중심으로 한 당시의 '일본적 대중소비사회'를 지탱한 소비자Consumer였다.

자신의 생활에 '필요와 욕구'를 채우기 위해 자유의사와 경제적 합리성으로 쇼핑을 하는 현대적인 소비자였다.

　나의 상품, 서비스 '이전론'으로 말하면 일본인이 자신들의 라이프스타일에 불가결한 상품이나 서비스(이것을 일본의 문화·심리적 Benefit 중심의 상품이나 서비스로 정의)를 조선에서 찾았고, 그에 따라 조선의 일본 적응화, 조선인의 일본인 적응화가 진행되어 일본 사회·정신문화가 조선인 안에 침투하기도 하고, 수용되기도 하며, 그 결과 조선인이 일본제 상품이나 서비스를 거리낌 없이 구입하게 되었다는 것이다. 일본의 사회·정신문화는 '강요된 것'이라고 해도 현실적인 측면에서 보면 조선인은 그것을 '수용'하고 '적응'하며, 자주적으로 일본인 라이프스타일을 받아들였던 것이다.

　2002년에 내가 실시한 그 당시 경성에 거주했던 일본인 및 한국인 인터뷰에 의하면, "아무튼 일본인은 공무원, 회사원, 군인 등 부자가 많았다. 내지內地: 일본 국내 보다도 한 단계 더 유복했다"고 장담하듯 말했다. 또한 조선인의 경우도 "양반은 말할 것도 없이 부자였고 그들은 보통의 일본인보다 훨씬 유복했으며, 관청근무자, 회사원, 전문기술자匠人 등 등도 같은 부류의 일본인만큼은 아닐지라도 많은 돈을 가지고 있었다"고 했는데 그것 또한 사실로 보인다.

　식료품은 거리 시장에 넘쳐나고 날개 돋친 듯 팔렸다. 백화점 지하의 식료품 매장마켓이라고 불렀다에는 연일 많은 쇼핑객으로 붐볐다. 이러한 일본인이나 조선인의 도시생활자가 5대 백화점의 핵심 고객층이었다. 단, 이런 넉넉함은 1939~40년까지가 피크로 태평양전쟁 개전과 동시에 물자 부족, 인플레 등의 생활고가 조선에도 불어 닥쳤다. 자세한 내용은 뒤에서 언급하기로 한다.

2. 경성의 일본 적응화適應化

지금의 서울에서 '경성'을 발굴해 내다

거리의 풍경과 느껴지는 많은 것들이 일본화 되었다. 경성에는 일본의 도시에 있을 법한 빌딩이 들어서고, 일본의 도시에서 볼 수 있는 상점가가 있으며, 모든 간판이나 포스터가 일본어로 만들어지면서 마치 일본의 도시 거리라고 착각할 정도였다.

그럼, 경성부京城府 중심부를 재현해보자.

사진 T에는 일본화한 경성의 중심부가 보인다. 한일병합 직후에는 조선 가옥밖에 없었던 도시 대부분이 이 두 장의 사진 속 1930년대에는 일본 가옥으로 들어차 있다.

사진 T-1과 ⑧-1, 2p.151에서는 북악산 기슭에 거대한 조선총독부청이 큰 새가 날개를 펼치듯 자리 잡고 있다. 조선 통치의 정치 중심지다. 조선왕조의 경복궁을 뒤에 두고 그것을 덮어 감추듯 서있다.

사진 T-1 중앙에 중량감 있게 서있는 건물은 경성의 모든 중심이라고 말할 수 있는 경성부청京城府廳이다. 그 전체 모습을 사진 ⑨p.152에서 볼 수 있다. 현재도 그대로 서울시청으로 사용하고 있다.

경성부의 중심부는 총독부, 경성제국대학京城帝國大學, 경성역, 조선신궁朝鮮神宮의 4지점을 연결한 변형 직사각형 안에 들어가 있었고, 그 중심부에 경성부청 건물이 위치하고 있다. 이런 경계선Landmark은 일본의 공적인 상징이기도 하고 일본인, 조선인을 막론하고 그곳에 사는 사람들에게 '경성은 일본의 도시'라고 하는 것을 나타내는 광고탑 역할을 하고 있었다.

T-1 경성중심부(1930년대) 북악산이 보인다

T-2 일본 가옥으로 뒤덮인 중심부

출처_서울특별시청 편 · 발행 (2002) 《일제침략하의 서울(1910~1945)》

이 직사각형 안쪽에 있는 거리가 일본인 문화나 라이프스타일을 구체적으로 표현하고 판매하는 상점가였고, 그곳에 가면 항상 최신의 일본도쿄, 교토, 오사카의 유행 상품 등을 구입할 수 있었던 것이다. 그리고 그 안쪽에 큰 상자 안에 쏙 들어간 작은 상자 모양그림 4-2, p.143.을 형성한 조지야, 메이지자明治座: 메이지극장 · 공연장, 동양척식주식회사, 미나카이, 미쓰코시, 조선은행을 연결하는 4각형의 안쪽이 그 중에서도 가장 일본화 한 상점가였다.

2002년 여름 1개월 간 나는 몇 번이고 서울 시내, 특히 과거 경성 중심부를 빠짐없이 걸었다. 경성 시대의 일본을 전하고 있는 건축물의 경우 그 곳을 정확이 모르면 인식하기 힘들 정도로 수가 적어졌다. 게다가 과거 중심지였던 그 건물들의 주변에는 수 십층이 넘는 고층빌딩이 즐비하며 그것들이 오늘날의 서울의 상징이 되고 있다. 즉, 예전의 일본 건물은 한국의 풍경 속에 파묻혔고, 과거의 경성은 서울에서 완전히 사라진 것이다.

나는 당시의 관공청이나 은행, 거기에다 이 책의 주제인 백화점으로 현존하는 건물 앞이나 이미 해체되어 전혀 다른 빌딩이 서있는 장소에 서서 시간가는 줄도 모르고 오래도록 둘러보았다. 각각의 건물에 얽힌 이야기들을 생각하면서 말이다.

조선총독부청이나 경성부청, 경성제국대학 의학부의 건물, 조지야나 미쓰코시백화점 빌딩, 메이지자, 경성전철빌딩, 조선은행, 경성역 위치 등을 확인했다. 조선총독부 이외의 건물은 거의 대부분 지금도 같은 장소에 존재하고, 대부분은 같은 용도같은 업종로 사용하고 있다. 한편 미나카이, 히라타백화점, 조선신궁 등은 이미 없어졌고 완전히 다른 용도의 건축물로 바뀌어 있었다.

숙소에 돌아와 당시의 경성과 현재 서울의 지도를 비교해보며 과거 경계선과 같았던 건물 사진을 현재의 서울에 옮겨 놓는 작업을 계속했다. 그랬더니 지금의 서울 중심부에 과거 경성의 빌딩숲과 상점가가 신기루처럼 떠올랐다. 나는 사진을 보면서 어느새 혼마치 거리의 상점가와 남대문 거리 2정목 부근을 걸어 미쓰코시에서 쇼핑을 하고 미나카이백화점 각 층을 돌아다니며 윈도우 쇼핑을 하고 있었다.

나의 수중에 한일병합 이전부터 일본인 상점가가 있었던 혼마치 1정목부터 3정목 일대를 중심으로 해서 손으로 그린 지도그림 4·1, p.140·141가 있다. 경성의 선린상업학교善隣商業學校 13회 졸업생이었던 다케자키 다쓰오竹崎達夫가 1937~38년경의 이 지역의 모습을 재현한 것으로 다케자키竹崎와 동창인 세키 요시하루関美晴, 1943년 졸업, 현재 오사카 거주에게서 자료를 받았다.

그림 4·2는 경성 주요부분의 약도이고 점선으로 둘러싸인 부분을 확대한 것이 그림 4·1이다.

약도 안의 숫자 ①~④는 일본인이 경영했던 4대 백화점 위치를 표시했고, 4대 백화점 이외의 주요건물 위치는 ⑤~⑯으로 표시해 각각의 사진도 같은 번호로 게재했다.

우선 미나카이백화점사진 ①부터 시작하자. 사진 ①은 1933년 신·증축 후의 혼마치 거리에서 본 미나카이백화점 일러스트다. 대지는 혼마치 거리 1정목—丁目: 현재 충무로 1가과 쇼와 거리현 퇴계로 사이에 들어간 열쇠 모양의 지형이며, 일러스트의 건물도 열쇠 형태로 그려져 있는 것을 확인할 수 있다.

미나카이 번지수는 혼마치 1정목 44, 45, 46번으로 점포를 확장할 때마다 인접한 토지를 사들였다는 것을 짐작할 수 있다. 혼마치 쪽으로

튀어나온 3층 건물 부분은 포목점을 운영했을 때의 일본식 2층 건물 위치에 신축한 것이다. 참고로 옆에 위치한 히노마루日の丸화장품은 나카에 中江집안의 친척이 경영했다.

미나카이의 대각선 방향 앞 건물가네보(鐘紡)서비스센터 · 전시홀은 이전 전의 미쓰코시포목점이 있었던 장소다.

미나카이에서 혼마치 거리 좌측으로 1백미터 떨어진 1정목 51번지에 히라타백화점사진 ②, 현재 대연각센터 혼마치 거리 입구 쪽으로 나와 좌측 편에 조선은행 앞 로터리에 접해있는 미쓰코시백화점 경성점사진③, 현재 신세계백화점 본점, 로터리에서 남대문거리를 따라 북쪽으로 가다보면 조지야 본점(사진 ④, 최근까지 미도파백화점으로 운영되다가 2002년 롯데백화점이 매수하여 활용하고 있음)이 있었다.

이처럼 일본인이 경영하던 4대 백화점이 사방 200미터 안에 서로 경쟁하고 있었다. 오늘날 도쿄 신주쿠新宿에서 벌어지고 있는 5대 백화점 (이세탄伊勢丹, 미쓰코시, 다카시마야高島屋, 오다큐小田急, 게오京王)의 경쟁 상황과 닮은꼴 같기도 하다.

조선인이 경영하던 화신백화점은 혼마치 지구에서 떨어진 종로에 있었다사진⑤.

당시 혼마치 거리 분위기를 느낄 수 있는 사진이 있다. 사진 ⑥-1은 혼마치 거리 입구를 미쓰코시 경성점 쪽에서 찍은 사진으로 어느 겨울날 조선인 두 사람이 여유롭게 담소를 나누고 있는 한적함이 전해져 온다. 좌측에 약간 보이는 것이 경성중앙우체국이다.

혼마치 도로의 폭은 3.8미터에서 6미터로 아스팔트형 포장이 되어 있었는데 이 사진으로 보면 도로가 동결 상태였음을 알 수 있다(현재는 충무로이며 도로 폭도 당시의 1.5배 정도 넓혀지고 서울 최고 번

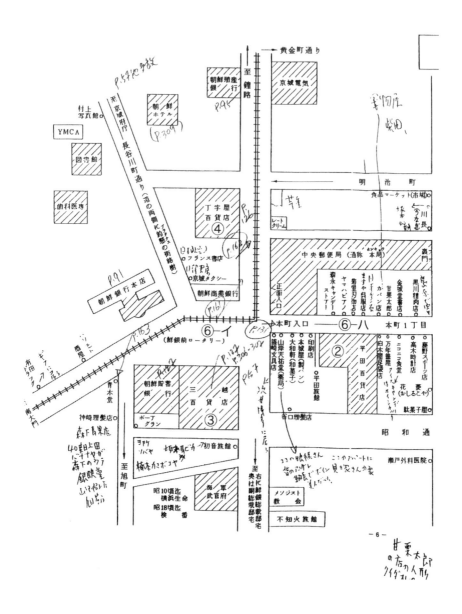

그림 4-1 추억의 혼마치 입구(초입) 부근

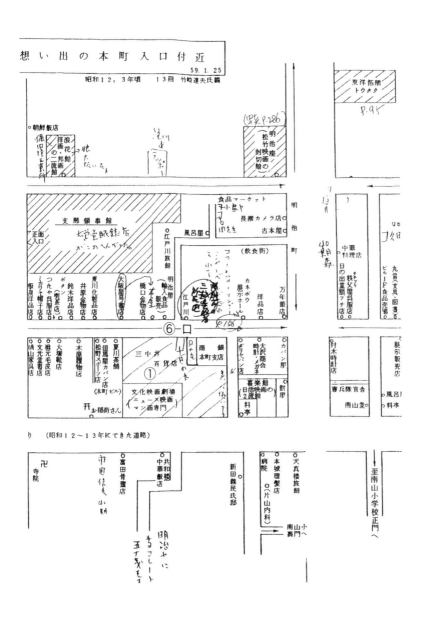

화가 명동의 일부다.) 도로 양측에는 은방울꽃 모양을 한 가로등이 일정한 간격으로 서있고 혼마치의 자랑이었다. 은방울꽃 거리라고 해도 좋을 것이다.

상점이 가장 많이 밀집한 중심은 혼마치 거리 1정목과 2정목이었다. 1936년 당시 상점 수는 487점포혼마치 1정목~4정목(四丁目)까지의 합계였으며, 그 중 449점92%이 일본인이 경영했고 그 지역이 완전히 일본화된 상점가였다. 상점 수뿐만 아니라 인파가 많은 것도 경성 최대의 상점가이기도 했다. 사진 ⑥-2p.147는 여름날 번화했던 모습이 그대로 담겨져 있으며, 사진 ⑥-3은 혼마치 밤거리 모습이다. 촬영 연도는 불분명하나 비가내린 후의 혼마치 밤거리로 주변건물과 히라타백화점으로 추측되는 건물 조명이 비온 뒤 물이 흥건하게 남아 있는 그곳 거리를 비추고 있다.

혼마치 1정목~2정목그림 4-2의 Ⓐ이 일본인 거리였다면, 종로 1정목~3정목三丁目, 그림 4-2의 Ⓑ은 조선인 거리로 붐볐다.

1장에서 언급한 것처럼 혼마치에는 이전부터 일본인이 많이 살았고, 앞서 언급한대로 거의 대부분 일본인이 경영하는 상점이 즐비했다. 고객층은 경성부및 인접 지역의 일본인과 중류 이상의 조선인이었다.

종로 1정목~3정목에는 합계 542점의 상점이 있었으며, 그 중 502점포93%가 조선인이 경영했다. 이용 고객도 경성부나 그에 인접한 지역의 조선인이 많았고 일본인은 거의 없었다. 그 주변에는 조선인이 집중적으로 살고 있었으며사진 ⑦ 조선인 문화나 라이프스타일을 유지하고 있었다.

이들 상점도 1926년경에서 1935년경까지 약 10년간에 전상점의 80%가 개업했으며, 특히 1931년 이후 5년간 347점포전체 상점 중에 64%에 해당가 집중적으로 개점했다. 조선인 소매점도 만주국 건국으로 인한 조

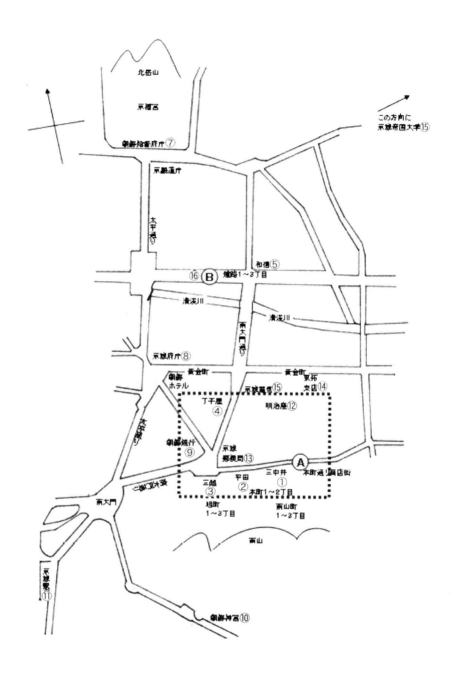

この方向に
京城帝国大学⑮

그림 4-2 경성 중심부 약도(京城中心部略圖)

경성 5대 백화점

① 미나카이백화점 경성 본점
출처_권오기 편(1978년)
《사진으로 보는 한국백년(1876~)》 동아일보사

② (→) 히라타백화점
출처_백화점신문사 편·발행(1939년)
《일본백화점 총람》
③ (↓) 미쓰코시백화점 경성점
출처_위의 책

④ (↑) 조지야 본점
출처_나카에 스미(中江寿美) 소장
⑤ (←) 화신백화점
출처_백화점신문사 편·발행(1939년)
《일본백화점 총람》

선 경제의 호황과 무관했던 것은 아니다. 또한 그때까지 '장사상인는 비
천하다'는 조선인의 상업에 대한 의식도 '우리도 열심히 장사해서 일본
인 못지않게 벌어보자' 로 변했다. 조선인 고객들이 혼마치의 상점가나
미쓰코시, 조지야, 미나카이에 가지 않고도 갖고 싶은 상품을 종로에서
살 수 있도록 상점가를 정비했다. 물론 조선 특산품을 파는 많은 상점도
있었다.

그리고 1932년 화신백화점이 개업해 조선인의 집객력을 비약적
으로 높이는 데 일조했다. 종로는 경성 제2의 상점가로서 혼마치에 대
항했다.

이 상점가에 개점한 많은 조선인은 일본어 교육을 받은 지방 양반
의 차남이나 삼남이었다.

가지야마 도시유키梶山季之의 《이조잔영李朝残影》文藝春秋에는 종로에
온돌방에 붙이는 황색 기름종이油紙를 판매했던 지물포, 마른 명태 등을
쌓아 놓고 판매하는 어물전, 문구류를 판매하던 필방, 조선 특유의 곤돌
라 모양의 나무신발과 고무신발을 장식한 신발가게 등이 있었다고 기술
하고 있다.

종로에서는 겨울을 제외하고 비가 내리지 않는 날은 야시장이 빈
번하게 열려사진 ⑦-2 아이들에게 좋은 놀이장소였다고 당시 종로에 살았
던 한국인이 술회했다. 일본의 야시장처럼 청백색의 카바이트등[56] 불빛
아래 그릇 따위를 땜질해주는 가게가 있기도 하고, 달고나, 솜사탕, 팽
이, 딱지 등을 팔았는데, 단지 다른 것은 그것을 팔던 사람이 조선인이었
다는 것이다. 일본의 야시장을 조선인이 종로에서 재
현한 것이다.

조선 특유의 호박엿을 큰 엿장수 가위로 장단을

[56] 그 당시 카바이트는 등
불이나 자동차 연료 등 다양
하게 사용됨. ㅡ역자

⑥-1 혼마치 입구(1930년대)
출처_서울 특별시청 편(2002년)
《일제침략 하의 서울(1910~1945)》

⑥-2 여름날의 혼마치 거리
출처_위의 책

⑥-3 밤의 혼마치 거리
출처_마이니치신문사 편(1978년)
《별책 1억인의 쇼와사(昭和史),
일본식민지사1 조선》

맞추며 엿을 판매했다. 일본에 없는 풍경이었다.

종로거리는 도로 폭이 27미터 30센티1정목 부근에서 29미터 10센티
2~6정목나 되고 중앙에는 전차의 복선 궤도가 깔려있었다. 양쪽에는 혼
마치 도로보다 약간 넓은 4미터 50센티에서 5미터 50센티의 도보가 있
었다. 차도는 아스팔트콘크리트이고 보도는 아스팔트마사감으로 포장
되어 있었다.

종로거리에서 최대 빌딩은 화신백화점이었지만 1935년 화재가 나
서 인접한 빌딩을 빌려 영업을 계속했다.

백화점 이외의 주요 건물 위치를 그림 4-2로 재확인해보자.

조선총독부청사진 ⑧, 1996년 해체, 경성부청사진 ⑨, 현 서울시청, 조선은행
사진 ⑩, 현 한국은행, 조선신궁朝鮮神宮, 사진 ⑪, 완전히 해체되었으며 현재 남산식물원 위
치, 경성역사진 ⑫, 현 서울역, 메이지자明治座, 사진 ⑬, 현 현대투자신탁증권, 경성중
앙우체국사진 ⑭, 현 서울 중앙우체국, 완전 재건축, 동양척식東洋拓殖경성지점사진
⑮, 현 외환은행본점, 경성제대사진 ⑯ 등이다.

미쓰코시백화점 남쪽 방향인 아사히마치旭町: 현 회현동 주변는 당시
검은색 벽으로 둘러싸인 고급 요정가로 실력이 빼어나고 멋들어진 기생
이 많았다. 나카에 도미주로中江富十郎가 관·군의 최고 간부와 매일 밤 화
려한 교유交遊를 펼쳤던 장소다.

그리고 남쪽의 남산마치南山町: 남산정 1~3정목과 아사히마치 1~3
정목은 남산으로 이어지는 야산이었으며 일본인 고급 관료나 샐러리
맨, 유복한 상점 주인들의 호화스러운 저택이 즐비했다. 경성에 본점
과 지점을 둔 대기업 사택도 많았으며, 미나카이 사택도 남산마치 2정
목에 있었다(사진 T-2p.136에 보이는 기와지붕의 일본 가옥이 그런 건
물들이다).

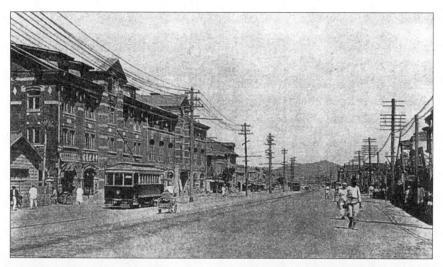

⑦-1(위) 종로 일대의 낮 풍경
⑦-2(아래) 야시장이 열려 많은 사람들로 붐비는 종로 일대
출처_서울 특별시청 편(2002년)《일제침략 하의 서울(1910~1945)》

남산 중턱 광대한 대지에 경성이 내려다보이는 조선신궁이 자리하고 있었다. '신위神威가 팔도八道에 빛을 발한다' 라고 하는 식의 황실숭배의 대표적인 것으로, 조선에서 가장 격이 높은 신사였다. 일본 정신의 중심인 아마테라스 오미카미天照大神[57]와 함께 근대 일본의 정신적 지주인 메이지 천황明治天皇을 제사지내며 조상들이 조선 통치를 지켜보고 있다는 구도다. 그곳에 가기 위해서는 참배길 형태로 남대문을 기점으로 길게 이어진 돌계단을 올라야 했다.

경성 상점가와 그 집객력集客力

1936년에 경성 상점가를 조사한 보고서가 있다. 조사는 혼마치本町 거리 외에 아사히마치旭町, 메이지마치明治町: 현 명동 등 주로 일본인이 경영하는 상점가를 중심으로 실시되었다. 참고로 전체 조사 지역 건물 수는 1559가구로 그 61%에 해당하는 961가구가 소매점이다. 그 중에서 889점93%이 규모가 작은 개인이 운영하는 상점이었다.

상점은 취급하는 상품별로 분류되어 있다. ① 의류관련품점: 전체의 34.6%를 점유, 가장 많고, 포목, 양복, 신발, 양품 등을 취급한다. ② 문화품점文化品店: 30%를 차지하고, 종이, 문방·문구, 사무용품, 시계, 안경, 귀금속, 레코드, 도서, 잡지, 미술공예, 골동품 등 잡화처럼 여러 종류의 상품을 포함한다. ③ 식료품점: 16%를 점유하고 미곡, 과일, 생선, 육류, 동서양과자, 술을 포함한다. ④ 건재점建材店: 12%다. 목재, 죽제대나무, 생활도구비, 쓰레받기, 소쿠리 등, 금속재료 등이다. 이들 상품은 모두 일본인들의 일상생활에 불가결한 상품군이며, 대부분의 공업제품은 일본제이고 또한 일본 기업이 조선에서 만든 제품이다.

57 일본 신화에 나오는 신. ―역자

⑧-1 (위) 조선총독부청 부감(俯瞰)
출처_서울특별시청 편(2002년) 《일제침략 하의 서울(1910~1945)》
⑧-2 (아래) 조선총독부청
출처_미나카이 편 · 발행(1929년)

⑨ (위) 경성부청(1940년)
출처_서울특별시청 편(2002년) 《일제침략 하의 서울(1910~1945)》
⑩ (아래) 조선은행
출처_위의 책

⑬ (위) 메이지자(1930년대)
출처_서울특별시청 편(2002년) 《일제침략 하의 서울(1910~1945)》
⑭ (아래) 경성중앙우체국
출처_위의 책

⑮ (위) 동양척식 경성지점
출처_위의 책
⑯ (아래) 경성제국대학
출처_위의 책

상점 개업 연도 데이터도 남아있다. 혼마치 상점가는 1910년 전후부터 일본인 상점가로 꾸준히 성장했으며 상점 반수 가까이가 1926년 이전에 개업했다. 그리고 1932년 만주국 건국을 기점으로 개업이 가속화됐다. 이 시기에 전체의 4할 정도가 신규 개업해 한층 짜임새 있는 상점가로 형성되었다. 조선 특히 경성이 만주 쪽의 병참기지가 되어 경제력을 회복해 소비가 일어나고, 상점가가 더욱 활성화되는 등의 선순환 흐름이 형성된 것이 결국 상점 수의 급증을 가져왔던 것이다.

그런 가운데 미쓰코시, 미나카이, 조지야가 연이어 대형화해 집객력을 높여, 그 파급효과로 경성부뿐만 아니라 인접해 있는 인천, 수원, 개성 등에서도 많은 일본인이나 조선인들이 시장을 보러 왔다.

혼마치 거리의 외각 지역은 상점 외에 음식점이 줄지어 있었으며 학생들의 출입도 많았던 것 같다. 경성제국대 가까이에는 술집이 없었고 술모임이 있을 때면 학생들은 혼마치로 나갔다. 경성제국대의 교관이나 학생이 맥주홀에 모여 같은 테이블에 둘러앉아 떠드는 광경을 후지모토 히데오藤本英夫는《泉靖一伝이즈미 야스카즈 전기》平凡社에 기록하고 있다. 이즈미 야스카즈泉靖一는 1938년 경성제대 졸업 후 같은 대학 조수가 되었고, 해방 이후에는 메이지대학에서 도쿄대로 옮긴 문화인류학자다. 다음은 이즈미의 경성제국대학 예과豫科**58**시절의 일면이다.

> 거의 매일 경성에서 열기 넘치고 북적댔던 혼마치로 나간다. 이 지역은 혼마치와 메이지마치가 직각으로 교차하는 부분으로 도로 폭이 좁고, 규모가 작은 빈약한 거리였다. 따라서 이 지역으로 들어가면 교관, 학부학생 그리고 예과 생도가 모두 얼굴을 마주치게 된다. 그래서 인사하는 것도 일이다. 맥주홀

58 구제대학에 있던 제도로 학부에 진학하기 전의 구제고등학교에 준하는 과정. ―역자

에서 예과생이 마시고 있으면 학부학생이나 교관들이 슬그머니 맥주를 권해온다. 조금 시간이 지나면 이윽고 테이블을 하나로 붙이고 한바탕 술판을 벌인다. 스톰(Storm)[59]으로 발전하는 것이다.

결론적으로 말하면 경성 중심부, 특히 4대 백화점 주위는 일본화되었고, 일본인은 물론이고 일본인보다도 훨씬 많았던 조선인에게도 매력적인 상점가였다.

4대 백화점 주위에 형성된 상점가는 단순히 경성부에 거주하는 60만 명뿐만 아니라 철도를 이용해 쇼핑에 오는 인접 도시의 인천21만 명, 개성7만 6천 명 등을 포함해 약 120만 명의 상권을 가지고 있었다. 그리고 그 대분은 비교적 유복한 사람들이었다.

3. 조선인의 문화변용과 적응

일본어 교육과 문화변용文化變容

1939년 이후 조선인은 고령자와 취학 전의 유아를 제외하고 일본어 교육을 받게 되어 사람들은 비교적 자유롭게 일본어를 구사를 할 수 있었다.

경성부에 대해서는 일본어 능력을 나타내는 데이터《경성부 세반1반(京城府勢班一班)》경성부 발행가 남아있다. 일본어를 이해하는(어느 정도 이해하는 자, 보통 일상회화가 가능한 자를 포함) 자는 1930년에 약 8만 명이었고 그에 대비

---

59 떼를 지어 많은 인원이 같이 술을 권하며 요란스럽게 술판을 벌이는 형태. ─역자

해 1940년에는 30만 명이 조금 부족한 숫자로 증가했다. 이 숫자는 경성부 내의 유아와 고령자를 제외한 거의 모든 조선인이 일본어를 이해하고 대화할 수 있었다는 것을 보여준다.

손정목전 서울시립대학교 교수은 확인차 던진 나의 질문에 이렇게 대답했다.

"맞는 얘기다. 낮에는 일본인처럼 일본어로 대화하고, 일본 식민통치에 협력하는 것처럼 행세했다. 그렇게 안하면 생명이 위험하다고 생각했기 때문이다. 밤이 되면 조선인으로 돌아와 조선어로 이야기하고 헌금을 하고 그 밖의 다른 것들을 통해 독립운동에 공헌했다. 결코 속마음은 완전히 일본인이 된 것은 아니었다."

손정목은 "조선인은 계속 일본에 저항했다"고 한 번 더 확인해주듯 덧붙여 말했다.

이와 같이 급속하게 조선인의 일본어 능력이 향상된 것에는 1938년부터 시작된 초등학교나 중학교에서의 내선공학內鮮共學[60]을 실시한 것이 크다. 조선 전체로 말하면 초등학교와 중학교를 합쳐 1940년에 약 140만 명, 1942년에는 약 190만 명이 일본어로 교육을 받았다.

그 당시의 2200만 명의 조선인 인구에서 보면 결코 높은 취학률이라고는 말할 수 없지만 그 이전과 비교하면 상대적으로 높았고 그들은 귀중한 교육 엘리트였다. 그 외에도 일본 국내에서 2만 4천 명의 조선인이 유학을 하고 있었다. 수준이 높은 일본에서 중학 이상의 중·고등교육을 마치고 졸업 후 조선으로 돌아오면 한층 더 유리한 직장을 얻을 수 있었던 것이다.

당연한 얘기지만 그 중에는 일본어로 하는 교육에 반발하거나 적개심을 가진 사람도 많았을 것이다.

[60] 일본인과 조선인이 책상을 같이하고 일본어로 교육을 받는 형태.

하지만 대다수의 조선인은 일본어로 실시하는 교육을 '적극적'으로 받아들였다고 한다.

손정목은 '적극적'이라는 의미에 대해 설명했다.

"즐겁게 일본인화 교육을 받은 사람도 있었겠지만, 많은 조선인은 일본의 선진 교육을 받아,[61] 어떻게든 그것을 조국독립에 도움이 될 수 있도록 하겠다는 것이었다. 그 사람들은 경제용어, 학술용어, 과학기술용어를 모두 일본어로 이해하고 있었다. 1919년 독립운동이 실패하고 난 후 무력이 아닌 지력知力으로 무장하여 일본에 대항하려는 기운機運이 높아졌다. 그래서 일본어 교육을 적극적으로 받아 지식을 얻으려고 했던 것이다."

조선의 독립운동3·1항일독립운동에 대해 잠시 언급하겠다. 손정목의 코멘트에 부연설명을 해두고 싶다.

1910년 한일합방 이후 총독부는 '일시동인一視同仁', '내선일체內鮮一體'를 조선통치의 기본방침으로 하고 헌병·경찰을 동원해 조선인의 식민지정책 반항·반발을 봉쇄했다. 무단정치武斷政治[62]다. 그 사이 조선인

[61] 상대의 지식을 배워. -역자
[62] 무단정치와 문화정치: 일본은 1910년 한일합방을 계기로 더욱 거칠게 식민지 정책을 펼쳤다. 초대 총독인 데라우치 마사타케(寺內正毅)는 헌병경찰제도를 실시하여 헌병경찰에게 생살여탈권을 행사하게 하여 식민지정책에 반항·반발하는 세력을 잔인하게 괴멸시켰고, 2개 사단의 병력을 서울 용산·남산 등지와 지방에 배치하여 무력통치 조직을 구축했다. 이 시기는 일본인 교원과 관리에게도 제복을 입고 칼을 차게 할 만큼 무력적이었다.
이후 이런 무단정치가 3·1운동을 계기로 교묘하게 문화정치로 변화한 것이다.
3·1운동 이전에는 일본 헌병대가 상징하듯 무력을 앞세운 식민지 통치방식으로 침탈행위를 저질렀다. 그러나 3·1운동의 거국적인 독립운동이 일어난 후에는 조선총독 사이토마코토(齋藤実(實))를 앞세워 '문화정치'라는 표현을 빌려 '문화의 발달과 민력(民力)의 충실'이라는 슬로건과 함께 총독부가 중심이 되어 표면상의 문화정책을 실시하였다. 하지만 이것은 부드러운 표현을 내세웠을 뿐이지 국민을 더 교묘하게 핍박하며 경제적 수탈 등을 강화하는 정책이었다.
예를 들어 이 정책은 언론, 집회, 출판의 자유를 어느 정도 인정한다는 것이었는데, 이것으로 신문 등의 발행과 민족단체의 설립이 허가되기도 했지만 이것 또한 국민들을 철저하게 관리하고 통치를 하기 위한 수단으로 사용했다. 민족지도자를 친일파로 변절시키거나 일제의 정책에 앞장서게 하여 민족의 분열을 조장하는 움직임도 심해졌다.
결과적으로 이 문화정치는 보통의 국민들을 일본의 제국주의로의 동화나 예속화를 더욱 강화하기 위한 일본 제국주의의 정책이었다. -역자

의 민족독립운동이 확대되어 1919년 3월 1일에 경성·종로에 있는 파고다공원현재는 탑골공원에 수만의 조선인이 모여 독립선언문을 낭독하고 독립을 위한 행동을 표면화했다. 그 후 각지에서 대중운동이 확대되어 집회, 데모, 파업Strike이 다발했다. 일본 정부는 총독부에 협력하는 차원에서 3월부터 4월에 걸쳐 보병 6개 대대를 조선으로 파견했다. 총독부는 조선에 주둔해있던 파견군과 함께 독립운동을 무력으로 괴멸시켰다. 그 이후의 독립운동은 물리적인 힘에 의한 대결에서 지력에 의한 투쟁으로 변했다. 일본어로 이루어진 교육을 조선인이 적극적으로 받아들이게 된 것은 이 일과 깊은 관련이 있다.

그림 4-3 모보들
출처_신명직 《모던뽀이, 경성을 거닐다》 (2003), p.134.
(조선일보 1928년2월7일)

실제로 일본어 교육을 책임지고 있었던 교원 반수 가까이가 조선인이었다. 1942년 시점에서 전 조선 교원수대학을 포함 2만 3천 명 중에 약 1만 1천 명이 조선인이었다. 그들은 일본어를 사용하는 내선공학內鮮共學 교육에 종사하는 엘리트였다. 하지만 교

그림 4-4 사랑의 아이스커피
출처_위의 책, p.30.
(조선일보 1930년7월16일)

장 등 관리직 지위에 있었던 조선인 교원은 적었던 것 같다.

일본어 세대의 라이프스타일

그렇다면 당시 경성에는 손정목이 말한 것처럼 '일본 저항자'로서의 조선인이 있었는가 하면, 다른 한편에는 일본 문화나 라이프스타일을 적극적으로 수용해 생활을 즐기고 있었던 '소비자 = 생활자'로서의 조선인이 상당히 많았던 것도 사실이다. 양자는 전혀 다른 인물이었는지, 아니면 동일 인물이었는지 알 방법이 없다.

3장에서 거론한 신명직의 《모던뽀이, 경성을 거닐다》를 통해 당시의 모습을 살펴보자.

1928년 2월 〈조선일보〉 칼럼을 읽어보면 경성의 젊은이들도 도쿄의 젊은이들과 마찬가지로 '모보 = 모던 보이' '모가 = 모던 걸'이라고 불렀으며, 로이드안경[63], 긴 살쩍빈모, 키톤모자, 카우보이와 같은 밑단이 넓은 바지 등을 걸치고 경성의 거리를 활보하였다는 것을 알 수 있다. 다 쓰러져가는 주위의 조선 가옥은 거들떠보지도 않고, 마치 자신들은 외국인이라도 된 것처럼 착각하고 있다고 칼럼은 야유를 퍼붓고 있다그림 43.

1930년 7월의 〈조선일보〉에서도 젊은 조선인 남녀가 일본어를 구사하고 일본인 흉내를 내며 '긴부라銀ぶら'[64]가 아닌 '혼부라혼마치를 어슬렁거리다'를 하고 다방, 빙수가게, 우동가게, 카페에 모여 있는 모습이 기사화 되었다. 특히 "최근에 '아이스커피'그림 44가 유행하고 있으며 남녀가 이마를 거의 맞닿을 정도로 가까이 앉아 한 잔의 컵에 각자의 빨대로 '사랑의 아

63 미국 희극배우 로이드(Harold Clayton Lloyd)가 극중에서 썼던 것이 유행이 된 안경 스타일로 둥근 원형에 가까운 큰 렌즈 안경. 셀룰로이드 테에 색상은 검은색이나 갈색이 많다. —역자

64 일본의 근대화 초기 도쿄에서 가장 번화했던 긴자(銀座)라고 하는 거리를 부라부라(ぶらぶら=할일 없이, 특별한 목적 없이 어슬렁어슬렁 거리는 모습)하면서 거닐었다는 것에서 유래된 말. —역자

이스커피'를 마시고 있다"고 칼럼은 조선인이 일본인 흉내를 내고 있는 것이 마음에 안 드는 모양이다.

여기에 조선인이, 특히 조선인 중학생들의 일본인 적응화가 상당히 진행됐다는 예증으로 두 가지의 에피소드를 소개한다.

미나카이백화점 경성점 쇼와 거리 쪽에 미나카이가 경영하는 문화영화극장이 있었다. 백화점 1층 일부에 자리하고 있었다. 2층부터는 판매 매장이다3장 사진 L-2, p.85.

이 극장은 뉴스영화와 만화영화가 전문으로 입장료도 싸고 중학생이나 전문학교 학생들이 자주 찾는 곳이다. 용산중학, 경성중학, 선린상업학교 등 학생일본인과 조선인들이 좋아하던 만남의 장소였다.

1939~41년경 중학생이었던 일본인과 한국인의 몇몇 사람들은 "일본군의 쾌진격과 승리를 전하는 장면이 스크린에 나오면 일본인, 조선인을 막론하고 큰 박수가 일어 극장 내부는 한바탕 떠들썩했다"고 한다.

구로다 가쓰히로黒田勝弘 저서《한국인의 역사관》文芸春秋에서 조선인의 일본인 적응화에 대해 이런 에피소드를 소개하고 있다.

일본인이 다 된 조선인

이것은 당시를 살았던 많은 한국인이 그렇게 증언하고 있다. 특히 당시 소년이었던 한국인들은 전쟁체제 하의 교육으로 의식은 90% 이상 일본인이었다고 한다. 필자의 지인인 한국인의 증언에 의하면 1944년 봄 유학하던 도쿄에서 일시 귀향했을 때 서울(당시 경성)의 한국인 거리였던 종로 영화관에 들어갔더니 뉴스영화 시간에 상영되는 일본군 전황에 관한 뉴스를 접하면서 관객이 열광하는 모습을 보고 놀랐다고 한다.

그에 따르면 도쿄의 영화관조차 그 정도는 아니었다고 한다. 그는 "한국인도 결국 일본인이 되고 말았구나"라는 생각에 복잡한 심경이었다고 했다.

당시 조선의 많은 청소년들이 점차 '일본인'으로 되어 갔다는 증언이며, 내가 수집한 증언과 완전히 일치한다. 일본인이 많았던 혼마치 거리 주변이나 조선인이 많았던 종로 주변의 영화관 안에서 같은 현상이 일어났던 것이다. 조선 청소년의 '정서'가 일본 청소년과 완전히 같았다고는 할 수 없지만, 매우 흡사했다고 할 수 있을 것이다.

이렇게 일본어 능력이 능통한 조선인들이 직장을 구하거나 혹은 새로운 장사를 시작하기 위해 경성, 평양, 부산 등의 도시로 이주했다. 그들은 진출해 있던 일본 기업 사원으로, 대형 공장의 종업원으로 입사했다. 그 수는 20만 명에 달한다. 또한 상점 경영을 시작한 사람도 많았고, 경성 지역을 보면 특히 종로지구에 조선인이 경영하는 상점이 모여들었다. 이런 일본어 세대는 일본인의 라이프스타일을 수용하고 경성의 5대 백화점의 중요한 고객층이 되었다. 수적으로 일본인보다 몇 배나 많았고 강한 구매력을 가지고 있었다.

5대 백화점이 이 시절 경성에서 좋은 실적을 올릴 수 있었던 것은 비단 일본인 고객 때문만은 아니고, 조선인도 그에 뒤지지 않을 만큼 이들 백화점에서 쇼핑을 즐겼다는 사실이 이제까지의 검증작업으로 밝혀졌다. 조선 사회기반의 일본화와 조선인의 일본인 적응화라는 관점에서도 그런 것을 뒷받침할 수 있는 근거가 됐다고 생각한다. 다음 절에서는 조선인이 경영했던 화신백화점의 예를 들어 조선의 대량소비사회화大量消費社會化와 조선인의 일본인 적응화라는 사회적 배경이 있었기 때문에 화신의 백화점 비즈니스가 가능했다는 것을 검증하기로 한다.

4. 화신백화점의 도전

박흥식에 의한 AI이전 검증

기업이 자사에 없는 경영이나 마케팅 기술과 노하우를 자발적으로 다른 회사나 외국에서 도입해 채용·모방Adopt and Imitate하고, 더 나아가 응용·혁신Adapt and Innovate하며, 동시에 더 발전적으로 숙련·창조Adept and Invent해서 자사 독자적인 경영과 마케팅 시스템으로 새롭게 구축해 가는 경영모드를 AI이전이라고 정의했다.

　　조선인 박흥식이 창업한 화신백화점에 대해 이 'AI이전'이라는 관점에서 전반적인 내용들을 정리해 보기로 한다.

　　박흥식은 자신의 회상록에서 "화신백화점은 일본의 백화점비즈니스에서 배워 조선인이 자력으로 쌓아올린 민족적 승리였다"는 의미 있는 말을 했다. 일본에 배웠지만 그것은 어디까지나 조선인의 자주성自主性으로 배운 것이며, 그렇게 완성된 백화점은 결코 일본인의 그것에 뒤지지 않았다. 그래서 민족적 승리. 이것이 그의 일본과 일본인에 대한 기본적인 자세다.

　　화신백화점은 경영자 박흥식이 스스로 위험Risk을 감수하며 조선인의 자본으로 조선인의 손에 의해 만들어낸 백화점이다. 조선인의 자부심이기도 했고 긍지이기도 했다. 일본의 식민지하에서 '선택의 여지는 없었다'고 하지만, 실제로는 서양의 백화점이 아닌 '스스로 선택해서' 일본 백화점에서 배우고 많은 일본 기업생산업체와 도매업자의 협력을 받았으며 일본 백화점의 경영시스템을 자발적으로 AI이전했다. 그것이 가능하게 된 하나의 이유가, 내가 이 장에서 논하고 있는 조선의 대량소비사회로의 변화, 즉 조선인에 의한 일본인의 라이프스타일의 수용이라고 하는 인프라 형성이 그것을 가능케 한 여건이 되었다는 것이다.

나는 박흥식의 백화점 비즈니스가 성공하게된 이유는 전적으로 조선 인프라의 일본 적응화라고 하는 사회 환경 때문이라고 주장하는 것은 아니다. 환경이라는 여건 속에서 그것을 최대한 이용해서 사업화한 그의 경영자로서의 능력을 정당하게 평가하고 싶다는 입장이다. AI 이전의 성공은 '어디까지나 당사자가 위험을 계속 떠안고 자유로운 의사로 전략을 선택 실천한다'고 하는 실행능력이 있어야 비로소 가능한 것이다. 자신의 판단력, 선견성을 믿고 위험을 감수할 용기가 뛰어나다는 것이다. 하지만 환경여건이 갖춰지지 않으면 그의 능력은 허공에서 헛돌았을지도 모른다.

경영·마케팅 기술과 노하우를 A일본·일본인에서 B조선·조선인로 이전하기 위한 불가결한 조건은, ① 일본의 경영·마케팅 기술과 노하우가 조선보다 한 단계 높은 수준이어야 하고, ② 일본과 조선의 사회·정신문화의 공통성이 많고, ③ 조선과 조선인이 일본 사회·정신문화를 수용한다는 3가지의 환경조건이 성립되어야 한다. 실질적으로 조선에서 일본인에 의해 백화점 경영이 성공하고 있었고, 일본 상품에 대한 조선인 소비자 수요가 나날이 늘어나고 있었다. 그 환경을 유리하게 이용해서 자신의 비즈니스를 창조하는 창업 능력을 박흥식이 갖추고 있었던 것이다.

환경조건의 ②와 ③에 대해서는 당시나 현재 모두 "강제적이었다", "결코 진정으로 수용한 것은 아니다"라는 반론은 있을 것이다. 하지만 화신뿐만 아니라 일본인이 경영했던 4대 백화점에서도 쇼핑을 한 조선인은 일본인과 마찬가지로 일본 상품에 호감을 가지고 구매했으며, 일본인의 라이프스타일이라고 인식하고 그것을 자신들의 생활 속에 적용하며 즐겼다는 사실은 부정할 수 없다.

이 화신백화점의 경영모드는 일본 패전 후, 즉 한국 해방 이후에도 화신은 물론이고 신세계백화점, 롯데백화점, 현대백화점으로 이어졌다. 전후 본격적으로 백화점 개점을 추진할 때 서양의 백화점이 아닌 일본의 미쓰코시三越, 다카시마야高島屋, 이세탄伊勢丹, 세이부西武 등에서 경영·마케팅을 비롯해 상품구성과 구매조달, 점포 내의 인테리어, 여성 점원의 접객태도에 이르기까지 철저하게 AI이전했던 것이다.

이것은 앞서 언급한 ①, ②, ③의 환경조건이 일본 패전 이후 일본과 한국 간에서도 유효하게 작용했다는 사실을 말해주고 있다. 즉, 한국의 백화점업계는 ①, ②, ③의 환경조건이 한국에 적합하다는 것을 알고 일본에서 AI이전을 자발적으로 선택했던 것이다. 한국인 소비자도 그것을 호의적으로 받아들인 것이다. 처음부터 백화점 자신들이 "경영·마케팅은 일본에서 도입한 것이다"라고 공표한 것도 아니었고, 일부 잘 알고 있는 한국인을 제외한 일반 소비자들은 '일본발日本發 백화점65'을 이용하고 있다는 자각도 없었을 것이다.

역으로 말하면 한국인은 '일본감추기Japan masking'를 한 일본의 마케팅을 매우 선호하고 현재도 좋아하고 있다는 것이다. 게다가 일본에서 경영·마케팅을 이전한다고 하는 방식이 일본 패전 이후부터 지금까지 백화점 업계뿐만 아니고 일본과 한국 기업제휴의 전형적인 패턴이 되고 있는 것이다.

65 일본의 백화점과 업무 제휴나 협력으로 오픈한 백화점. ─역자

번영의 비밀

박흥식이 화신백화점을 종로 2정목에 개점한 것은 1932년이다. 동관과 서관 건물을 육교로 연결했다. 그때까지 백화점 경영 경험이 없었기 때문에 경영 노하우에서 종업원 교육, 상품의 구매에까지 일본인 및 많은 일본 기업에 협력을 구했다.

일본인을 임원으로 불러오고 그 인적 네트워크를 활용해 판매책임자 등 일본인 전문가를 고용했다. 상품조달·구매처인 일본 기업과의 다리역할도 일본인이 했을 것으로 생각된다. 물론 박흥식 자신도 일본에 건너가 백화점을 철저하게 시찰하고 그 비즈니스 방법도 배웠다.

상품공급 측면에서는 가네가후치방적鐘淵紡績[66]·쓰다津田 사장, 다이니혼제당大日本製糖·후지야마藤山 사장, 메이지제과明治製菓·소마相馬 사장, 아지노모토味の素·스즈키鈴木 사장, 닛신제분日淸製粉·쇼다正田 사장 등 당시 일본을 대표하는 대기업 사장과 직접 면담을 해서 거래계약을 했다. 처음 자금융자는 조선식산은행朝鮮殖産銀行:아루가미 쓰토요(有賀光豊: 당시 은행 총재)이 했다.

박흥식은 당시 이미 백화점의 전신인 화신상회와 조선 최초의 볼런터리체인 Voluntary chain[67]을 경영하는 화신연쇄점和信連鎖店, 선일지물鮮一紙物, 대동흥업大同興業 등의 경영자로 성공을 거듭하고 있었으며 조선인 중 드문 실업가였으며 경성상공회의소의 유력한 회원이었다.

그 화신이 1935년 1월에 화재를 입어

[66] 이후 가네보로 변신. —역자
[67] 임의(任意) 연쇄점 또는 자유 연쇄점. 볼런터리체인은 대규모 유통기업이 운영하는 체인스토어와 다르며, 독립된 여러 소매상이 계속적인 협력관계를 가지고 형성되는 사업체(점포) 운영 형태이다. 공동매입·공동광고·공동설비 등에 서로 협력하여 대규모 자본을 기반으로 하는 체인스토어 등에 대항하기 위해 탄생된 형태이다. 즉, 다방면의 연계를 통해 공동 마케팅, 구매력 확보, 유통·비용 절감 등 경제적 이익을 얻는 한편, 참가 소매상의 독립성을 유지하면서 운영되는 형태이다. —역자

서관 전부와 동관의 3층, 4층이 전소됐다. 종로상점가 최대의 건물이었고 경성에 거주하는 조선인에게는 자긍심의 상징이었던 것도 있어서 경성을 뒤흔든 대사건이었다. 순식간에 수만 명의 조선인 군중이 모여 종로일대가 넘쳐나고 헌병대가 출동해 비상체제를 유지했다. 주위에는 거의 고층건물이 없었기 때문에 화신백화점에서 솟아오른 화염은 경성 어디서든 볼 수 있었으며 시민들은 큰 충격을 받았다.

화신은 화재가 난 6일 후 동관 옆에 있었던 구 종로경찰서 건물을 빌려 영업을 재개했다. 조선인뿐만 아니라 일본인들로부터도 갈채를 받았다.

화신은 즉시 복구를 시작했다. 총독부가 그것을 적극적으로 지원했다. 우가키 가즈시게宇垣一成 총독의 지시로 조선식산은행이 복구 자금을 융자했다. 앞에 언급한 일본 기업들이 재건에 협력한 것은 말할 것도 없었다.

2년 후 1937년 11월, 지상 7층 지하 1층 연건평 2,000평의 크림색의 현대식 르네상스양식의 대형 백화점이 신축개점을 했다. 매장 면적은 미쓰코시 경성점보다 넓고, 엘리베이터는 6층까지, 에스컬레이터는 2층까지 연결되었다. 신축한 화신은 이전보다도 한층 더 훌륭했고 조선인의 자랑이 되었다.

종로 주변의 아이들은 화신의 엘리베이터나 에스컬레이터에 타고 오르내리는 것이 너무 즐거워 매일같이 질리지도 않고 반복해서 타고 놀았다. 또한 옥상에 올라 내려다보이는 경성의 파노라마 풍경은 감동적이었다. 아이들은 학교나 시골에 가서 그 경험을 얘기하는 것만으로도 영웅이 될 수 있었다. 이 이야기도 당시 종로에 살았던 한국인의 소학교 3, 4학년 때의 추억이다.

1938~39년경의 화신백화점 배치를 보면 몇 가지 조선 특유의 상품은 있지만 거의 대부분은 일본제, 또는 일본 기업 상품이 팔리고 있었다는 것을 알 수 있다. 미나카이 등 일본인이 경영하는 백화점과 상품구성은 매우 흡사했다.

지충 식료품, 조미료, 일본 · 서양 · 조선식기 등

1층 약품, 화장품, 부인용품, 신사용품 등

2층 안경용품, 시계, 귀금속, 사진기, 양품잡화 등

3층 신혼 혼수용품, 재봉양품, 미싱, 속옷 등

4층 특별매장, 문방 문구류, 사무용품, 서적 등

5층 조선물산朝鮮物産, 고려자기, 화신식당

6층 일본 서양식 가구, 전기기구, 선풍기 등

7층 미용원, 금붕어, 새, 원예부 등

1942년 화신의 임원 · 간부부장 리스트 중에 몇 명의 일본인 이름이 올라 있다. 전무인 와다 심페和田新平: 전 조선총독부 근무, 전무인 미타니 도시히로三谷俊博: 전 조선은행, 그리고 사업부장인 마에다 다카요시前田高吉: 전 미쓰코시 백화점 본점 등으로 그들이 일선에서 지휘를 하고 박흥식을 지원했다. 감사역에는 당시 경성 상공회의소 회장 격인 가다 나오지賀田直治 등이 이름을 올리고 있다. 이와 같이 많은 일본인이 화신에서 일했고, 혹은 화신에 협력해 경쟁력을 만들어 냈다.

패전 후의 박흥식 - 그 영광과 실의의 나날

박흥식은 화신백화점의 재건 전후에 총독부 중추원中樞院68 참의參議가 되어,69 일본의 조선 통치나 중일전쟁의 군수물자공급 등에 협력했다. 그 때문에 '일본제국주의에 협력했다'고 하여 1949년에 구속되었다. 구속 제1호였지만 바로 보석으로 풀려났으며 그것도 제1호였다. 그 이유는 '빈곤했던 일제하에서 동포의 상권을 지키고 민족자본육성의 기수로 민족의 자긍과 명예를 드높였다'는 것이었다.

중추원은 조선총독부의 자문기관이었으며 조선의 관습과 제도에 관한 조사가 주요임무였다. 의장은 서열 2위인 정무총독, 부의장, 고문, 참의는 조선인의 유력자 중에서 조선총독의 요청을 받아 내각이 임명했다. 부의장 이하는 임기 3년의 재임제였다. 미나카이가 대구에서 창업한 이후 가쓰지로와 도미주로가 계속 친분관계를 유지했던 전 대구부윤大邱府尹=시장인 박중양朴重陽도 중추원 참의가 되었다. 박흥식은 회상록 중에 "총독부로부터 몇 번이고 참의가 되 달라는 요청을 받았지만 마지막까지 고사했다. 또한 아베阿部 총독이 귀족원의원이 되도록 요구했지만 이것도 고사했다"고 한다.

박흥식이 조선인 상권을 지키는 저항자와 같은 역할을 했다는 기록이 있다.

1933년 4월 발행된《경성상공회의소 월보》에 실린 '경제좌담회'에는 대표자를 포함해 48명이나 되는 대인원이 출석했는데, 박흥식은 화신백화점 대표로, 야마와키 고사부로山脇五三郎는 미나카이백화점 대표

68 총독부의 형식적인 자문기관이었으며, 협조적인 황족과 당시의 매국노들을 의관에 임명하였고 맡은 일은 하찮은 일들에 불과했다. 많은 유력한 인물들에게 중추원 직을 맡도록 회유했다는 설도 있다. —역자
69 관보(官報)에 기록되어 있지만 본인은 회상록을 통해 취임을 고사했다고 했다.

로 출석했다. 그 안에서 "경성을 중심으로 하는 상공업의 발전 정책"에 대해 박흥식은 다음과 같이 발언했다.

"대상인·대형공장은 금융 쪽에서 좋은 혜택을 받고 있다. 중소상인은 고금리를 지불하고 있다. 돈이 부족한 조선의 예금을 내지일본로 보낸다면 조선 상인은 잠자코만 있을 수 없다. 가옥의 담보도 남대문거리일본인 상인이 중심, 종로거리조선인 상인이 중심, 혼마치 거리일본인 상인이 중심의 가옥이 아니면 담보로 해주지 않는다. 그래서는 곤란하다. 확실한 상인이라면 어디든지 융자를 해줬으면 한다."

박흥식은 간접적인 표현이지만 일본 은행은 일본인 상인만 우대하고, 조선인 상인의 경우 가옥이 저당 잡힐 수 있는 종로 거리에 있는 사람만 대우해주고 다른 조선인 상인을 키우려고 하지 않는다고 항의하고 있다.

이에 대해 야스다은행安田銀行의 가네야마金山의 대답은 "회수를 할 수 있다면, 그리고 그 방법을 신용할 수 있다면 내지일본의 돈을 가지고 옵니다. 기분 좋게 빌려드립니다"라고 딱 잘라 말했다.

이것이 지금도 변함없는 일본 국내 은행들의 '담보주의', '대기업 특별대우'라는 실상이다. 은행은 담보 능력밖에 안중에 없고 기업의 가능성이나 경영능력을 평가하는 '은행 본래의 평가 능력'은 완전히 포기하고 있다.

박흥식은 회상록에서 "화신백화점 재건에 성공한 일과 백화점조합장직(조합원은 미쓰코시, 미나카이, 조지야, 히라타, 화신의 5대 백화점)을 계속 맡은 일은 민족적 승리의 하나라고 생각한다"고 했다. 이것이 일본에 협력자인 것처럼 보이면서 실은 일본을 이용해서 조선인 상권을 지키고 확대했던 저항자였다는 것이며, 그것으로 독립 후 한국에서 높이 평가받았던 것이다.

1945년 8월 15일은 일본의 패전기념일, 한국인으로서는 광복을 맞이한 순간이다. 박흥식은 일제시대일제강점기를 회상하면서 "오직 일본인과 정면 대결해 왔던 나는 신이 준 상업적 재능을 활용해 사력을 다해 장사했다. 그리고 당당히 일본 상인을 능가해 그 한을 풀고, 그 길에 정진하여 나라와 국민에게 보답할 일념으로 열심히 살아왔다"고 남겼다.

이같은 '일본의 자금, 지식, 경험, 노하우, 인재, 상품 등 경영자원을 이용해 자국 기업을 성공시키고, 이어서 일본을 이기겠다'는 전략은 광복 후 모든 분야에서 한국 기업이 당연하게 생각하고 실행했으며, 그 예는 수없이 많다. 즉, 이용 가치가 있는 대상은 중요하게 생각해 교제하다가도, 그것이 지나면 살짝 손을 빼는 것이다. 이것이 한국 기업이 일본 기업과 제휴하고 그것을 끝낼 때의 전형적인 패턴 중 하나다.

박흥식은 그 후 한국경제의 재건 시절 다섯손가락 안에 들어가는 사업가로서 도시계획 추진 역할을 맡아 일본에 건너가 식민지시대 때 알고 지냈던 유력한 일본인들의 협력을 구했다. 당시에는 전 총독인 우가키 가즈시게宇垣一成, 아베 노부유키阿部信行도 건재했고, 유력기업의 사장들도 모두 왕성한 활동을 하고 있었기 때문에 박흥식에게 협력했다.

화신백화점은 가장 빠른 1947년 10월에 재개되었으며, 그 후 1977년부터 1978년까지 미쓰코시에게 백화점 경영 전반에 걸쳐 기술 지도를 받았다. 미쓰코시와의 관계는 1980년 화신이 도산할 때까지 4년 가까이 계속됐다.

만년의 박흥식은 일본과 일본 기업과의 친분이 깊다는 것 때문에 박정희 대통령과 그 측근들에게 미움을 사 결국 정부나 은행과도 거리가 멀어져 실의의 나날을 보냈다.

5. 내선일체화 정책

상공업 발전

조선의 소비사회가 대량소비사회화로 변모해 간 배경에는 당시의 총독부 정책이 강한 추진력으로 작용했기 때문이다. 정책의 내용을 상술하는 것은 이 책의 목적은 아니지만, 조선 그 중에서 경성의 상업발전 프로세스에 한정해 살펴본다고 해도 일본과 조선을 동일로 하는 '일시동인' 정책과, 조선인을 일본인과 같은 황국신민화 하는 '내선일체' 정책, 즉 조선의 일본화, 조선인의 일본인화를 실현하기 위한 정책이 크나큰 영향을 미쳤다는 것을 확인해 두고 싶다. 이 두 정책이 일본의 조선 경영 기본방침이었고, 정치, 경제, 문화 등 모든 시책에 반영했던 것이다. 앞서 언급한 일본어 교육을 통한 조선인의 일본인화도 이 근본방침에 따른 교육 실천이다.

총독부나 경성부의 지원을 받아 경성의 상공업이 순조롭게 발전했던 1933~36년에 걸친 경제 호황 실태를 확인해 보자.

1933년 3월, 경성상공회의소가 개최한 '경제좌담회'에는 48명이 출석, 그 중 조선인은 6명이었다. "조선 경제는 아직 개발도상이다. 북쪽에는 만주국이 있고, 남쪽에는 일본이 있다. 그 사이를 연결하는 조선의 역할은 크다"라고 하는 전제로 경성을 중심으로 한 상공업 발전책, 조선에 내지 자본 및 기업을 유치하는 방법, 조선과 만주 양쪽 간의 연계·융합을 위해 지원해야 할 경제지원 시설에 대해 일본과 조선 쌍방의 참가자가 활발하게 토론했다.

1936년 연초에 경성상공회의소 회장인 가다 나오지賀田直治가 발표한 논문 〈경성상공업 번영의 길〉 내용을 간략하게 소개한다.

가다 나오지는 "부민府民, 경성부에 거주하는 사람 45만 명을 거느린 경성부는 2500만 명의 인구인 반도조선의 수도이며 정치, 군사, 교육, 상공의 중심으로서 앞으로 계속적인 발전이 기대된다"고 전제하고 몇 가지 발전 예를 들었다.

경성부 내의 도로정비나 총독부를 중심으로 한 빌딩가의 육성 등, 도시화가 진행되고 있는 것과 기존 기업의 실적이 계속 향상되고, 일본 기업의 경성지점이나 경성공장도 속속 설치되고 있는 상황, 내외 관광객이 방문해 기차나 자동차 등 교통기관이 풀가동되고 여관, 요정, 토산품점은 불경기를 모를 정도로 호황이 이어지고 있다고 했다.

이와 같이 한일병합 후 25년을 맞이해 조선 경제는 본격적인 발전 궤도에 올랐다. 그에 호응하듯 조선전국 뿐만 아니라 일본에서도 인재가 경성으로 모이고 있다. 경성의 앞날은 만주와 일본 내지와의 연결고리인 조선, 그 중심핵으로서 발전을 거듭해 도쿄, 오사카에 다음가는 제3의 국제도시가 될 것이라고 기대하며 상공업자들의 분발을 부탁하고 있다.

"길은 멀지 않고 가까이에 있다. 내 것이라고 생각하면 머리 위에 짊어진 무거운 짐도 가볍기 마련이다. 고통과 고난의 나날일지라도 유신 개척의 큰 각오로 임하자"라고 호소한다.

가다 나오지가 말하는 "불경기를 잊은 경성의 호황"이란 1933년경부터 시작되었다. 1927년부터 연쇄적으로 일어난 금융공황, 세계대공황, 쇼와공황의 폭풍이 조선에도 불어 닥쳐 1930년부터 1932년까지 조선경제는 실질적으로 1925년의 70~80% 수준까지 떨어졌다. 그러나 1931년의 만주사변 이후 만주국 건국과 일본, 만주, 중국의 블록화 형성 정책을 계기로 만주를 염두에 두고 병참기지화 되면서 조선에는 1932년부터 일본의 많은 대기업이 진출했다. 경성, 인천, 평양 등에 168개의 공장이 집중적으로 들어섰고, 경성과 인천 두 지역만 해도 66개의 공장이 가동했다. 그 결과 제조업과 공업을 중심으로 조선은 경제력을 순식간에 회복했고 1935년에는 쇼와 원년이었던 1926년 수준을 넘어섰다.

회사나 공장의 근로자가 증가하고 그 수입도 늘어나 이들 근로자의 구매력이 백화점이나 상점 호황으로 이어졌다. 조선인 평균 수입은 일본인을 100으로 하면 50이 약간 못 미치는 수준이었으나 직무 내용이 같았는지 어떠했는지는 불분명하다.

경제 활황은 빌딩이나 가옥의 건설 붐을 가져왔다. 기술자들의 수요가 높아져 공급이 따라가지 못할 정도였다고 한다. 전문기술직의 경우 일본인을 100으로 하면 조선인의 경우는 70~80%의 수준이었지만 숙련도를 전체적으로 평가하자면 일본인이 수준이 높았을 것이다. 직종은 석공, 미장이, 벽돌건축공, 목수, 창호와 문 전문가, 짐꾼, 잡부 등으로 그들도 백화점과 상점가의 중요 고객층이었다.

관에 근무하는 관리는 총독부만으로도 약 8만 6천 명 있었는데 각 도道, 각 부府의 관청을 합하면 몇 십만 명이다. 그들은 "아무튼 돈 많은 부자였다"고 한다.

인구 증가와 식량사정

조선의 경제력, 그리고 꽤 윤택한 식량생산이 2600만 명의 인구를 먹여살리고 있었다. 조선 인구는 한일병합 36년 간 1300만 명에서 약 2600만 명에 달해 거의 배로 증가했다. 그 기간 동안에 일본 국내에 약 200만 명, 만주에 약 100만 명이 이주했다고 한다.

조선에 주재하는 일본인은 같은 기간에 17만 명에서 75만 명까지 증가했다. 경성부에는 전 일본인의 2할이 넘는 17만 명이 살고 있었는데 중심부에는 인구 1천 명 중 40명이 일본인이었다고 한다.

이 많은 인구의 식생활을 지탱한 식량생산 상황을 살펴보자. 곡류 생산량과 소비량 데이터 중에서 대표적인 예로 쌀을 살펴보자.

쌀 생산량이 가장 높았던 때는 1937년으로 약 2680만 석이었다. 일본·만주로의 이송·수출분을 빼면 1인당 소비량은 연간 0.5679석이 된다. 성인 한 사람이 1년간 생활하기 위해서는 쌀 한 석이 필요하다고 하니 1937년에도 쌀만으로는 충분하지 못했다는 사실을 알 수 있다.

쌀의 1인당 소비량이 가장 적은 때는 1927년부터 1936년까지의 10년간으로 연간 0.4~0.5석이며, 가장 높은 때는 1938~44년 기간으로 연간 0.6~0.7석이다.

보리, 밀, 쌀보리 등은 합쳐서 연간 1200~1500만 석 정도 수확이 있었기 때문에 쌀과 합치면 식량부족은 없었다고 말할 수 있다.

현실적으로 식탁을 보면 일본인은 거의 매일같이 쌀밥을 먹고 면류도 빈번하게 먹었다. 조선인도 부유층_{양반, 관리, 대기업 사원 등 도시생활자}은 쌀밥과 가끔 면류가 중심이었다. 빈곤층은 쌀 식량이 부족했고 면류를 비롯해 잡곡이나 토란 중심의 식생활을 보낸 듯하다.

단, 현재 한국에서 상식적으로 말해지고 있는 "일본인은 조선인을 기아로 몰았고 쌀을 수탈했다"고 하는 격론은 이 데이터를 근거로 해 봤을 때 납득하기 어렵다. 또한 항간에 떠도는 소문처럼 "조선인이 기아상태에 있었는데도 불구하고 일본은 조선의 식량을 일본으로 계속 송출했다"고 하는 주장도 생각하기 어렵다.

미나카이와 함께 한 사람들

1. 나카에 일가

나카에 아키히로

나카에 아키히로中江章浩는 1912년생
으로 2003년 현재 91세다. 그의 미나
카이에서의 마지막일본 패전 당시 지위
는 미나카이백화점의 신경현재의 장춘
점 점장이었다.

U 나카에 아키히로, 당시 90세, 2002년 5월.
출처_필자 소장

　　동지사同志社대학을 졸업한 1935
년 3월, 미나카이에 입사해서 바로 경
성본점으로 부임했다. 본점은 신장개
점 후 2년이 지날 무렵으로 아키히로

는 그에 대한 첫인상을 "정말 놀랄 정도로 멋진 건물이었다"고 표현했다. 그때 받은 신선한 충격을 지금도 선명하게 기억한다고 했다.

바로 간부 후보생이 되어 상전사중위商戰士中尉 직위를 얻었다. 대다수의 고등소학교 졸업으로 입사한 사원이라면 상전사이등병에서 출발하게 되는데, 그들이 순조롭게 진급출세 한다고 해도 10년 이상 근무해야 얻을 수 있는 서열이었다.

하치만八幡상업학교 등 중학교 졸업생이 몇 명 있었지만 그들은 입사 때 상전사오장商戰士伍長**70** 위치였다.

아키히로는 1939년, 도미주로의 두 번째 부인 가쿠의 딸인 교코京子, 경성 태생와 결혼해 도미주로의 데릴사위가 되었다. 1938년에 결혼할 예정이었지만 도미주로가 그 해에 사망했기 때문에 1년 연기했다.

아키히로의 본가는 교토京都의 가메오카亀岡**71**의 미곡상米穀商인 나카자와中澤 가문이다. 친형인 하지메―가 미나카이에서 근무하고 있었으며, 야마와키山脇 가문의 막내딸을 부인으로 맞이한 인연이 이어져 아키히로도 미나카이에 자연스럽게 입사할 수 있었다. 결혼 후에도 도미주로의 데릴사위라는 것 때문에 패밀리비즈니스인 미나카이 간부가 될 수 있는 자격을 가졌다.

아키히로는 경성본점에서 경리담당당시는 계산(計算)이라고 불렀다인 계장부터 시작해, 과장을 걸쳐 부장직까지 역임했다. 원래 대학에서 금융을 공부해 은행에 들어갈 생각이었기 때문에 적성에 맞는 일이었다.

결혼 이전은 백화점 내에서 숙박을 하고 3식과 목욕탕이 있는 쾌적한 나날을 보냈다. 사원식당과 목욕탕은 지하에 있었다. 식사는 요리사가 만들어 주었는데 거의 대부분이 일본식 식단이었다. 잠자는 장

70 하사급 정도. ―역자
71 교토 중서부에 위치하고 있으며, 현재는 교토 중심부 및 오사카의 베드타운 성격이 강한 도시다. ―역자

소는 간부 후보생은 포목 판매점의 다다미 위, 일반사원은 각각 바닥에 돗자리를 깔고 그 위에서 잤다.

영업시간은 오전 9시부터 저녁 9시까지로 매일 밤 10시정도까지 근무했다. 휴일은 매월 10일과 15일의 2일간 뿐으로 휴식 시간이 전혀 없었다고 한다.[72] 나카에 가문의 인척이라는 생각에 열심히 했지만, 대학시절 동급생들의 우아한 엘리트 직장생활을 전해들을 때면 자신의 일은 힘든데 그해 비해 수입이 적다는 생각을 가끔 했다고 한다. 그러나 항상 성실하게 일했다. 병가 이외에는 한 번도 지각한 적이 없었고 '정확한 업무처리'를 최우선으로 생각하며 일에 열중했다.

아키히로의 주요 업무는 조선 내 본부와 전지점의 자금 흐름을 장악하는 것이었다. 경성본점은 전 지점의 컨트롤 타워였으며, 경성점 및 전 지점 매출대금 관리와 자금 융통을 했다. 아키히로는 "나의 경리처리를 거치지 않은 돈이 움직이는 것은 일절 없었다고 단언할 수 있다"고 딱 잘라 말했다.

내가 찾은 한국 자료 중에 "미나카이는 고리대금을 이용해 한국인을 수탈했다"고 하는 지적이 있었기 때문에 "고리대금업도 했나요?"라고 물으니 아키히로는 "그건 날조입니다. 백화점 장사 이외에 사용한 돈은 일절 움직인 적이 없습니다"라며 그때까지 온화했던 표정이 한순간에 험악한 표정으로 돌변하며 언성을 높였다.

경성점은 특히 무척 바빴고 매월 실시한 대형 기획행사 때는 하루에 2, 3회 고객 입점 제한을 했을 정도로 많은 고객이 몰려왔다. 미나카이는 미쓰코시에 못지않게 일본 상품을 풍부하게 구비해놓고 있었기 때문에 경성부 내나 주변도시의 일본인에게 많은 인기를 끌었다.

[72] 휴일이 10일, 15일이라는 점에서 의문스럽지만 인터뷰에서 그렇게 이야기했다고 한다. ─역자

아키히로는 결혼 후 경성점에서 걸어서 5, 6분 정도에 있었던 남산 2정목 26의 사택에 살았다. 사택은 경성신궁京城神宮의 언덕 아래로 동쪽 본원지별원東本願寺別院에 인접해있는 한적한 일본인용 주택가 일각에 있었다. 조선인 가정부가 있었지만 가정에서는 모두 일본 식단이었으며 김치를 먹는 일도 없었다. 이웃과의 교제는 일본인끼리만 했었다.

경성점 사원수는 1935년 시점에서 350명 정도였으며 그 중 조선인은 약 1백 명 정도였다. 그 외 양복 봉제공장 등 공장 종업원이 860명 정도 있었다. 미나카이백화점 전체로 보면 사원 980명, 공장 종업원 1200명, 합계 2180명에 달했다.

미나카이는 양복 봉제공장 외에 포목의 맞춤가공이나 세탁 공장 등도 가지고 있었다. 앞서 언급했듯이 "장사는 이윤이 남아야 한다"는 말처럼 옷감이나 원단을 교토와 오사카에서 구매해서 경성의 이들 공장에서 양복과 포목으로 가공했다. 공장 상급간부나 가공작업의 지도원일본인 사원 외의 모든 종사원은 조선인이었다. 세탁은 고객서비스 중 중요한 부분이었다.

일본인 사원은 교토나 곤도에서 전출되어 온 정사원이었다. 조선인은 현지에서 고용된 준사원準社員으로 준상전사準商戰士였다. 최고위로 준상전사는 대위大尉인가 중위中尉였으며 간부급 좌관佐官대우자는 없었다. "결과적으로는 대우면에서 큰 차별을 한 것이 된다"고 나카에 아키히로는 술회했다.

점포 내에서의 언어는 일본어였고, 당연히 고객 응대도 일본어로 했다. 아키히로 자신도 업무상 조선어를 사용한 적이 전혀 없었다고 술회했다. 조선인 점원 간에도 일본어로 대화했다. 점원 접객태도나 매너는 모두 일본식을 실행했다. 미소를 잃지 않고, 가장 정중한 말을 사용하며 아주 정중히 허리 굽혀 접객을 했다. 조선인 점원에 대해서는 매우 엄격하며 강제적으로 하게 했다. 그때까지 고객에 대해 '미소를 짓거나 허리를 굽힌다' 고 하는 습관이 없었기 때문이다.

1940년 아키히로는 4대 가쓰지로(슈고修吾, 젊은 사장이라고 불렀다. p.236 참조)와 함께 경성점을 떠나 교토에 있는 본사에 부임했다. 교토에서 전 미나카이 그룹(주식회사 미나카이, 동아東亞미나카이, 그 외의 계열회사)의 경리총괄 임무를 맡기 위해서였다. 전지역 점포 및 전그룹의 영업 상태나 경리 분야를 집중관리 할 수 있는 조직 구조로 하고 싶다는 4대 가쓰지로의 지시에 따라 경리시스템을 구축하기 위해서였다. 최대의 목적은 그룹 전체 자금흐름을 장악하는 것이었다.

아키히로는 가족과 함께 곤도에 있는 양아버지장인인 도미주로의 집에서 살며, 거기서 교토의 무로마치室町까지 매일 다녔다. 아침 6시 반 자전거로 노토가와能登川 역까지 나와서 기차로 교토역까지 갔으며, 거기서 다시 전철로 무로마치까지 가는 편도 2시간 반의 먼 길이었다. 당시 노토가와에서 교토까지 통근정기권을 구입한 사람은 아키히로 한 사람뿐으로 역원은 가격을 붙일 수 없으니 적당히 정해 달라고 했다고 한다. 오후 3시 반 정도에는 특별 배려로 귀가 허락을 받았다.

1942년 아키히로는 새로운 근무지인 대구로 부임해 대구점장에 취임했다. 상전사중좌商戰士中佐였다. 다음해인 1943년에는 상전사대좌商戰士大佐로 승진해 만주 신경점 부점장으로 부임했다. 1945년 8월 1일 소집될 당시는 점장상전사 소장으로 승진했다. 점포 직원은 약 700명이었다고 한다.

나카에 데이치

나카에 데이치中江悌一: 将悌(마사요시)는 앞서 언급한 것처럼 가쓰지로의 두 번째 양자이며, 친아버지는 도미주로다. 도미주로가 첫 번째 부인인 마쓰노와 사별했을 때 남자 혼자 키우기 어렵다고 생각해 막 태어난 데이치를 가쓰지로 부인인 기미에게 맡겨 키웠다. 데이치 친형인 고이치孝ー는 도미주로가 키웠다.

1937년 당시 나카에 데이치는 부산점 부점장이었다. 점장은 가쓰지로 부인의 친동생인 오쿠이 와이치로奧井和一郎였다. 데이치는 그 후 1942년 부산점장이 되어 패전 때까지 그 지위였다.

데이치는 가쓰지로의 양딸인 고우와 결혼했다. 1937년부터 1944년까지 부산에서 살았던 부인 고우의 회상에 의하면, 부부는 신혼 초부터 몇 개월 간 부산점신축이전을 하기 전 3층 한쪽에 만들어진 방에서 숙박을 했다. 조식은 다른 사원들과 같이 식당에서 먹었고, 중식과 석식은 점장 댁으로 가서 그곳에서 점장 부인과 같이 했다. 부산점이 오하시大橋거리 2정목으로 신축이전한 후 데이치 부부는 점포 뒤에 세워진 부점장 사택에서 생활했다. 식료품은 근처 상점에서 구입을 했다. 전부 일본 식품을 준비했고 김치를 먹은 적이 없다. 고등어, 정어리, 도미의 절임이 많았다. 가쓰지로 부인의 배려로 경성의 나카에 슈고 집에 근무했던 경험풍부한 일본인 여성이 일부러 부산에 파견되어 왔다.

데이치는 밤 외출이 많아 자주 철도호텔이나 요정을 이용했었다. 점심 때 점장실에 기생이 출입을 할 정도로 요정과 친숙했다. 고우는 그런 일은 당연한 것이라고 가쓰지로 부인에게 들었기 때문에 이상하다고 생각하지 않았다. 데이치와 집에서 저녁식사를 같이 한 횟수는 몇 번 없었다.

고우의 평소 교제는 부산점 간부 부인들이나 일본인 모임 안의 여성들이 전부고 조선인과의 이웃 교제는 없었다. 조선어는 전혀 못했고 배울 생각도 없었다. 그 후 점장 부인으로 부산에 있는 일본 기업간부 부인들과 교류하게 되었는데 그 부인들도 식사는 대부분 일본 식단이었다고 한다.

고우는 가쓰지로가 조선을 방문했을 때 며느리로서 모셨던 며칠간의 경험에 대해 선명하게 그것들을 기억하고 있었다. 방문하게 되면 완전히 녹초가 될 정도로 신경을 곤두세우고 뒷바라지를 했다고 한다.

가쓰지로의 부산 방문시 머물렀던 곳은 용두신사神社가 세워져 있던 용두산 기슭혼마치 3정목의 점장용 사택이었는데 시중을 들거나 식사 등의 준비는 고우가 했다. 고우는 21세에 결혼했는데 그때까지 히코네彦根 부모 밑에서 귀하게 자랐기 때문에 갑작스런 변화에 신경을 곤두세우며 정신 없었다. 부산으로 오기 전에 3개월 간 곤도 가쓰지로의 본가에서 가쓰지로 부인 기미로부터 나카에 가문의 가풍과 관례 등을 '숨이 막힐 정도'로 배웠다. 그 나카에 가문에 내려오는 의식에 따라 가쓰지로와 접했다.

욕실에서 가쓰지로의 등을 문지르다 "서툴기도 하구나"라는 말을 듣고 쑥스러웠는데, 직접 만든 일본 요리에 대해서는 맛있다고 칭찬을 해줘 무척 기뻤다. 가쓰지로는 술과 담배를 하지 않았고 식욕은 왕성했다고 한다.

고우는 가쓰지로 부인으로부터 가쓰지로가 좋아하는 요리가 무엇인지를 들어 알고 있었다. 곤도의 요리집에서 배달된 순무조림이나 잉어를 크게 토막내 조린 것을 특히 좋아했다. 그러나 부산에서는 준비할 수 없었던 요리였기 때문에 도미, 넙치, 고등어 등으로 회나 조림을 준비했다.

　3대 가쓰지로의 속옷은 천으로 기워져 있었으며 암묵적으로 '사치를 버려라'는 충고를 받았다고 했다.

일본인의 생활상

당시 조선에 살고 있었던 많은 일본인의 식생활 실태와 인근의 조선인들과의 교제는 나카에 일가의 증언과 크게 차이가 있다. 필자인 나의 가족도 마찬가지이지만 김치나 나물 등의 일상적인 요리는 일본인 식생활 안에 극히 자연스럽게 스며들어 있었다. 근처의 조선인 가족과의 교류도 활발했고 김치 만드는 방법을 배우거나 서로 집에 빈번하게 출입을 했다는 증언이 많다. 미나카이 등 당시 일류기업 사원과 그 가족, 말하자면 상류계급과 그렇지 않은 일본인과의 차이였단 말인가?

　1942년 8월경 경성의 선린상업학교 학생이었던 세키 요시하루関美晴: 2002년 현재 76세는 당시 경성에서의 일본인 생활상을 다음과 같이 회상하고 있다.

　　아버지는 경찰관으로 경성·용산에서 살았으며 선린상업학교까지는 도보로 통학했다. 참고로 선린상업(善隣商業)학교는 실업가 오쿠라 기하치로(大倉喜八郎)가 창립한 학교로 도쿄의 오쿠라상업학교(大倉商業), 현 도쿄경제대학의 동생학교와 같은 존재였다. 졸업생으로는 작곡가인 고 고가 마사오(古賀政男), 고 에다 사부로(江田三郎), 우익지도자 고 고다마 요시오(児玉痲士夫) 등 저명인이 있다.

　　자택은 일본식 가옥이었는데 겨울은 조선 온돌을 이용했고, 김치, 나물,

떡 등 조선의 음식이 일상적으로 식탁에 올랐다. 인근 조선인 가정과의 교류도 있었다. 학교는 일본인과 조선인 공학으로 조선 전국에서 양반 자녀들이 모였다. 그들과 서로 교류를 했고 자유로이 그들의 집에 출입을 했다. 같이 식사를 할 때나 보통 때도 식탁에 자연스럽게 조선 음식이 올랐다.

그들과의 우정은 패전 후 60년이 지난 지금에 이르기까지 계속되고 있다. 예를 들어 패전 이후 삼성재벌의 주요 직책을 역임한 손달식(孫達植)은 세키 요시하루의 평생 친구이고, 손달식의 부친은 구마모토세세코 중학교(熊本済々黌中学: 구 교육제도)를 거쳐 지바의전(千葉医専)을 졸업한 외과의사였다.

세키 요시하루에 따르면 경찰관인 부친은, 오늘날 한국인이 상상하는 잔혹하고 거만한 일본인 경찰관과는 전혀 다른 가까운 이웃사촌이었으며, 일본인과 조선인을 편애하지 않고 정을 나눈 평판 좋은 경찰관이었다고 한다. 자택으로 많은 일본인, 조선인이 출입을 했고 통조림 등 귀중한 일본의 식품과 조선인이 재배한 야채와 수박 등이 들어왔다.

세키 요시하루에 있어서 미나카이백화점경성점의 추억은

V-1 나카에 가쓰지로의 부인(기미)
출처_나카에 스미 소장, 촬영 연도 불분명

V-2 나카에 마사요시의 부인(고우)
출처_나카에 고우 소장, 촬영 연도 불분명

그다지 많지 않다. 학생들에게는 거의 갈 일이 없었던 장소였고 옆에 있었던 문화영화관이나 갈 정도였다고 한다.

나는 앞부분에서 언급했듯이 조선의 고도 부여 태생이다. 5살까지 인근 강이 고대사에 등장하는 백촌강白村江이라는 이름으로 알려진 금강이 내려다보이는 작은 언덕 중간에 자리 잡은 조선식 임대주택에서 자랐다. 그 집은 현재도 거의 그 모습 그대로 자리 잡고 있으며 본래의 그 주인 일가가 살고 있다.

백촌강은 663년 텐지 천황天智天皇[73]이 국운을 걸고 파견한 일본 · 백제 연합군이 당 · 신라 연합군에 완패를 당한 전쟁터로 역사에 남아있다.

아버지는 토목기사로 백마강금강의 통칭에 제방을 쌓는 대공사의 설계기사로 모 건설회사의 부여사무소에서 일하고 있었다. 백마강은 매년 장마철이 되면 홍수가 나 주위 곡창지대는 큰 피해를 입었다. 그것을 막기 위해 제방을 쌓는 것이 목적이었다.

나의 기억뿐만 아니라 지금은 저세상으로 떠난 어머니와 누나들에게 들은 얘기에 따르면 해마다 늦가을이 되면 근처의 조선인 주부에게 배워 어머니와 누나들이 김치를 대량으로 담았다. 정원에 구멍을 파서 김장독을 묻고 그 독 안에 김장김치로 채우고 적당히 발효시켰던 것이다. 간단하게 지붕을 엮어 만들었고, 김장독은 덮개로 덮고 그 위에 거적을 씌었다. 겨울동안에는 매일 김치를 먹었던 기억이 남아 있다.

집 근처에는 많은 일본인 가족이 있었으며, 쌀 상회나 잡화상이 많았다. 그들도 조선인에게 배워 항상 풍성한 야채를 김치나 나물, 찌개로 해서 즐겨 먹었다.

부여에서 바다 쪽으로 약 50Km 떨어진 곳에 군산부群山府와 내륙 쪽으로 약 50Km 떨어진 대전

[73] 텐지 천황(626~671년)은 제38대 천황으로 재위기간은 668 ~ 671년까지다. —역자

부大田府로 양쪽에 두 부府가 있었으며 미나카이 지점이 있었다. 누나는 어머니가 미나카이의 井자 마크가 새겨진 두꺼운 포장지로 싸인 포목을 서랍에 넣다 뺐다 했던 것을 기억하고 있다. 어느 한쪽 미나카이 점포에 가서 구입했던지, 아니면 외근 판매원을 통해 배송해 받았는지도 모른다.

2. 미야케 데쓰오

영업 한 분야에 전력투구

1923년부터 일본이 패전하기까지 22년간 경성점과 계열회사에 근무했던 미야케 데쓰오三宅鉄雄는 1908년 단고丹後[74] 태생으로 2002년 현재 94세다. 필자와의 인터뷰 때 말하는 것은 자유롭지 못했지만 머리회전은 명석했다.

친형이 미나카이 경성점 점원이었던 것이 계기가 되어 자신도 상인이 되겠다는 결심을 하고, 고등소학교를 졸업 하고 15세의 나이에 미나카이에 입사했다. 고등소학교 졸업 때는 교토부京都府 지사상知事賞[75]을 받았을 정도의 수재로 남에게 지기 싫어하는 성격이기도 했다. 입사동기생은 25명 정도였다. 곧바로 곤도의 본부에서 20일간 신입사원 연수를 받고 미야케 데쓰오를 포함한 7명이 경성점으로 배속되었다. 그들은 같은 해 4월 23일 노토가와 역을 출발해 시모노세키下関, 부산을 경유해 경성에 도착했다. 미야케 데쓰오가 쓴 자서전《나의 행복한 88년》에서는 힘들었던 긴 여행이었지만 '꿈의 경성'을 향한 부푼 꿈이 기록되어 있다.

[74] 현재의 교토 북부에 해당하는 지역. —역자
[75] 한국의 도지사 급. —역자

여러 동료들 중 나를 포함한 7명이 경성점 배속 발령을 받아 4월 23일 아침 8시에 노토가와역을 출발 3등 열차로 시모노세키에 도착했습니다. 거기서부터 시모노세키와 부산을 오가는 연락선에 승선했습니다. 배는 3천톤 정도로 우리들은 선실이 있는 4등 객선이었습니다. 현해탄을 건널 때 배가 크게 흔들려 화물이 날아다니고 화장실에도 갈 수 없을 정도였으며 한 숨도 못자고 다음날 아침에 겨우 부산에 도착했습니다. 드디어 조선에 첫발을 내딛는 순간이었습니다. 거기서 다시 기차를 탔습니다만 조선의 기차는 궤도 폭이 넓어 비교적 안정감이 있어 좌석에 앉아 있는 것이 편안했습니다. 그날 밤 꿈에 그리던 경성역에 도착했습니다. 약 3일에 걸친 여행이었습니다(지금이야 비행기로 1시간 30분 정도입니다만).

점포에 근무하던 4~5명의 직원이 역에 마중을 나와 주어 역에서 혼마치에 있는 미나카이까지 도보로 갔습니다.

미야케 데쓰오는 잡화매장의 판매원으로 1년 간 근무했으며, 그 후 "상사에게 인정받기 위해서는 입사동기들과 경쟁해 좋은 성적을 보여야 한다"고 생각해 동료가 배속되어 있었던 배달부配達部로 부서이동을 신청했다.

면학에 대한 열정과 의지도 강했으며 점장의 허가를 받아 그 당시 감리교회가 개설했던 영어 야간학교에 3년 간 다녔다. 그 기간 동안 자력으로 실력을 발휘해 배달을 가장 많이 했으며, 게다가 어려운 지역을 담당해 상사로부터 인정받는 존재가 됐다.

25세 때에는 신축 한 사택 기숙사 관장이 되었다. 연장자도 있었지만 연령을 27살이라고 속이고 리더십을 발휘했다.

1933년에는 미나카이가 신관을 완성했고, 미야케 데쓰오는 4층 지배인으로 승진했다. 미나카이가 처음 손을 댄 양복부洋服部: 신사복의 책임자가 된 것이다. 이 무렵은 근속 10년째 정도로 백화점 업무에 대해 어느 정도 자신이 붙었던 때이기도 했다.

29세 나이에 선을 보고 결혼을 했다. 이 시기에 만주에 전근을 희망했지만 뜻대로 되지 않았고, 또 한편으로는 독립하고 싶다는 생각이 강해 마음이 흔들리기도 했다.

그 시기 미나카이는 정말 눈부시게 성장했고 조선에 12개점, 만주국에도 3개점을 가지고 있었습니다. 나는 조선에서 오래 생활했기 때문에 이번에는 만주 점으로 전근하고 싶다는 생각을 가지고 당시 점장인 야마와키(山脇) 씨에게 재삼의뢰를 했습니다만 "너는 아무래도 경성점에 꼭 있어야 될 것 같다"며 단호하게 거절당했습니다. 또, 만년사원으로는 있고 싶지 않다는 생각에 적은 규모라도 좋으니 독립해서 '내 사업'을 하고 싶다는 생각이 강했던 시기도 이때였습니다. 평양에 있었던 친형에게도 편지를 써 내 생각을 전하며 상담을 요청했지만, 답변도 없었고 또 나도 일이 너무 바빠 그대로 미나카이 사원으로 계속 남게 되었습니다.

그 후 미나카이 상사부商事部 부지배인이 되었다. 미야케 데쓰오의 자서전과 그와의 인터뷰를 통해 그 당시 상사부 업무내용이 구체적으로 밝혀졌다.

백화점 단골 고객은 일본인 이외는 부유한 조선인 양반층이 많았다. 양반들은 일본 상품을 선호한 중요한 단골 고객이었다. 또한 관청이나 군대, 일본 기업도 큰 거래처였다.

상사부는 앞서 언급한 것처럼 봉제공장3천 평을 경영했고, 육군의 군복, 관청이나 기업의 제복과 작업복, 고급의복 등을 제조하고 있었다. 이들 제품과 백화점 취급 상품을 군, 관청, 기업 등의 대형 거래처에

납품하는 것이 주요 업무였다. 군납품은 대소련전 군수물자가 많았다고 한다.

1943년 35세 때, 미야케 데쓰오는 나카에 아키히로 후임으로 대구점장으로 발령받았다. 상전사중좌였다. 1945년 6월 평양점장으로 취임직전 소집召集되어 경성으로 돌아왔다. "만약 평양에 전근했었다면 아마도 시베리아 황야의 흙이 되었을 것이야" 라고 미야케 데쓰오는 술회했다.

3. 모리 요시카즈

매장직을 걸쳐 경리 전문직으로

모리 요시카즈森善一는 미야케 데쓰오보다 5년 늦은 1928년 3월에 14세의 나이로 미나카이에 입사했다. 모리 요시카즈는 1915년 태생으로 보통고등소학교 1학년 때 중퇴했다. 지난날 미나카이에서 경험한 여러 모습들을 모리 요시카즈의 회고록《후대에 남기는 자서전後代に残す自叙伝》을 통해 살펴보도록 한다. 모리 요시카즈는 부산점에서 근무를 시작했다. 자서전에는 대다수를 차지했던 고등소학교졸업생 사원들이 기본적인 업무를 익히고 차츰 한 단계씩 승진해가는 과정을 사실적으로 기록하고 있다.

모리 요시카즈는 입사 후 곤도 본부사무소에서 약 1개월간 '주산을 중심으로 종사자로서의 마음가짐이나 미나카이에 대한 전반적인 교육' 을 받고 동기 몇 명과 함께 부산점에 배속되었다. 미나카이 부산점에서의 가장 초창기 시절의 근무 상황에 대해 다음과 같이 기록하였다.

> 입사초기의 근무 복장은 목면의 일본 전통복장에 가쿠오비(角帯)[76]를 매
> 고 게타(下駄: 나무로 만든 신발)를 신고 있었습니다. 업무는 고객들이
> 상품을 구입해 배달을 요청한 것과 전화주문 상품을 매장에 가서 선배의
> 가르침을 받으며 종류별로 선별을 해서 자전거에 실고 배달을 했는데,
> 배달할 것이 많아 핸들에도 보자기로 싼 물건을 매단 상태로 매일 단골
> 거래처를 돌았다. 3년째 정도가 됐을 때 한층 더 근대화 된 양복을 입었
> 는데, 선전을 겸해 변형해서 디자인한 양복에 삼각형 모자를 썼으며, 길
> 가던 사람도 금방 알아볼 수 있는 특이한 복장이어서 처음에는 많이 창
> 피했다. 야간 배달은 반드시 제등(提燈)을 달아야 했고, 그렇게 안하면
> 교통위반으로 걸린다. 대부분 도로는 비포장이었고, 울퉁불퉁한 도로는
> 제등을 핸들에 걸게 되면 바로 꺼져버리기 때문에 일본 전통복장을 입었
> 을 때는 허리띠에 매달았다. 양복으로 바뀌고는 허리벨트 옆에 매달았는
> 데, 비라도 내리면 반가사(番傘: 우산)[77]를 한 손에 들고 다른 한 손으로
> 운전을 해야 하는 힘든 일이었다. 어떤 단골 거래처는 차나 과자를 주며
> 수고한다고 위로도 해주었다. 그때는 피곤함이 풀리고 정말 고맙다는 생
> 각이 들었다.

모리 요시카즈는 배달부에 배속되었다. 14세 소년의 순진하고 때 묻
지 않는 열정이나 부끄러움이 잘 묘사되어 있다. 고객이 만족해 할 때 배
달담당자만이 느낄 수 있는 보람도 맛보았다.
일에 대한 보람 중 하나는 상전사 계급이 한 계
단씩 올라가는 것이었다.

[76] 일본 전통의복에 하는 남자의 허리
띠. ─역자
[77] 굵은 대나무를 대고 종이를 붙이고
그 위에 기름을 바른 실용적인 우산으
로 본디 상가 등에서 번호를 붙여 손님
에게 빌려준 것에서 유래됨. ─역자

이곳 미나카이 사원은 모두 상전사(商戰士)라고 부르는데 육군 계급에 준한 제도이며 나 같은 소학교 출신자는 상전사이등병부터 시작하여, 1년마다 일등병, 상등병으로 계급이 올라간다. 상등병(上等兵)까지가 적색 바탕색에 흰색이 튀어나오게 하는 스미토모(住友)와 같은 우물정(井)자 모양의 배지를 달고, 오장(伍長)[78]부터 조장(曹長)[79]까지 하사관은 하늘색 바탕이었다. 소위가 되면 청색 바탕, 상전사소좌(商戰士少佐)로 진급 하면 자주색이었다. 장관급은 황색 바탕천에 백색의 정(井)자로 정해져 있었다. 계급이 올라 배지 색이 달라졌을 때의 기쁨은 각별했다. 요즘과 같은 사내보가 발행되면 만주의 신경이나 봉천점을 포함해 본부, 구매부, 본점, 지점 등 전사원이 계급 순으로 게재되었으며 같은 계급일지라도 상위자가 위에 기록되었다. 그때는 이 계급 승진을 목표로 열심히 일을 했다.

5년 후에 내근직이 되어 매장에 나가게 되었다. 가쓰지로가 정토진종의 열성 신자였기 때문에 미나카이 모든 점포에서 매일 아침 독경을 했다.

밤에는 효시기(拍子木)[80]로 소리를 내며 불조심 구호를 외치며 순회했고, 개점 전에는 각자 정해진 장소의 청소, 각 계단 마다 붙어있는 놋쇠를 닦고, 점포 앞면 유리 닦기, 마룻바닥 걸레질하기 등 이일 저일 할일이 많았지만 계급이 올라가면 편해진다. 이런 일들이 끝나면 매일 아침 불단 앞에 정좌하고 주관자가 선창하며 전원이 함께 독경을 마치고 아침식사를 했다.

78 하사와 같은 계급. —역자
79 구 일본 육군의 하사관급의 최상위 계급으로 상사에 해당. 참고로 구 일본 육군에서는 하사관급을 고초(伍長, 오장), 군소(軍曹, 군조), 소초(曹長, 조장)로 계급이 나뉘었고, 우리나라의 하사, 중사, 상사에 해당한다. —역자
80 두 개의 나무 봉을 서로 부딪쳐 소리를 낼 수 있도록 만들어진 도구. 딱딱한 목재를 사용해 가늘고 긴 사각형 모양의 봉 형태로 잘라, 봉 2개를 한 조로하며 끈으로 두 개를 묶어 사용하는 경우가 많다. 사용 용도는 스모, 연극 등의 무대, 종교행사, 그리고 밤에 큰 건물이나 마을을 돌며 '불조심'이라고 큰 소리로 외치며 사용하기도 한다. —역자

그 후 부산점의 경리를 담당했다. 그 덕분에 경리분야가 모리 요시카즈의 평생 전문직이 되었다. 점포 영업이 끝나면 통신교육으로 '와세다早稲田의 강의록이나 이노우에의 영어[81] 등'을 교재로 밤늦게 까지 공부했다.

진주점, 대전점, 그리고 군대소집 등의 과정을 걸쳐 1940년에는 다시 부산점 경리부로 돌아와 경리부장을 했다. 24세의 나이로 상전사중위로 승진했다.

1937년에 신축 이전해 부산지역 서민들의 화제가 되었던 부산점 모습도 기록에 남아 있다.

신축 이전한 부산점은 해안에 가까운 장소로 부산항이 한눈에 보이는 5층 철근콘크리트 건물로 그 당시 초현대식 점포였으며, 엘리베이터가 처음으로 등장했다. 이 엘리베이터가 신기해 개점 초기에는 쇼핑보다 이것을 타기 위해 많은 사람이 몰려 대 혼잡이었다고 한다.

경성과 마찬가지로 당시는 엘리베이터가 드물었고 사람을 끌기 위한 것으로 충분한 기능을 했었던 것 같다.

모리 요시카즈가 부산점 경리부장이 되었을 무렵 경성에서는 나카에 아키히로가 전 조선 점포의 경리를 총괄하고 있었다. 참고로 그 시기 나카에 슈고가 경성점장, 나카에 데이치가 부산 부점장 이었다.

모리 요시카즈는 1943년에 야마와키 고헤의 3녀와 결혼해 미나카이 일가와 인연을 이어갔다. 근무처는 만주 봉천으로 바뀌었다. 상전

81 이노우에 영어는 이노우에 시게요시(井上 成美)가 진행한 영어 교육. 이노우에는 해외 파견장교, 해군대학교 교관, 해군 대장을 역임했다. 영어에 능통했고 영어교육의 필요성을 역설하기도 했다. ―역자

사대위로 승진했다. 패전 후 시베리아에 억류되었지만, 1947년 9월 말에 귀국했다.

4. 사카구치 노보루

경성점에서 영업담당으로 종사

사카구치 노보루坂口昇는 1912년 나가사키현에서 태어나 생후 얼마 안 되서 어머니와 함께 아버지가 기다리는 경성으로 건너갔다. 그곳에서 성장해, 교육을 받았으며 미나카이에 입사했다. 패전으로 일본으로 돌아오기 전까지 33년간에 걸쳐 조선에서 생활했다.

경성에서 가장 오래된 히노데日出보통소학교를 졸업하고, 1924년 경성상업학교5년제에 입학했다. 같은 시기에 부친이 하나조 노초花園町82에 있었던 미나카이포목점 임대주택10채 정도의 사택 총괄책임자직을 맡게 돼 그곳에 옮겨 살았다. 당시 미나카이포목점 경성점장은 준고로였으며, 그 위에 조선총무인 도미주로가 있었다.

1929년 4월 상업학교 졸업과 동시에 미나카이포목점에 입사했다. 부친이 준고로와 친분이 있어서 사카구치 노보루의 입사는 사전에 정해져 있었다. 5층 건물인 경성본점이 완성된 직후였다. 그리고 1933년에 완성된 6층 건물의 신관건설이 당시 이미 진행되고 있었다고 한다. 상당히 큰 공사였던 것 같다.

입사 초창기의 사카구치 노보루의 회상에 따르면 아침, 저녁으로 점포내부 청소나 정리정돈이 신입사원 때부터 사원들에게 할당되었음을 알 수 있다. 그리고 매일 아침 독경을 했다.   82 현 낙원동 일대. —역자

나는 포목판매장(구관 2층. —필자)으로 배속되어 선배들의 지도를 받았다. 아침에 정해진 장소 청소가 끝나면 2층 불당으로 가서 참배를 해야한다. 정토진종이었던 것 같다. 점장이 인도승 복장을 하고 독경을 시작하면 모두 그 뒤를 따라서 창화(唱和)하는 것이다. 약 30분의 정좌다. 다리가 저리지만 그것도 수행의 하나라고 생각했다. 끝나면 점장이 뒤로 돌아 다같이 고개를 숙이며 '안녕하십니까'하고 인사를 한다. 이것으로 아침 의식이 끝난다.

이것이 일과의 하나였고 나는 이런 식으로 독경을 암기했다. 이어서 지하 직원식당에서 조식을 한다. 선배가 오면 '먼저 드십시오'라고 인사해야 했다. 여기서 주의해야 할 것은 절임 반찬에 간장을 쳐서는 안 된다. 절임류는 소금, 된장 등으로 이미 정당히 간이 배었기 때문이다. 또한 불필요한 곳의 전기는 바로 끄도록 교육받았다. 낭비라는 것이다. 수긍이 가는 이야기다.

나는 영업이 끝나면 무거운 바깥 덧문을 들고 가 입구나 윈도우를 폐쇄하는 작업을 한 적이 있다. 그 일은 참 힘든 일이었다.

가끔 점심시간이 한참 지나서 특정 신호가 울리면 식당에 가서 간식을 먹었던 경험이 있다. 가족적인 분위기였다.

그는 후에 판매직을 맡아 매출 증대에 전념했다. 일본인의 부유층 가정이 중요한 단골 거래처였으며 판매실적이 오르면 무척 기뻤다고 한다.

그리고 양복 등의 원단 판매장으로 이동을 했다. 당시 부장은 야마와키 겐고로(山脇健五郎) 씨였다. 실적이 중요했기에 매출을 올려야했다. 계속 새로운 거래처(단골) 확보가 필요했던 것이다.

이런 고객도 있었다. 고가네마치(黃金町)[83]에 위치한 노무라생명(野村生命: 후에 도쿄생명)의 지점장 마쓰오카(松岡) 부인이다.

어느 날 초대를 받아 놀러갔을 때 식탁에 토마토가 있었다. 나는 처음 먹어보는 것이었는데 맛있다는 생각은 안 들었다. 지금 생각해보면 필시 부인은 그 당시 고급품, 맛있는 것으로 내놓았을 것이지만 나는 별로였다.

오카자키(岡崎町)의 이나가키(稲垣)병원 부인도 나를 지명해서 자주 직접 주문을 했다.

메이지마치(明治町)의 마쓰시게(松繁) 어묵집의 부인은 특별했다. 고객은 옷차림으로 판단해서는 안 된다는 교훈을 주었다. 이 분은 항상 일하던 복장 그대로 왔는데 항상 대량 주문으로 크게 매출을 올려주었다.

다음과 같은 대량 주문이 들어오는 날은 기분이 좋았다. 부의를 받고 답례를 하는 경우로 이때는 정해진 단체 주문으로 표백면포, 신제품인 모슬린 원단 등의 대량 구매가 이루어진다. 또 염색집이나 간판집에서 전화로 대량 주문이 들어오는 경우도 많았다. 예를 들면 인도면포(Calico), 옥양목, 인도의 두꺼운 무명, 한랭사 원단이다. 매출은 순식간에 확 오른다.

1933년 드디어 6층 건물인 신관이 완성되어 미나카이는 본격적인 백화점으로 변신했다. 사카구치 노보루는 4층 이불매장 주임으로 승진했다. 4층 지배인은 미야케 데쓰오였다. 월 1회 정도 야간에 당직도 했는데 무척 힘든 일이었다고 한다.

교대로 월 1회인가 당직을 선 적이 있었다. 그 때는 당직 주임이 된다. 일지를 썼고 다른 전문경비원 2명과 함께 한조가 된다. 경비원 한 사람을 데리고 한차례 정도 각층을 순찰한다. 경비원은 어깨에 원반 모양의 시계를 걸치고 있다. 각층에 구비되어있는 열쇠로 기록을 한다. 계단 입구에 마네킹(시마즈제작소(島津製作所) 제품으로 잘 만들어졌다)이 서 있다. 섬뜩 무섭기도 하다. 언젠가 화장실 문이 열리지 않았다. 안에 누군가의 인기척이 있었다. 어렵게 설득해서 겨우 나오게 했는데 확인해보니 가출소녀였다. 경찰에 연락해서 보호요청을 했다. 진열대 아래나 다른 곳도 확인을 했었다. 걸어서 순찰하기 때문에 상당한 체력이 소모된다. 당직실에서 가면을 한다.

당직실 한쪽 구석에 누가 사온 것인지 막걸리와 다른 약주가 놓여있다.

사카구치 노보루는 1944년부터 1945년 경 식량부족이 심각했을 때의 미나카이를 묘사하고 있다. 다른 자료에 없는 귀중한 기록으로 전쟁 상황이 불리하게 된 절박함이 전해진다. 패전의 징조를 여기저기서 찾아볼 수 있다.

각 층 지배인들은 주요 단골고객용으로 식당 식권을 가지고 있었다. 지금껏 얼굴 한번 비치지 않던 동급생이 찾아 왔다. 식권을 줬더니 기뻐했다.

식량사정이 어려웠을 때였지만 식당에는 특별 배급이 있었던 것 같다. 또한 3층 지배인은 의류관련 상품권을 가지고 있었다. 어느 날 집으로 쌀, 과일, 닭 등이 배달되어 왔다. 대충 짐작이 간다. 다음 날 그 의류관련 상품권을 받으러 온다. 지금으로 말하면 뒷거래다.

6층 전화 교환실에서 스피커를 통해 전관에 일제히 조례(朝禮) 신호를 한다.

천황이 지은 글귀(御製: 교세이)[84]인 "솟아오르는 아침 해

84 천황이 지은 시문이나 와카(和歌: 일본 고유의 시가라고 불리는 것). —역자

처럼 상쾌한 기운이 마음에 가득하다"가 흐른다.

그 후 각층 지배인은 각각 훈시를 하고 "우리는 황국신민이며 충성으로 국가에 보답할지어다"라고 창화(唱和)한다.

여성 점원은 몸뻬(モンペ)복장 통근이었는데 조선인 여성 점원은 몸뻬를 점점 입지 않았다. 몸뻬는 해당 부서에 도착해서 갈아입었다. 생각해보니 군대에서 다시 돌아와 근무지에 복귀한 후에 알았지만, 내 아침 식사권을 구입하던 사람이 있었는데 그것을 모아 팔았다고 한다. 점차 그 무렵부터 전쟁국면이 일본에 불리해 패전이 가까워졌다는 것을 알았던 것일까? 저녁 포장마차에는 해초면(대용식)이 나오고 있었다.

1945년 연초에 미나카이 선전부장(宣傳部長)이었던 오하시 야스히코(大橋恭彦) 씨(고인)가 어느 모임 석상에서 "이번 전쟁은 일본이 진다. 여러분들도 내지에 돌아갔을 때 다시 새로운 마음으로 일하지 않으면 먹고 살기 힘들다"라고 단언했다. 그의 전직이 신문기자였던 것으로 기억하고 있다. 일본으로 귀국한 후에 배우인 사와무라 사다코(沢村貞子) 씨와 결혼했다. 미나카이 모임에는 한 번도 나온 적이 없었다.

1945년 4월 사카구치 노보루는 전라남도 나주에 있었던 공병보충대로 소집되었다. 전쟁터로 가기 전에 패전, 군대해산이 되어 경성으로 돌아왔다.

5. 미나카이의 최후

전시하의 물자부족과 물가고物價高

1941년 태평양전쟁이 시작되었다. 그 직후부터 여러 가지 물자가 군용 우선이 되었고, 시민생활은 생활필수품이 배급제로 전환되면서 더욱 궁핍해졌다.

생활필수품 20여 품목이 통장 또는 등록에 의하지 않으면 구입할 수 없게 되었다.

1종 물자인 쌀, 식염, 성냥은 가족 인원수에 따라 균등할하였다.

2종 물자는 설탕, 고기, 계란, 화장품 등으로 생활수준에 따라 등록제로 구입 가능했다.

3종 물자는 고무신발, 고추, 등유.

4종 물자는 우유, 고무장화, 지카타비地下足袋[85] 등으로 특별한 이유가 있는 자에게 우선적으로 할당되었다.

물가도 상승했다. 경성의 종합 도매물가지수는 1933년을 100으로 했을 때 패전 직전인 1944년은 203까지 상승했다.

한편 소매물가지수를 보면 1933년 100으로 했을 경우 1943년에 2~3배 가까이 상승했다. 식량관련품목274, 어패류290, 의류관련품목268 중에서 특히 어패류 상승이 심하다. 일본군이 해상권을 상실했고, 게다가 숙련된 어부들이 군대에 소집되었기 때문이다.

백화점 경영도 일반인을 대상으로 하는 상품은 부족했고, 배급제나 딱지Ticket제도로 자유로운 판매를 할 수 없게 되었다. 판매이익률은 소매가격이 상승했기 때문에

[85] 노동현장에서 신던 일본식 버선으로 바닥은 고무이다. ─역자

감소되지는 않은 것 같다. 한편 군이나 관청용 물자는 우선적으로 배급됐기 때문에 주 거래처 납품은 순조로웠다.

1943년에 조지야 사장인 고바야시 겐로쿠小林源六가 했던 〈말단배급86에 관한 구상構想〉이라는 제목의 강연 자료가 있다. 내용은 전시체제하의 물자배급에 관한 제안이다. 고바야시 겐로쿠의 주장은 개략적으로 다음과 같은 내용이었다.

"지금 조선에 사는 주부들은 아침부터 저녁까지 물자物資를 구입하기 위해 이리저리 뛰어다니고 있지만 필요한 생활물자를 좀처럼 살 수 없다. 그로 인해 국민 대다수에 해당하는 많은 근로자들의 열정이 꺾이고 국가에 대한 봉사정신이 흔들릴 우려가 있다. 충심으로 국가를 걱정하는 일본인의 한 사람으로서 국가적 대승적인 입장에서 배급기구나 배급방법을 근본적으로 개선해야 한다. 비행기나 총탄 생산이 우선시 되고, 식료, 의료衣料, 연료, 의약품 등 생산이 감소하고 있다. 그러나 그 보다 더 큰 문제는 그들 제품들조차 시장에 돌지 않는다소매 유통이 안 된다·필자는 것이다. 특히 식료의 유통부족이 심각하다."

고바야시 겐로쿠는 물자가 감소했다고는 하지만 어느 정도 생산되고 있으며, 수요도 많다. 하지만 그 중간을 이어주는 유통이 정체되고 있는 것이 문제라고 언급하며, '공정한 가격은 최고의 가격'이고, '공정규격은 최저의최소한의 규격'87이라는 점을 명심해야하고, 배급유통하는 측은 "저렴하고 더 좋은 상품을 한층 더 편리한 방법으로 제공하는 식으로 업체간 경쟁을 해야 한다"고 주장하고 있다.

현실적으로는 필요한 물자 생산은 점점 감소되었고, 도매업자는 상품을 내놓기를 꺼려했으며, 소매업자들의 판매거부도 계속됐다.

86 소매유통. ─역자
87 정해진 최소한의 품질규격을 지켜야하며, 한층 더 좋은 품질을 공급해야한다. 그것이 상인의 의무라는 것. ─역자

시대를 읽지 못했던 4대 가쓰지로

3대 가쓰지로는 1939년 67세에 주식회사 미나카이 사장을 사임하고 양자인 나카에 슈고를 사장에 임명하고 경영권 승계를 했다.

사임한 3대 가쓰지로는 나카에 고게쓰中江江月라고 부르고 니시무라 규지로西村久次郎와 함께 고문이 되었다. 이미 세상을 떠난 도미주로와 준고로에다 가쓰지로와 규지로도 경영일선에서 물러나게 되어 젊은 세대에 미나카이 경영을 승계시킨 것이다. 나카에 고게쓰는 주로 와카和歌와 차도茶道**88**를 취미생활로 하면서 문화인으로 빈번하게 자신의 저택에서 모임을 열고 교토, 시가현뿐만 아니라 도쿄에서도 유명 인사를 초대했다고 전해진다.

일본이 패전할 때까지 창업자 4형제는 줄줄이 세상을 떠났다. 원래부터 약했던 준고로가 가장 빠른 1937년 52세로 사망했고, 미나카이 성장을 이끌고 왔던 전선사령관인 도미주로는 이듬해 1938년에 61세의 나이로 뇌경색으로 사망했다. 그리고 6년 후 1944년, 총사령관이면서 미나카이 그룹의 정신적 지주였던 가쓰지로가 72세의 나이로 사망했고, 익년 1945년에는 항상 쓴 소리도 마다않고 자문역할을 했던 규지로가 70세 나이로 세상을 떠났다.

이렇게 미나카이는 창업자 전원을 잃고 2세대로 경영이 이어졌다. 4대 가쓰지로, 그리고 같은 양자로 형제인 나카에 데이치中江悌一, 도미주로의 데릴사위인 나카에 아키히로中江章浩, 규지로의 장남 니시무라 게이치西村慶一: 2대 규지로 등이 기대되는 후계자였다. 1944년 여름과 가을경에

88 차를 접하면서 정신을 수양하고 예법 등을 몸에 익히는 것. 차를 마시는 것에서 끝나는 것이 아니고 살아가는 목적이나 사고방식, 종교, 차 도구, 차실에 놓인 예술품, 문학작품, 특정한 대상에 대한 논의나 정신적 교제를 통해 성숙한 삶을 꾀하는 행위 또는 예술. —역자

는 이미 군관계자들의 채널을 통해서 일본의 패전은 피할 수 없는 일이라고 미나카이에도 알려졌지만 미나카이로서는 그것을 어떻게 대처해야 할지에 대한 리스크 관리를 지휘할 만한 인물이 없었다.

4대 가쓰지로修吾는 3대 가쓰지로善藏의 누나인 노부와 남편인 가와이 구메지로河井粂次郎 사이에서 태어난 4남으로 가쓰지로3대 부부사이에 자녀가 없었기 때문에 양자가 되었다. 슈고修吾는 게이오慶應대학 이재과理財科[89]를 중퇴하고 미나카이에 입사하여 경성점장을 역임하고 1939년 4대 가쓰지로라는 세습명을 이어받았다. 슈고는 그 후에도 잠시 경성점에 있었고, 1940년에 귀국 후 곤도金堂의 총본사와 교토 본사에서 사장으로서 미나카이 전체그룹 총 지휘봉을 잡았다.

하지만 4대 가쓰지로는 1945년 패전 당시 35세의 젊은 나이였으며 확대주의자인 동시에 강력한 독선적 경영자였다. 그의 형제같은 양자로 들어온 동생, 종형제도 모두 20대 후반에서 30대 초반으로 젊었다. 직위는 고작해야 점장 수준이었기 때문에 최고 경영자인 4대 가쓰지로의 의사결정에 참여할 입장이 못 됐다. 형제와 사촌형제 간의 사이는 원만하지 못했으며 개인적으로 누구 한사람 4대 가쓰지로와 자유롭게 얘기를 나눌만한 그런 사이가 못됐다. 요컨대 창업 4형제처럼 상호신뢰관계가 없었던 것이다. 미나카이로서는 이것이 최대 불행이었다.

나카에 고게쓰中江江月: 3대 가쓰지로의 조언도 듣지 않게 된 4대 가쓰지로에게 조언할 수 있는 입장에 있었던 이는 규지로밖에 없었다. "확장하지마라, 현상태를 유지해라"는 그의 조언도 적극론자였던 젊은 4대 가쓰지로로서는 도저히 받아들일 수 없었던 부분이었다. 야마와키 고사부로山脇五三郎, 오쿠이 와이치로奧井和一郎, 가와이 분조河井文三 등 임원은 모두 나카에 가문의 외가 쪽으로 종가

[89] 현재의 경제학부. ─역자

인 4대 가쓰지로를 강하게 설득할 수 없었다고 한다. 이런 상태에서 미나카이는 패전을 목전에 두고 있었음에도 불구하고 여전히 만주, 중국 그리고 조선에서 확대노선 만을 고집하며 그것을 적극 추진했던 것이다.

미쓰코시 경성점의 최후의 나날

미나카이 이외에 경성에 있었던 일본인이 경영하던 백화점 운명에 대해 미쓰코시를 제외하고는 단편적인 정보밖에 남아있지 않다. 미쓰코시 경성점에 대해서는 개략적으로 다음과 같은 내용이다.

패전 당시 경성지점의 서무부장이었던 니와 히로시丹羽博가 기록한 〈패전전후의 경성지점〉이 남아있다. 그 자료에 따르면 1945년 '경성점의 매출은 본점도쿄 니혼바시(日本橋)에 이은 지점 중 1위'에 오를 정도로 호조였고 매출은 같은 규모의 삿포로 지점의 3배1020만 엔였다.

니와 히로시는 8월 15일 교쿠온방송玉音放送[90]을 통해 일본 패전을 확인한 후 지점장실에서 "만일의 경우에는 이것을……"이라고 청산가리가 들어있는 갈색의 작은 종이 포장을 건네받았다. 패전 당시 지점장은 마쓰다 이사오松田伊三雄였다.

패전 직후 경성부 내의 상황과 경성점의 폐점 모습을 니와 히로시의 회상을 통해 살펴본다.

[90] 왕, 천황의 육성을 방송으로 전하는 것을 말한다. 일반적으로 1945년 8월 15일 라디오를 통해 일본의 왕, 즉 쇼와 천황이 2차 세계대전의 패전을 알렸던 방송. ─역자

다같이 지점 폐쇄 준비를 시작했는데, 워낙 긴 역사를 가진 경성지점인지라 처분해야 할 서류 양만해도 방대했습니다. 경성시내는 패전과 함께 혼란스러웠고, 유언비어가 난무했습니다. 경성지점도 조선 출신자들과 오래도록

고락을 같이하며 백화점을 운영해왔지만, 완전히 평온한 상태로 패전을 맞이한 것은 아니었습니다. 70%를 차지했던 조선 출신 종업원들 중 상사로부터 여러 가지 괴롭힘을 당했던 이들은 "이제 제대로 갚아줘야 한다"며 험악한 분위기를 조성하기도 했습니다.(중략)

시내에는 북쪽 조선이나 남만주 지역에서 일찌감치 남하해 온 구일본군인과 귀국길에 올라 피곤에 지친 일본인들로 넘쳐났습니다. 그리고 일본 패전과 함께 주둔해온 미군 중에는 폭력적이고 악질적인 군인들도 많았고, 거기에 무뢰한들까지 더해 치안은 점점 악화 돼 일본인 혼자서는 걸어 다닐 수 없는 상황이었습니다.

물론 경성지점에 근무했던 조선 사람 중에는 의리가 있는 사람도 많았습니다. 그 중에서도 서무과의 요시다(吉田) 군, 도요타(豊田) 군, 영선(営繕)**91**과에 속해있었으며 규슈에서 기술을 배우고 하라가케돈부리(腹掛ドンブリ)**92** 복장이 잘 어울리는 목수 가네다 쇼이치(金田正一) 군 등은 우리가 떠나는 마지막까지 많은 협조를 해주었지요. 모두들 잊은 수 없는 사람들입니다. 10월에는 가족을 먼저 귀국시키고 이어서 지점의 근무자들도 다음 편으로 연이어서 추억이 많았던 조선을 뒤로하고 귀국했습니다. 나도 지점장으로부터 받은 갈색의 종이 포장을 사용할 기회도 없이 마지막을 지켜보고 경성을 떠나 고국 땅을 밟았습니다.

당시의 경성은 살벌한 분위기에 일본인으로서는 불안한 상황이었다는 것을 느낄 수 있다.

경성지점장인 마쓰다 이사오의 회상록 〈경성지점 정리 기록〉미쓰코시 사내보은 미군이 점포를 접수할 때까지의 경과를 스릴있고 현장감있게 묘사하고 있다.

91 건물관리 수리담당 부서. ─역자
92 일본의 목수 등이 입었던 작업 복. ─역자

현지채용 종업원(조선인 사원)은 거리 동향에 편승하여 자치위원회를 조성해 점포를 양도해줄 것을 요구해 왔다. "본사 지시가 없으면 할 수 없다"는 설명에도 막무가내였다. "일본이 패망한 지금 경성에 있는 모든 것은 조국(조선)의 것이다"며 자치위원회를 계속 압박해 왔지만 결국 나는 넘기지 않았다.

그리고 얼마 지나지 않아 나는 미군 헌병대에 지프차로 연행되어 점포양도서에 사인하라고 강요받았다. 자치위원회의 소장에 의해 그렇게 된 것 같아 거절했더니 대신 보석금을 요구해왔다. 하는 수 없이 그것을 지불하고 유치장으로 끌려가는 것을 피할 수 있었다. 그 후에도 경찰과 헌병사령부로부터 몇 번 호출을 받았지만 그때마다 가까스로 위기를 극복 할 수 있었다.

그러나 총독부가 오키나와에서 오는 미군 주둔군의 '위안소(慰安所)'로 식당을 제공해 줄 것을 계속 재촉해왔으며, 결국은 점포 일부가 카바레가 되는 것을 보고 이제 한계가 왔구나 하는 생각이 들었다.

결국 미군이 전관을 접수(接收)하러 왔다. 나는 훗날 본사에서 귀국 보고를 하기 위해서라도 접수재산목록이 필요하다고 호소했으며, 그것을 받고서는 나도 귀국을 결심했다.

토지, 건물, 상품, 현금 등 접수재산 목록은 지금도 미쓰코시 금고에 잠자고 있을 것이다.

미쓰코시 경성지점의 경우 지점장과 차장을 제외한 전직원과 그 가족들은 9월에 일본으로 귀국했다. 미쓰코시는 기업으로서 책임을 다하기 위해 사원과 그 가족이 일본으로 귀국할 수 있도록 전력을 다했다. 남은 지점장과 차장 두 사람은 마무리 정리를 하고 12월 8일에 도쿄로 돌아와 곧바로 본사로 들어갔다.

미쓰코시 경성지점 건물은 1945년 9월, '동화백화점'으로 상호를 변경했다. 일본인 사원들이 귀국한 직후였다. 백화점이라고 해도 정식 백화점이 아닌 몇 백 개의 점포로 나눠 입점시킨 쇼핑센터에 가까웠으며, 점포 내부 일각에 미군용 식당과 카바레가 있었다.

1948년 8월 '대한민국'이 건국된 후에는 정부가 전관을 접수해 미군 PX생활 양품점로 이용했지만 얼마 지나지 않아 다시 동화백화점으로 변경되었다. 1963년 삼성그룹이 매입해 1969 삼성 직영의 신세계백화점이 탄생한 것이다. 일본 패전 후 24년이 지나 미쓰코시 경성지점 건물은 5층 부분이 증축되어 본격적인 백화점으로 다시 태어났다. 그러나 경영기술이나 노하우는 아직 미숙했고 근대 백화점과는 거리가 있었다. 삼성의 의뢰를 받은 미쓰코시가 SAL이전(Standardization: 표준화 방식, Adaptation: 적응화 방식, Localization: 현지화 방식의 이전 형태)을 실시하여 1982년 이후 '신세계'는 한국에서 가장 명성 있는 백화점으로 성장했다.

참고로 마지막 경성지점장이었던 마쓰다 이사오松田伊三雄는 1963년 3월부터 1972년 4월까지 미쓰코시 사장을 역임했다. 그럼 잠시 마쓰다의 경력을 개략적으로 살펴보자.

마쓰다 이사오는 1930년 5월 34세에 경성지점 차장으로 처음 조선에 부임했다. 그 후 햇수로 9년 간 경성지점을 매출 2위였던 오사카지점에 필적할 우수지점으로 키웠다. 1938년 오사카지점 차장, 1940년 센다이지점장을 걸쳐 1942년 경성지점장으로 돌아와 경성지점을 본점에 이은 2번째 매출규모로 성장시켰다. 패전 후 경성지점의 처리를 진두지휘하는 처지가 되었다.

1946년에는 미쓰코시 본점 지점장이 됐다. 경성에서의 업적과 패전 후 위기관리 능력 등에 높은 평가를 받아 발탁되었을 것이다. 패전 후 얼마간은 어렵게 영업을 계속하면서 재건을 위해 전력을 다하고 있었는데, 1951년 한국전쟁 특수로 백화점은 다시 활력을 되찾았다. "매장도 예전의 화려함을 되찾았고 식당도 재개되었다. 옥상에는 어린이용 전차 등 오락시설이 설치되었다"고 마쓰다는 술회했다.

사장으로서 마쓰다의 최고 업적은 미쓰코시 중심 고객층을 젊은 층까지 확대해 전통적인 것에서 현대적인 백화점으로 이미지를 변신시키고, 미쓰코시를 일본 최대 백화점 그룹으로 구축했다는 것이다. 과거 미나카이가 조선 전국에서 지점망 구축을 했던 것처럼 말이다.

조지야의 그 이후

조지야 본점의 건물은 전후 곧바로 한국인이 경영하는 중앙백화점이 됐다. 내부는 미쓰코시 경성점과 마찬가지로 쇼핑센터 형태였다. 1948년 미군이 접수해 PX로 변신했다. 한국전쟁 후 1954년 미도파백화점으로 다시 태어났다. 근대적 백화점으로 대변신을 꾀하는 과정에서, 1959년에는 후쿠오카의 다마야玉屋, 그리고 1989년부터는 도큐東急가 각각 협력했다. 2002년 미도파는 한국 최대 백화점 롯데에 인수되었다.

히라타백화점의 일본 패전 후, 그에 관련된 정보나 자료는 현재까지 전혀 찾을 수 없다.

미나카이백화점의 최후

일본이 패전을 한 1945년 8월 15일 경성역에는 많은 조선인들이 모여 해방의 기쁨을 만끽하며 만세를 부르고 있었다.

경성역에서 그리 멀리 떨어지지 않은 곳에 있었던 미나카이경성점에서는 선임의 조선인 사원이 후임들과 조직을 만들어 일본인 경영자에게 "이제부터 이 점포는 우리 조선인의 것이다. 일본인들은 나가 달라"고 했다. 리더는 손에 총을 들고 있었으며, 일본인을 몰아내고 점포를 점거했다.

며칠 전까지만 해도 일본인 사원들과 사이가 좋았던 조선인 사원도 점거자 조직에 속해 지도자의 지시에 따라 일본인의 철수를 감시했다. 이처럼 일본인이 퇴출되고 조선인이 점거하는 행태는 대구점, 평양점, 대전점 등에서도 일어났다고 한다.

그 이후의 대구점에 관해서는 지인을 통해 대구에 사는 주부들에게 전해들은 이야기가 인상에 남는다.

"대구 미나카이백화점이 있었던 자리에는 현재도 마켓이 자리 잡고 있다고 합니다. 하지만 현지의 사람들은 그 마켓을 지금도 미나카이라고 부르고 있으며 미나카이에 쇼핑하러가자고 하면 그 마켓을 간다는 것을 의미하는 것이라고 합니다."

미나카이 이름은 과거 일상용어로 대구 사람들에게 친근감 있게 정착되어 60년이 지난 지금도 생활필수품을 구입하는 그 장소를 미나카이라고 입버릇처럼 부른다는 것이다. 일본에서는 소멸된 미나카이라는 이름이 대구에 지금도 살아 있다(나는 이 이야기를 듣고 그리움과 기쁨이 섞인 이상한 감회에 젖었다).

미나카이백화점 경성점은 접거된 후 조선인이 얼마동안 영업을 했지만 상품 조달이 지속적으로 원활하게 이루어지지 못해 재고상품이 점포정리 형태로 판매되었다. 모두 판매된 후 방치되다가 미군이 건물을 접수接收해 PX로 만들었다. 대한민국 건국 후에는 국유재산이 되어 6·25사변 후는 군인과 그 가족을 위한 원호청援護廳 사무소가 되었다. 1961년 5월 16일 박정희 소장이 지휘한 군사혁명 때는 '국가재건최고회의의 장 박정희 장군'의 개최회장으로 사용되었다. 미나카이백화점 경성점 건물은 이 때문에 한국현대사의 무대로 역사에 남게 되었다.

여담이지만 1961년 11월 박정희는 방미 도중에 일본을 방문해 당시 이케다 하야토池田勇人**93** 수상과 회담을 했다. 거기에서 일본과 한국이 '조속히 국교정상화'를 실현하자는 데 합의했다. 그 후 우여곡절 끝에 1965년에 한일 국교회복이 실현됐다. 일본의 중화학공업 분야의 자본과 기술, 그리고 경영기술, 노하우가 불출되듯 한국으로 건너갔다. 철강, 석유화학, 조선, 식품, 건설, 기계 등이 중심이 되었다. 한국경제 기반구축에 있어서 이들 산업은 불가결한 것이었다. 기간산업 분야를 중심으로 한국 기업이 주도적으로 일본 기업들로부터 AI이전을 받은 것이다.

1967년 과거 미나카이 경성점 정면 쪽을 지나던 충무로구 혼마치 도로와 뒤쪽을 통과했던 퇴계로구 쇼와 도로 확장에 따라 미나카이 건물이 양쪽으로 많이 튀어나와 있었기 때문에 건물 전체가 해체되게 되었다.

수중에 3장의 사진사진 W, p.211이 있다. 2장은 해체 직전에 6층 건물인 경성점을 구 쇼와 도로 쪽에서 찍었다. 퇴계로에 튀어나온 건물 1층은 기둥만 남기고 해체되었다. 기둥과 기둥 사이는 비어 있고 차가 그 사이로 통과하고 있다. 또 한장의 사진은 해체 후의 모습을 찍은 사진이다.

93 일본의 정치가. 58대~60대 내각총리대신(1960~64년)을 역임. ─역자

2002년 현재 그 유적지에는 서울 최대 번화가인 명동의 랜드마크Landmark 중 하나가 서있는데, 10층 건물 쇼핑센터 '밀레오레'가 그것이다.

일본 패전 당시 용산중학교 1~2학년이었던 한국인 지인들도 이제 70~71세가 됐다. 그 중 한 사람 김충기金忠起는 40년 가까이 특별한 일이 아니면 아침에 10Km 정도 매일 조깅을 한다. 그는 꾸준한 건강관리 덕분에 상체가 곧고 건강하다. 술도 잘하고 지금도 매일 밤 한국 소주 2~3병을 거뜬히 마실 정도라고 한다.

김충기는 당시 미나카이백화점에 가끔 출입했다고 했는데, "그래도 화신백화점이 더 친근감은 있었다"는 말도 덧붙였다. 그 당시 소년이었던 그에게 미나카이는 쉽게 가까이 할 수 없었던 '휘황찬란한 고급품이 다량으로 진열된' 백화점이라는 인상이 강했던 것이다. 61년이라는 시간과 공간을 뛰어넘어 지금도 그때 일들이 그의 기억에 남아있다.

지금은 동년배 지인들과 명동 주변에서 모임을 갖게 되면 누가 먼저라고 할 것 없이 당시의 미나카이나 히라타백화점에 관한 화젯거리를 이야기한다.

"이곳에 미나카이백화점이 있었던 거 생각나?"

"그래 맞아 이쪽에 있었어."

한쪽에서 얘기하면 다른 쪽에서는 맞장구를 치고, 서로 공감할 수 있는 그런 과거의 회상이었다.

당시 중학생이었던 한국인에게도 백화점이라고 하면 화신이 있었고, 미나카이가 있었으며, 미쓰코시가 있었다. 그런 과거의 추억이 조건반사적으로 살아나는 것이다.

1964년 KBS 도쿄 특파원으로 연일 라디오를 통해 도쿄올림픽 소식

해체 전, 구 쇼와 도로 쪽
(현 퇴계로) (사진 L참조)

같은 구 쇼와 도로 쪽

해체 후 구 쇼와 도로 쪽
출처_미야케 데쓰오(三宅鉄雄) 소장

W 미나카이백화점 경성본점의 해체 전후 사진(1968년)

을 전했던 김충기는 미나카이 경성점 건물이 해체될 당시 중계를 마치고 서울에 돌아온 상태였다. 그는 매일 KBS로 오가는 길에 미나카이를 지나쳤는데, 그 일을 보고 "이제 또 하나의 역사가 사라지는구나"라는 생각이 들었다고 했다.

서로 등을 돌린 패전 이후의 시간들

내가 나카에 아키히로에게 "경성서울에 가보고 싶습니까"라고 물었더니, 그는 "아니요, 신경新京에는 가보고 싶은데 경성에는 가보고 싶은 생각이 없어요"라고 대답했다. "이유는 말하고 싶지 않다"며 질문도 하기도 전에 선수를 치면서 "패전 이후 60년 가까이 한 번도 경성에 가보고 싶다는 생각을 해본 적이 없다"고 심경을 토로했다.

"분명히 결과적으로 보면 차별을 했지만, 당시 상황에서 미나카이만 반대로 차별을 하지 않았다면 문제가 되었겠죠. 간부는 일본인이 아니면 안 된다고 하는 불문율과 같은 것이 당시 조선에 있었습니다. 미나카이에서는 조선인 점원을 학대하거나 심한 처벌을 내린 적도 없었습니다. 그래서 점포에서 철수하라고 할 때도 물리적인 위해는 없었던 것이지요. 만약, 일본인 사원이 심하게 했다면 그들은 반드시 보복을 했을 것입니다. 그럼에도 불구하고 패전 후 우리 일본인들은 한국인들에게 극악무도한 일본인이라고 계속 비난받고 있습니다……."

내가 "그런 것들이 참기 어려울만큼 억울합니까?"라고 물었더니, 나카에 아키히로는 "억울하지요."라며 깊은 한숨을 쉬었다.

나카에 아키히로가 현재 한국, 특히 서울에 가고 싶지 않다는 이유를 충분히 알 수 있었다. 그는 조선에서 미나카이의 발전에 전력을 다한 자신의 경력, 오직 성실하게 일에만 열중했던 나날, 개인적으로 조선인 점원에 대한 배려 등 모든 것이 패전 후 '극악무도' 라는 한마디 말로 부정되었다고 생각하는 것 같다.

미야케 데쓰오三宅鉄雄도 그가 느끼고 있는 생각을 토로했다.

"미나카이에는 내외적으로 친했던 조선인이 꽤 있었는데 일본 패전 후 거의 대부분이 등을 돌려 어떻게 해 볼 수도 없었다."

미야케 데쓰오도 패전 후 한 번도 한국을 방문하지 않았다.

나는 두 사람에게 미쓰코시 경성점에 대한 전말을 설명했다. 미쓰코시는 그 뒤를 이을 실력 있는 조선인을 양성했었기 때문에 자연스럽게 뒷일을 맡길 수 있었다. 게다가 수년 후 삼성그룹이 경영권을 인수받았을 때 미쓰코시가 철저하게 경영지도를 했다는 사실 말이다.

즉, 패전 후 미쓰코시로부터 AI이전을 희망한 삼성측도, 또 그것에 협력한 미쓰코시도 일본 백화점의 경영과 마케팅 분야에 대해서는 한국에서 충분히 적용가능하다는 사실을 알고 있었던 것이다. 한층 더 발전한 모델로 AI이전을 하면 충분히 경쟁력 있는 브랜드로 다시 태어날 수 있다는 것을 공감하고 있었다.

"왜 미나카이는 조선인들이 마음대로 다 팔아치울 때까지 방치했나요?"

나의 이 질문에 대해 나카에 아키히로는 이렇게 대답했다.

"미나카이에는 야무진 조선인 사원이 없었다. 인물이 없었다. 아니, 인재를 양성하지 않았다고 하는 것이 맞을 것입니다. 그 당시 미나카이의 경우 간부는 반드시 일본인이어야 한다는 불문율과 같은 것이 있었습니다."

미쓰코시와 미나카이 양자 간의 차이점은 '경영을 승계 받는 측의 생각과 실천, 그리고 승계를 해주는 측의 생각과 실천'이 잘 들어맞은 미쓰코시와 그렇지 못한 미나카이였다는 사실로 결론 내릴 수 있을 것이다.

패전과 동시에 미나카이는 그룹 전체의 각 점포, 각 계열회사, 조선과 만주에 전개되었던 영업기반을 모두 잃어버렸다. 또한 일본 국내에서 재건 계획을 추진한 사람도 없었으며 극히 일부 남아 있던 국내 조직도 패전 후 얼마 안가서 붕괴됐다.

미나카이라는 이름은 브랜드라 할지라도 과거 외지조선, 만주, 중국에 존재하고 있었기 때문에 일본 국내에서의 지명도에 대한 한계가 있었다. 패전 후 일본에서 재건을 위해 힘쓴 사람이 없었던 미나카이 브랜드는 거리에 버려진 것처럼 방치되어 사람들의 기억 속에서도 사라져갔다.

환상의 미나카이백화점

1. '오우미상인 정신'과 그 소멸

'오우미상인 정신'은 어떤 것인가

미나카이백화점은 분명 오우미상인近江商人이 창업해 성장·발전시킨 '상업'이다. 주식회사 조직으로 하는 근대 경영을 실천해 일본이 전쟁에 패할 때까지 조선·만주·중국을 합쳐 최대의 백화점 망을 유지하고 있었다.

다른 한편 미나카이는 그 오우미상인 정신을 다음 세대에 승계하지 못했다고 하는 한계를 남겼다. 즉, 창업자 4형제가 몸소 실천해온 경영이념과 경영수법이것을 '오우미상인 정신'이라고 정의했다이 다음 세대에 올바르게 계승되지 못했던 것이다. 그래서 그들 4명이 세상을 떠나면서 미나카이의 헌칙憲則[94]에 담겨 있었던 강한 종교적 윤리

성과 "이득은 세상의 은덕이다"**95**라고 하는 '삼포요시三方よし'**96**와 같은 오우미상인 상도의 기본정신을 잃어간 것이다.

미나카이백화점 경영의 정신적인 지주는 장남 가쓰지로였으며, 전략적 실행의 중심에는 3남인 도미주로가 있었다. 두 사람은 각각 다른 카리스마가 있었고, 서로 상호보완 관계를 유지했다. 굳이 말하자면 가쓰지로는 전체 미나카이 그룹 사원들에게 경영이념을 심어주고 사원들을 큰 포용력으로 감싸주는 그런 정신적 카리스마였다. 한편 도미주로는 최고가 되어야 한다는 목표를 분명히 세우고 그 목표달성을 향해 강한 지도력을 발휘한 실천적 카리스마였다.

양자의 중간에서 균형을 유지하면서 미나카이의 이익을 확보해 간 이가 3남인 규지로였다. 카리스마는 없었지만 신뢰할 수 있는 관리자였다.

이런 부분을 염두에 두고 미나카이가 가지고 있었던 오우미상인으로서의 정신적 특징을 정리해보기로 한다.

창업자 4형제의 출신지 오우미近江 지역 곤도는 원래 농촌이었다. 가업인 '미나카이야三中井屋'는 포목, 생활잡화 등을 판매했지만 이것은 고토상인湖東商人의 전형적인 상업 형태였다. 그러나 농촌이라는 지역 특성상 그 지역에 큰 시장이 존재했던 것은 아니었다. 그래서 큰 비즈니스를 위해서라면 곤도 이외의 타 지역으로 진출해야 했다.

가쓰지로나 도미주로가 야마와키山脇 집안에서 모치쿠다리아키나이持下り商い: 오우미상인의 행상로 실질적 경험을 쌓은 것도 소규모 상인이 살아남기 위해 필요한 상업의 기법을 몸

95 장사는 신용, 사람, 의리, 근면이 우선이며 이득은 그 뒤에 따라오는 것이다. 또한 이득은 개인의 것이 아니라 세상을 행복하게 했을 때 돌아오는 은덕이며, 이는 다시 세상으로 돌아가야 한다는 의미. ─ 역자

96 삼자가 이득이라는 말. 삼자 행복의 상업 철학. 장사는 파는 사람, 사는 사람, 그리고 지역사회에 득이 되어야 한다는 오우미상인의 상업 철학. ─ 역자

에 익히기 위해서였다. 이처럼 남의 밑에서 고생하며 쌓은 경험을 통해 그들은 체험적으로 시장 개척과 상품 조달이라는 상업의 개념을 몸에 익힌 것은 물론이고 장사는 크게 하지 않으면 힘을 발휘할 수 없다는 것을 절실하게 깨달았다. 그래서 확대·성장을 위해 전략적 사고가 필요하다는 사실 또한 스스로 터득하게 된 것이다. 이것이 훗날 '조선에 건너가 크게 세우겠다'고 하는 비약적인 목표를 세우고 결단을 내리는 바탕이 되었다고 생각한다.

이러한 것들을 오우미상인 경영론이라는 프레임Frame에서 정리해 보면, 미나카이에는 광역화세계화와 혁신성, 윤리성, 강한 동족의식, 영세한 상업에 종사하고 있었기에 가질 수 있었던 강한 상승 욕구, 강한 국가지향성이라고 하는 5대 경영지향성經營志向性이 일관성 있게 흐르고 있었다고 말할 수 있다. 필자는 이것을 미나카이의 '오우미상인 정신'이라고 정의하고 일반적 이론으로 순차적 검증을 했다.

'오우미상인 정신'의 검증

창업자 4형제는 러일전쟁을 계기로 조선·대구에 미나카이 창업의 거점을 구축했다. 아무 것도 모르는 객지에서 비즈니스 운명을 걸고 결단을 내린 그 자체가 당시로서는 충분히 혁신적이었을 것이다. 사업이 커지면서 조선 각지에 지점망을 확대하고, 또한 계속해서 사업의 전환과 다각화를 꾀해 포목점에서 백화점으로 변신해 갔다.

그런 목적을 달성하기 위해 가쓰지로勝治郞가 미국으로 시찰여행을 감행해 근대적인 백화점 비즈니스를 배워 왔다. 그 후 12~13년간이란 기간 동안에 조선 전국, 만주, 중국으로 차츰 백화점 망을 급속하게 확대했다. 그것도 대부분 은행 차입금 없이 진행한 것이다.

사장인 가쓰지로는 창업 후 한때 조선에 거주하면서 경영 일선에서 활동했지만, 1916년에 귀국 한 후부터는 곤도 본가에 체제를 구축해 그곳을 총본부로 했다. 같이 귀국한 규지로는 물론이고 조선에서 전선 사령관 역할을 한 도미주로나 준고로도 본거지를 곤도로 했다. 즉 창업자 4형제는 전원 확대지향성을 가진 상인인 동시에 오우미상인의 강한 귀속의식을 가지고 근거지를 곤도에 구축한 것이다.

또한 미나카이는 조선·만주국의 군이나 관청, 진출해 있던 일본 기업과 밀접한 관계연줄와 친분을 개척·유지하면서 재빠르게 비즈니스 기회포착에 필요한 정보를 입수했고, 조선과 만주를 무대로 해 그것을 대규모 비즈니스로 연결해 갔다. 이것이 미나카이가 가지고 있었던 광역성·혁신성이며 크나큰 내적 추진력으로써 성장·발전에 기폭제가 되었다.

미나카이의 헌칙 안에는 가쓰지로가 두터운 믿음을 가지고 있었던 정토진종의 윤리관이 농후하게 반영되어 있다. 전사원이 매일 아침 업무에 앞서 헌칙을 큰 소리고 읽고, 마음속으로 새기며 사원의 윤리적 규범으로 했다. 그 근본은 국가에 다할 것을 다짐하며 성실, 절약, 근면을 실천하고 투기적이거나 사행성 있는 행위는 철저하게 삼간다는 것이다.

또한 경영은 처음부터 마지막까지 창업자 4형제와 그 친인척 후계자들로 확고하게 유지되었다. 지연을 중시한 인재 등용도 일부 볼 수 있었지만, 핵심적인 경영진은 나카에 일가의 혈연집단을 중심으로 소수로 구성해 그들이 실질적으로 조선과 만주, 중국에 걸쳐 거대한 백화점 비즈니스를 운영하고 있었다. 사원 채용은 물론 고향인 간자키군神崎郡[97]이 가장 많았다.

미나카이는 국가의 요청을 받아 진출한 일본을 대표로 하는 백화점인 미쓰코시와는 달리 영세한 작은 상점에서 출발하였고, 조선을 무대로 그야말로 빈손으로 시작해 착실하게 쌓아올려 대형 비즈니스로 성장시켰다. 빈약한 상인이었던 만큼 도미주로의 굴욕적인 경험이 말해주듯 그들은 그러한 굴욕을 승화시켜 크게 키우고 성공하겠다는 목표를 가지고 끊임없이 노력한 것이다. 그러한 그들에게 조선은 발전 가능성이 높은 비즈니스 개척지였으며, 실질적으로 비약할 수 있는 기회를 제공해준 것이다. 노력과 기회가 잘 맞물려 거대한 미나카이 그룹이 탄생되었다.

다음은 강한 국가 지향성이다. 이것은 오우미상인의 특성이라기보다 당시 일본인이 예외 없이 가지고 있었던 정신성향Mentality이었을 것이다. 미나카이도 조선과 만주의 관·군에 철저하게 협력해 국가에 대한 공헌과 자사의 이익을 추구한다는 목적을 동시에 달성하는데 성공했다.

오우미상인 정신의 소멸

가쓰지로는 문자 그대로 '검약하는 생활과 불필요한 것을 줄이며 효용을 극대화하고 매일 용기를 내 분발한다'고 하는 진정한 오우미상인으로서 인생을 보냈다. 술도 담배도 하지 않고 도미주로와는 달리 연회 등에도 거의 나가지 않았다. 전 사원들에게 자부慈父로 존경받았고 자신에게도 엄했던 가쓰지로였지만 그러나 후계자에 대해서는 지나치게 안일하게 대처했다.

그가 범한 유일한 실수, 지금에 와서 돌이킬 수 없는 실패는 4대 가쓰지로를 비롯한 후계자 세대에 '경영 기술과 노하우' 보다도 훨씬 중요한 미나카이의 헌칙에 담겨있는 암묵지暗默知로서의 오우미상인 정신을 완전하게 전하지 못했다는 점이다. 즉, 3대 가쓰지로는 '지속적인 것이 경영자로서 뜻을 실현 가능하게 한다는 것(국가와 사회를 위해 헌신한다), 사심을 버리고 실천하는 것이 회사의 이익으로 이어지며(이득은 세상의 은덕이다: 장사는 신용, 사람, 의리, 근면이 우선이며 이득은 그 뒤에 따라오는 것이다), 전체 사원들과 같이 꿈과 희로애락을 공유함으로서 비로소 단결심과 역동성이 일어난다'고 하는 오우미상인 정신의 원점을 후계자들의 온몸에 스며들도록 주입시키지 못했다는 것이다. 그런 연유로 창업자 4형제가 세상을 떠나자 미나카이를 지탱해온 오우미상인 정신윤리성 포함이 상실되면서 회사 전체가 존속할 수 없게 된 것이다. 3대 가쓰지로는 아마도 저 세상에서 통곡하며 후회하고 있을 것이다.

이 오우미상인의 윤리성(성실하고, 절약과 근면하며, 투기와 사행을 금하고, 국가에 공헌 또는 공公을 사私의 상위에 둔다)은 오늘날에서도 충분히 의미를 지닌 기업이념으로서 발전·승화시킬 수 있는 개념이다. 그것의 상실은 기업 혼의 상실과 같은 의미가 될 것이다.

일본적인 사회·정신문화의 소멸

미나카이는 패전과 함께 조선·만주·중국에서의 경영기반을 잃었다. 경영기반이란 미나카이백화점을 받아들였던 그 지역의 사회·정신문화 환경이며, 더 구체적으로는 그곳에 있었던 일본인과 그 라이프스타일이다. 일본의 패전, 즉 일본의 지배력·영향력을 상실한 순간 그들 지역에서 일본의 사회 · 정신문화 환경이 소멸됐다는 것이다. 거리나 건물과 같은 실체들은 남아있을지는 몰라도 거기에 생명을 불어넣었던 일본인이 패배자가 되어 사라진 것이다. 남은 것은 매미가 벗어던진 허물과 같은 허상뿐이었다.

경영기반을 구성하는 하나의 요소가 시장인데 그 시장도 잃었다. 지역이 조선이라 할지라도 일본인과 조선인이 모두 중심 소비자였다. 당연한 얘기지만 일본인은 일본으로 돌아오는 것만 생각했다. 조선인은 서둘러 조선인의 정체성을 회복하기 위해 일본 상품에 등을 돌렸다. 등을 돌리지 않으면 같은 민족에게 비난받을 각오를 해야 했다.

그리고 허물처럼 남은 점포도 접수되거나 점거되어 일본인은 그것을 경영할 수 있는 자유나 권리를 더 이상 가질 수 없었다. 패전이란 그 순간 일본인이 그때까지 가지고 있었던 권리나 소유권을 모두 상실하는 것이었다.

하지만 경영기반의 소멸은 미나카이에만 한정된 것이 아니고 당시 조선에 있었던 모든 일본 기업, 일본인 상점에서 똑같이 일어났다. 내가 깊은 관심을 가진 것은 미나카이가 패전 후 일본에서 재건되지 않았으며, 게다가 제2세대 중에서 그 누구 한사람 현실성 있게 그리고 구체적으로 재건노력을 하지 않은 채 이 세상에서 그 흔적도 없이 소멸되었다는 사실이다. '왜 그랬을까?' 그 의문은 계속되었다.

2. 경영과 마케팅의 계승

AI이전과 SAL이전

나의 전문분야는 마케팅이다. 마케팅이란 소비자에게 구매가치가 있는 상품과 서비스를 창조하고 그것을 전달하고 배송하며 구매가 이루어지게 하는 기업활동이다. 이러한 형태로 마케팅은 사회에 도움이 되고 사회적 진보를 위한 기폭제가 된다.

　사회에 도움이 되는 마케팅 기술과 노하우는 언어로 전달할 수 있는 형식지形式知=지식와 언어로는 전달할 수 없는 요령이나 기개와 같은 암묵지暗默知=지혜의 적절한 균형이 필요하다. 그것을 세대에서 세대로 계승하며 진화함으로써 기업은 영속적으로 성장 · 발전해 갈 수 있다. 기업과 그곳에서 일하는 마케팅 구성원은 기업의 성장 · 발전 프로세스를 통해 국가나 사회가 한층 더 진보하고 변화하며, 그에 공헌할 수 있다고 믿는 것이다. 오늘날까지 마케팅 분야에 몸담아 왔던 나는 이 시점에서 미나카이의 패전 이후를 살펴보고 싶다.

　앞서 설명한 것처럼 타사他人에서 배워 자사본인의 독자성을 창조하는 것을 AI이전이라고 한다. 한편 자사가 타사에게 가르치고 그 성장 · 발전에 협력하는 형태를 SAL이전이라고 부른다. SAL이전에는 자사의 진행방식 · 사고방식을 어떤 변화도 없이 그대로 이전하는 'Standard-ization=표준화', 상대에 따라 변경을 해서 이전하는 'Adaptation=적응화', 처음부터 상대의 희망에 맞춰 이전하는 'Localization=현지화'라고 하는 3가지 형태가 있다.

　경영의 AI이전과 SAL이전의 쌍방향에 의한 끊임없는 순환환경이

기업의 영속성에 필요조건이다. 그리고 그것은 인간에서 인간으로 계승되는 것이다.

미나카이를 거론하게 된 것은 서두에서도 언급했듯이 후세대를 살고 있는 우리 일본인이 계승해야 할 교훈과 보편적인 진리의 의미를 미나카이의 창업·성장·발전 그리고 갑작스런 붕괴와 소멸이라고 하는 드라마 속에서 찾아내보고 싶다는 생각 때문이다.

계승되지 못한 미나카이의 경영

미나카이 비즈니스가 패전과 함께 붕괴된 것은 경영기반이 갑자기 없어졌기 때문에 당연한 것으로 볼 수 있지만, 그렇다고 붕괴된 것을 재건하지 않고 방치해두면 언젠가는 영원히 소멸되는 운명에 처한다.

창업자 4형제가 목표로 한 미나카이라고 하는 기업의 영속적인 존재는 환상으로 끝났다. 성장·발전을 계속하는 것만이 기업의 존속을 가능케 하고 현상유지는 이미 패배를 의미하는 것이다. 왜냐하면 현상유지는 성장을 계속하는 시장경제에서는 완만하거나 때로는 급격한 후퇴와 같은 의미이기 때문이다.

경영은 인간이 하는 행위이며 그것을 지속하기 위해서는 고도의 이념이나 정신세계를 핵심으로 한 연속적인 강한 의지와 능력이 필요하다. 거기에 필요한 기술이나 노하우는 인간에서 인간으로 계승되는 것이다. 기술이나 노하우 등 승계하는 자의 능력이 제대로 전달될 수 있을지 어떨지는, 주는 자와 받는 자 측이 그 의미를 공유하고 서로 간의 의지와 실천이 잘 맞아 떨어지는 것이 불가결하다.

이러한 형태로 경영을 승계해야만 비로소 기업의 존속성장과 발전이

가능하다. 미나카이의 이름과 실체가 소멸된 것은 후계자들이 창업자 4형제의 경영기술이나 노하우 및 그 오우미상인 정신을특히 윤리성이어받지 못하고 동시에 기업을 계속할 노력도 포기했기 때문이라고 결론지을 수 있다.

3. 환상의 재건 시나리오

일본의 백화점 비즈니스 다시 태어나다

조선에 진출해 있던 모든 일본 기업은 경영이나 경영기반을 잃고 최악의 상태에 빠졌지만 존속을 위한 최소한의 경영기반은 일본 국내를 중심으로 겨우겨우 유지되고 있었다. 일본 국민이 있고 그 생활을 받쳐주는 기업활동이라는 인프라는 존재했었을 것이고, 아무튼 어려운 상황이었지만 경제활동은 이어지고 있었다.

　　패전 직후는 전국 모든 백화점이 '판매할 상품도, 그것을 구매할 소비자도 극히 일부'에 지나지 않았다. 패전 후 얼마동안은 백화점 사업 그 자체가 거의 성립될 수 없었으며 모든 백화점이 다 최악의 상황이었다.

　　국내 백화점이 그 나름대로 체제를 재정비하기 시작한 시점은 1950년 이후 일이다. 한국전쟁의 발발로 유엔군이 발주한 군수물자 납품이나 노역의 수입합계 36억 달러로 일본 경제는 패전 후 처음으로 자본을 축적하며 기술을 연마하고 생산설비를 확대할 수 있었다.

　　한국인은 지금도 그 때의 일들을 두고 가끔 "다른 사람의 불행 덕에 일본은 경제부흥의 기회를 잡았다"고 일본을 좋게 보지 않는 경우도 있다. 일본인이 이 한국전쟁 특수를 '신이 내린 원조'라고 기뻐했기 때문이다.

경제성장이 계속되어 1965년에는 1인당 GNP가 1934~36년과 같아졌다. 패전 이전의 최고점이었을 때의 경제력을 회복한 것이다. 소득이 늘고 간신히 식료품의 만성적인 부족상태에서 탈피하고 식품 이외의 소비에도 관심을 갖게 되었다. 경제백서가 "이제 패전의 시대는 지났다"고 선언한 것이 1956년이다. 이때부터 백화점 사업이 활발해져 '3종의 신기3種神器'라고 하는 가전제품흑백텔레비전, 전기냉장고, 전기세탁기이 백화점에서 날개 돋친 듯 팔렸다.

패전 후 얼마동안 고난이 계속됐지만 국내 백화점은 점포의 불을 끄지 않고 영세하게나마 영업을 계속하며 노렌暖簾=브랜드를 지키며 권토중래捲土重來[98]의 정신으로 화려한 부활을 기다리며 견뎌 냈다. 이들 브랜드는 1965년 이후 형성된 대중소비사회의 도래로 다시 빛을 발하기 시작한 것이다.

미나카이가 만약 재건 됐다면……

만약, 미나카이가 패전 이후 제2의 창업을 목표로 다시 일어나 미나카이라는 '전통 브랜드'를 가지고 교토나 오사카에 간판을 걸어 다른 백화점처럼 영세하게나마 영업을 계속하며 와신상담했다면 일본의 경제력 회복이라는 시대적 기회를 미나카이도 똑같이 얻었을 것이다. 역사에서는 '만약'이라는 가설이 성립될 수 없다는 것을 알고 있지만,

[98] 본래의 뜻은 어떤 일에 실패한 뒤 다시 힘을 쌓아 그 일에 재차 착수하는 것이며, 여기서는 패전의 어려움을 극복하고 일본 국내에서 백화점브랜드를 재구축해가는 것을 의미. ─역자

그래도 이런 논리적 시뮬레이션이 가능할 것이다.

일본의 패전으로 조선이나 만주, 중국에서의 경영과 영업기반을 잃은 것은 피할 수 없는 현실로 받아들일 수밖에 없다. 중요한 것은 그 이후 어떻게 하는가다. 나는 작게라도 미나카이라는 등불을 끄지 말고 참고 견디며 오직 그 시기를 기다렸어야 했다고 생각한다.

나카에 스스무中江進나 나카에 스미中江寿美 등의 증언에 의하면 미나카이는 일찌감치 일본이 패전하기 전에 교토역 앞의 마루부쓰丸物백화점과 시모노세키下關시한테서 백화점 경영에 관한 협력의뢰가 있었다고 한다. 마루부쓰에서는 점포를 인수해 미나카이의 '일본 본점'으로 하면 어떠냐는 제안이 있었다. 또한 시모노세키시도 제안을 했다. 부산과 시모노세키 간의 연락선을 이용하는 많은 사람들을 통해 조선에서 미나카이라는 백화점 브랜드가 높은 신뢰감을 얻고 있다고 대부분의 시민들이 알고 있고, 그런 인프라 위에 미나카이 시모노세키점을 개설하면 어떻겠냐는 제의가 들어온 것이다.

이러한 제안이나 의뢰에 대해, 미나카이의 장래 비전을 생각하는 경영책임자로서 당연히 고려했어야 했던 부분이다. 패전이라는 공전의 경영리스크를 어떻게 분산할 것인가라는 중요한 안건에도 불구하고 4대 가쓰지로는 신중하게 검토하지도 않고 무시해버렸다. 마루부쓰에 대해서는 조선과 만주 쪽에서 확대해 가는 것이 우선순위라는 이유로 거절했고, 시모노세키시의 경우는 소도시라는 이유로 흐지부지됐다. 참고고 그 후 다이마루大丸가 시모노세키시에 시모노세키점을 개설했다.

만약, 미나카이가 마루부쓰의 제안이나 시모노세키시 의뢰를 받아들여 패전 이후에 국내에 '미나카이'라는 간판을 내걸었다면 때가 되어 찾아온 1960년대 이후의 대중소비사회 시장에서 미나카이는 다시 큰 비약을 했을지도 모른다. 내가 굳이 '만약'이라는 가설을 거론한 것도 이런 연유였다.

패전 이후 미나카이 직원들이 걸어온 버거웠던 삶

전후 일본으로 돌아온 미나카이의 전前 직원들은 400명에 가깝다. 그 중 300명 정도 되는 사람들이 나카에 아키히로를 대표로 하는 '미나카이회'를 결성했다. 제1회 모임은 패전 후 4반세기가 지난 1968년에 개최되었다. 직장을 잃은 직원들의 패전 이후의 삶은 결코 평탄치 못했다. 정신적으로도 금전적으로도 힘들었을 것이고, 모임에 나와 '옛날을 이야기한다'는 심적 여유도 그쯤 되서야 겨우 가능했을 것이다. 미나카이 모임에 있었던 사람들의 패전 이후의 고된 삶들을 개별적으로 살펴보자.

미나카이 신경점 점장이었던 나카에 아키히로는 만주·신경에서 패전을 맞이했다. 관동군[99]으로 소집된 상태였는데, 소련군에 항복하고 자신을 포함한 모든 사원 및 가족의 생명과 안전보장의 대가 형태로 신경점 전체상품을 내놓기로 하고 원활한 처리를 위해 전력을 다했다. 500만 엔 규모였던미나카이 경성점의 약 1년분 매출에 상당 모든 상품을 소련군에 넘겼다. 감시 하에 놓여 자유롭지 못했는데 '안전보장'이 확보되어 1946년 신경점 가족들은 전원 무사히 일본으로 돌아올 수 있었다. 나카에 아키히로는 시베리아에 억류됐지만 몸이 약한 탓에 억류에서 풀려나 1947년에 귀국했다. 스스로 운이 좋았다고 이야기했다.

나카에 아키히로에 대해서는 뒷부분에 다시

[99] 일본의 중국침략 첨병으로 제2차 세계대전 말까지 만주에 주둔했던 일본군으로 미나카이 등 백화점 업계의 일본 기업도 군수물자를 납품하며 각각 그 사세를 확장시켰다. —역자

언급하기로 한다.

미야케 데쓰오三宅鉄雄는 운좋게 경성에 있는 용산기지에서 패전을 맞이해 1945년 8월 22일 일찌감치 귀국했다. 가족은 미야케 데쓰오 본인보다 앞서 귀국을 했다. 귀국 직후 암거래 상품을 거래하며 가족을 부양하다 운좋게 상공성商工省으로부터 상품판매점 허가를 받아 배급품을 취급하는 소매업 '협동서비스'를 시작했다. 그리고 얼마 되지 않아 양복전문 소매상으로 전환해 1955년에 겨우 수입이 안정되었다. 그 후 고급양복점으로 변신했지만, 1970년을 피크로 기성품 등의 저렴한 상품이 주류가 되었기 때문에 1983년에는 점포를 접고 소규모 개인매장으로 바꿨다. 미야케 데쓰오의 패전 이후의 생활은 미나카이 시절에 몸에 익힌 '양복소매업'이라는 노하우를 기초로 한 것이었다.

미야케 데쓰오의 회상에 따르면 패전 당시의 전체 미나카이 그룹은 다음과 같았다.

"사원은 조선·만주를 합치면 4천 명이 넘었고 매출규모는 계열회사를 포함해 1억 엔으로 현재 가치로 하면 5천억 엔 정도였죠. 교토의 5대 백화점 2년분 매출에 해당하는 규모였습니다."

모리 요시카즈森善一는 미나카이 부산점에서 몸에 익힌 경리 지식을 무기로 경리전문직으로 평범하고 평온한 전후를 보냈다.

1948년 가을부터 오쓰大津시100에 있는 시가현신용농업조합연합회 서무과에 들어갔다. 농업단체 금융기관이다. 일에 몰입하여 대부계 과장에서 융자부장으로 승진해 1970년에 정년퇴임했다. 그 후 부인 형제가 경영하는 제과공장 경리책임자를 역임했고, 1971년에는 고카쇼五箇荘지역의 감사위원학식경험자 자리에 취임했다.

100 시가현의 현청사가 있는 남서부의 시. 비와호(琵琶湖) 남서연안에 위치한다. ─역자

사카구치 노보루坂口昇의 패전 당시의 모습이 생생하다. 그는 회상록에서 미나카이 경성점 폐쇄의 순간과 경성의 길거리 모습을 다음과 같이 기록하고 있다. 그의 마지막 직위는 경성점의 3층 책임자로 포목 · 원단 책임자였다.

10월 15일 회사에 나갔더니 전에 섬유과장을 했던 관계로 서둘러 재고파악을 하라는 명령을 받았다. 조선인 점원을 데리고 창고에 가서 재고파악을 한 후 리스트를 작성해 점장에게 제출했다. 그것이 어떤 도움이 됐을지 지금에 와서 궁금해진다(중략).

실크 원단이나 미리 제작된 옷들이 산적해 있었다. 일상복이나 부인복, 아동복도 많았다. 그러나 각 매장 진열장에 상품은 적었고 과거 화려했던 백화점 모습은 찾아볼 수 없었다.

귀가길에 식료품 매장에서 설탕 등을 샀는데 대금을 계산하지 않았다. 벌써 일본으로 돌아간 사람도 몇 명 있었던 것 같았다.

미군들이 3층에서 유리창 밖으로 진열장 등을 도로로 내던지는 것을 목격했다. 슬픈 일이다.

10월 31일 미나카이 폐점으로 자연 퇴사처리가 되었다.

패전 이후의 경성 모습을 다음과 같이 기록한다.

경성의 거리는 조선인 천하로 혼란스러웠다. "일본인은 빨리 돌아가라, 바다를 헤엄쳐 건너라"라고 쓰여진 전단이 거리에 뿌려진 것을 봤다. 어떤 미군은 이렇게 말했다. "허리를 펴고 정면을 보고 걷는 사람은 조선인, 구부정하게 걷는 사람은 일본인이다"

사카구치 노보루는 모친과 부인, 1살에서 5살 사이에 3명의 아이들, 여동생과 그 자녀 2명을 데리고 부산항에서 하카타博多항을 통해 귀국했다. 1945년 10월 26일이었다.

사카구치 노보루는 패전 후 줄곧 나가사키현에서 거주했다.

귀국 직후 나가사키의 철공소에서 근무하다가 얼마 지나지 않아 농업협동조합으로 들어갔다. 1947년에는 난코南高북부섬유상업협동조합에 들어가 경리담당이 되었다. 그 후 몇 가지 직업을 전전하다가 1952년 유에무라湯江村에 서기로 들어가 지방공무원[101]이 되었다. 그래서 겨우 안정을 찾았다. 1957년에는 총무과장대리로 승진, 1959년에는 총무과장이 되었다. 1971년, 병합되어 아리아케초有明町로 되었는데 권고사직으로 지방 공무원을 그만두었다.

그 후 목재회사의 총무·경리담당으로 전직하여 1985년에 퇴직할 때까지 14년 5개월동안 근무했다. 사카구치 노보루의 패전 이후는 미나카이 시절에 몸에 익힌 비즈니스 노하우는 그다지 도움이 되지 못하고 경성상업학교에서 배운 부기 등의 지식이 몇 곳 직장에서 미력하나마 도움이 된 것 같다.

왜 미나카이는 재건되지 못했는가?

패전 이후 다양한 모습으로 살아온 전 미나카이 사원들이 모인 '미나카이회'는 그 후 2년에 1회 정도로 개최되었는데 1994년 제14회 미나카이회를 끝으로 실질적으로 자연 소멸되었다. 패전 당시 20대에서 30대였던 회원은 고령이 되어 세상을 달리하는 사람이 많아지고 외출이 힘들게 되자 모임 자체가 어렵게 된 것이다.

101 동사무소나 면사무소 정도. —역자

'미나카이회'의 회원들이 '왜 미나카이는 전후 재건되지 못했는가?'에 대해 몇 가지 이유를 들었기 때문에 여기에 소개하기로 한다.

① 미나카이백화점 본사가 경성이나 신경에 있었고, 조선지역과 만주국 내 지점의 경영에 관한 권리·의무 일체를 총괄하고 있었다. 고카쇼(五箇莊)에 있었던 미나카이 본부는 인사활동에 한정되어 있었다. 즉, 일본 국내에 영업기반이 없었다는 것이다.

② 패전 직전에 한꺼번에 실질적인 경영진을 잃게(창업자 4형제의 사망)되어 그때까지 인재양성을 등한시했던 폐해가 한꺼번에 몰려왔다. 즉, 친족 경영의 약점이 드러난 것이다.

이것은 조선·만주 등 영업기반(점포나 상품 등의 자산과 고객이었던 군이나 관청 등)을 잃고 거기에다 능력 있는 후계자가 미나카이 가문에서 양성되지 못했다는 것─즉, 4대 가쓰지로勝治郎에게 경영을 물려준 것이 잘못되었거나 너무 일렀다는 것을 말하고 있는 것이다.

모범해답이다. 분명히 이유는 앞에 기록한 두 가지 내용이 요점이지만 나는 한 가지 납득 안되는 점이 있다. 40년 간 기업의 경영·마케팅 전략구축 분야에서 일해온 실무자로서 육감적으로 느껴지는 '그 무언가 정신적 결함이 있다고 경고하고 싶은 그런 충동내지는 느낌'이 뇌리를 스쳤던 것이다. 그것은 '그때 당신은 무엇을 했나요?'라고 묻고 싶은 심정, 그건 역시 주인의식의 결여였다.

그것에 대한 명확한 해답은 없다. 아마도 회원들은 아무것도 하지 않았을 것이다. 만약 '왜 아무것도 하지 못했나요?'라고 물으면 '뭔가 해보려고 해도 일본이 패망한 그 시절에 각자 살아가는 것만으로도 빠듯해 아무것도 할 수 없었다'고 대답할 것이다.

이렇게 되면 재건하지 못했던 모든 책임이 창업자 4형제, 그 중심에 선 3대 가쓰지로에게 돌아가는 것이 아닌가. 가쓰지로는 '삼포요시三 ㅏょㄴ'의 오우미상인 정신을 토대로 한 경영을 실천해 미나카이를 조선·만주에서 최대 백화점으로 성장시켰다. 하지만 가쓰지로는 그 경영 이념을 4대 가쓰지로에게 계승시키지 못했다는 것이다.

이런 것들이 일반적으로 친족경영의 약점이라고 말하지만, 창업자 4형제는 혈연 가족의 결속력을 바탕으로 신뢰관계를 구축했고 각각의 개성과 능력이 유기적으로 협력과 견제의 과정을 걸치며 그 경영의 구심점을 가쓰지로 쪽으로 모아, 다시 거기서 강한 경영능력과 지도력의 상승작용을 끌어내 미나카이를 최대의 백화점으로 성장시킨 것이다. 이것은 어떻게 보면 친족경영의 강점으로써 높이 평가할 수 있겠지만 결과적으로는 그 힘을 다음 세대에 계승하지 못했다.

여기서 나는 오히려 승계를 받은 쪽의 나약함이 아무래도 문제였던 것은 아닌가하는 생각을 했다. 이것을 친족경영의 한계라고 한다면, 나 또한 그에 동감한다. 창업자 4형제의 철학과 능력을 그 후계자(4대 나카에 슈고를 필두로 한 창업자 4형제의 후계자)들이 제대로 받아들이지 못했거나 받아들일 수 있는 그릇이 못 된 것이다.

나카에 아키히로와 나카에 스스무의 증언에 의하면 패전 후 후계자들은 서로 대립 했으며 특히 4대인 가쓰지로나카에 슈고와 나카에 마사요시中江将悌: 悌一 형제가 심하게 분쟁을 했다고 한다. 나카에 슈고는 자신의 신봉자들만 가까이했고, 비판자였던 나카에 마사요시나 니시무라 게이치西村慶一: 니시무라 규지로의 장남를 멀리하며 3대 가쓰지로가 쌓아올린 재산을 처분해 교토에서 가까운 사람들과 유흥을 즐겼다고 한다. 그는 '일가족이 단결하여 재기해야 한다'는 식의 오우미상인의 전통과는 연이 없었다.

전 직원들은 암시적으로 제3자인 간부사원측 미나카이회 멤버들인 자신들에게 뒷일을 맡겼더라면 좋았을 것이라고 말했다. 하지만 근본이 오우미상인이었던 3대 가쓰지로는 '가쓰지로'라고 하는 브랜드를 자신의 직계에 대대로 계승시키는 것이 미나카이의 경영을 존속·지속시키는 것이라고 생각했다. 이 점이 3대 가쓰지로의 한계였다. 3대 가쓰지로가 살아있는 동안 '만약' 나카에 슈고의 한계를 간파하고 미나카이 후계자에 어울리지 않는다는 사실을 인식해 그를 폐적廢嫡하고 다른 후계자를 세웠었다면 미나카이는 제2창업으로 재건이 비교적 자연스럽게 가능했을지도 모른다. 이것도 '만약'이라는 가설에 지나지 않지만 말이다.

미나카이도 근대적 백화점으로 전환할 때 교토에서 태어난 다이마루大丸의 시모무라下村 일가나 다카시마야高島屋의 이이다飯田 일가와 같이 친족경영을 유지하면서 친족 이외의 인물 중에서 주요간부를 다수 양성했다면 패전 후의 재건은 가능했을 것이라는 가설도 충분한 설득력을 갖는다.

4. 붕괴 요인은 이전부터 진행되고 있었다

사람에서 시작하여 사람으로 이어지는 것이 경영

그럼 이 시점에서 제2창업으로 미나카이 재건이 '왜' 이루어지지 못했는
지에 대한 해답을 추론해 보도록 하자.

　패전 후 미나카이에도 '인재'는 있었다. 조선과 만주 등에서 돌아
온 백화점 일을 소화해 낼 수 있었던 사원들이 300~400명 있었다. 그 중
에서 경영자로서의 자질을 갖춘 인재가 분명히 있었을 것이다. '돈'도
있었다. 미나카이가 조선과 만주에서 올린 이익금은 곤도 한곳으로 모아
졌다. 사원들의 사내예금이나 미지급 퇴직금도 곤도에 예치해 두고 있었
다. 기본적으로 '경영체제의 재건, 즉 점포개점과 상품 구매'에 필요한
자금은 있었다.

　미나카이의 노렌暖簾: 브랜드와 브랜드 가치에 대한 신용이나 신뢰는 어
떠했을까? 간사이지역보다 더 서쪽에 있는 서일본을 중심으로 꽤 높은
지명도가 있었다. 특히 조선이나 만주에서 돌아온 사람들 중 60~70%가
서일본에 집중되어 있었기 때문이다. 그들에게 있어서 '미나카이'는 자
신들이 거주했던 조선과 만주에 일본일본의 문화, 상품을 그대로 운반해 가
져다준 대표적인 노렌이었다. 또한 교토나 오사카는 연고지나 마찬가지
로 도매상이나 상사商社들로서는 '미나카이'가 매우 중요한 거래처였으
며 그에 대한 신뢰와 신용은 절대적이었다.

　게다가 40년 동안 창업 4형제가 축적한 경영기술·노하우, 경험이
나 지혜 등 경영자원도 눈에 보이지는 않지만 분명히 있었다.

　미나카이에게는 유형·무형의 경영자원이 갖춰져 있었다. 단 '사

람', '돈', '노렌'을 유기적으로 통합해 제2의 창업을 실행할 '경영자라고 할만한 사람', '모든 경영자원을 총괄해 통합하고, 그것을 다시 유기적으로 기능하게 하는 리더십을 발휘할 사람'이 없었던 것이다.

경영자란 위험을 감수하면서도 스스로 '노렌'을 내걸고 그것을 연마하여 한층 더 높은 신뢰와 신용을 획득하는 인간이다. 즉, 스스로가 '노렌'을 구축해가는 인간이어야 한다. 추상적인 의미가 높으면 높을수록 '노렌'에는 보편적인 가치가 있다. 미나카이의 신용·신뢰·안심이라고 하는 추상적인 가치는 시공간을 뛰어넘어 귀중한 가치로 존재했을 것이다. 그것을 지키고 다시 한층 더 높이 구축해가는 것이 후계자의 가장 큰 책무이다.

유감스럽게도 4대 가쓰지로는 말할 것도 없고, 창업자 4형제들의 후계자나 나카에中江일가 중에서 누구하나 나서서 재건을 위해 '나야말로 다음세대의 경영자'라고 자신 있게 인생을 걸겠다고 나선 사람은 없었다.

후계자들은 창업자 4형제가 40년에 걸쳐 구축한 미나카이의 '노렌'을 신어서 닳은 헌 짚신처럼 그냥 쉽게 버리고 말았다. 미나카이의 모든 가치나 그때까지의 모든 경영노력피와 땀이 담겨져 있었던 '노렌'을 말이다. 후계자들은 재건을 위해 활용했어야 할 모든 경영자원을 자신들의 안일을 위해 소모했다. 정말이지 미나카이의 노렌은 '돼지 목에 진주 목걸이'였고, 남겨진 재산은 '고양이에게 생선가게'를 맡긴 꼴이었다. 결국, 재건을 기다리고 있었던 300~400명 전 사원들의 기대는 허무하게 사라졌다.

서서히 붕괴되는 기업

이제껏 소멸하기까지의 최대 책임을 미
나카이 그룹의 총책임자인 4대 가쓰지로
勝治郎로 귀속시켰다. 모든 권력과 권한이
집중되어 있었기 때문에 소멸의 가장 우
선적인 책임이 4대 가쓰지로에게 돌아가
는 것은 당연하다. 하지만 한편으로는 다
른 가설도 성립될 수 있다고 생각한다.
소멸의 원인이 기업론적인 측면과 조직
론적인 측면에서 보아 이미 패전 이전부
터 미나카이에 내재되어 있었다는 가설
이다. 그것은 목재저택의 목재기둥에 기
생하는 흰개미처럼 기업 경영의 중심축

X 4대 가쓰지로, 나카에 슈고(촬영 연도 불명)
출처_나카에 고우(中江후) 소장

을 안쪽에서부터 갈아먹으며 서서히 썩게 했던 것은 아닐까하는 것이다.

그때까지 그야말로 건전했던 미나카이가 패전이라고 하는 역사
적·극적 패러다임의 변화와 함께 4대 가쓰지로가 그런 갑작스런 변화
에 대해 경영판단을 잘못했다는 이유로 재건조차 시도해보지도 못한 채
소멸되게 되었다는 논리에는 무리가 있다.

1940~42년 절정기의 미나카이 상태3장~5장 참조와 패전 후의 순간
적인 붕괴·소멸과의 낙차가 너무 크다는 것이다. 미나카이의 경영 기둥
이 이미 절정기 때부터 연약해지기 시작했다는 추론이 더 자연스럽다.
그때는 나카에 슈고가 4대 가쓰지로에 취임했던 시기이다.

4대 가쓰지로에 대한 경영자상, 경영철학, 이념 그리고 1941년부터

패전까지 매출이나 순이익 등 객관적인 영업 데이터가 남아있지 않다. 그래서 필자가 지금까지 해온 미나카이의 역사검증을 토대로 기업론과 조직론, 그리고 '오우미상인 정신의 계승'이라는 관점에서 소멸에 이르게 된 경과나 원인을 다시 한 번 추론해보기로 한다.

4대 가쓰지로는 최고경영자로서 갖춰야할 윤리관의 계승에 대한 3대 가쓰지로의 조언을 무시하고 급속하게 독선적으로 변해갔다는 증언이 많다. 4대 가쓰지로는 기온祇園, 시마바라島原에서 유흥을 즐겼다. 3대 가쓰지로의 윤리성이나 도미주로의 전략적인 인맥관리군·관의 지지를 얻어내기를 위한 유흥이 아닌 방탕한 생활이었다. 절약과 근면은 4대에게는 전혀 관심 없는 개념이었다.

4대 가쓰지로 주위에는 아첨꾼들만 모여 있었고, 창업자 4형제처럼 의형제나 종형제들과 순치보거脣齒輔車 관계를 유지하려 하지 않았다. 반면에 창업자 4형제는 의견 충돌이 있었다고 할지라도 3대 가쓰지로가 내 놓는 전략적 결론에 따랐다. 그 결론은 4형제의 의기투합의 결과물이며 상승효과와 함께 강한 구심점이 유지되면서 동시에 전체 미나카이를 움직일 수 있었던 원동력이 되었던 것이다. 이런 경영진의 움직임에 사원들도 각자의 직무에 전심전력을 다할 수 있었다. 미나카이 경영이념이나 지침의 원천은 가쓰지로를 필두로 한 4형제의 총괄적 의견이었다. 나는 이것을 편의상 3대 가쓰지로의 '정신적 카리스마'라고 했다.

4대는 3대 가쓰지로의 거듭된 충고에도 불구하고 조직의 구심력을 만들어내는 것이 최고경영자의 가장 중요한 역할이라는 것을 이해 못한 것 같다. 그래서 정신적인 카리스마를 통해 미나카이 전체를 총괄할 수 없었던 것이다. 사람에서 사람으로 전해지는 '정신적 카리스마'를 4대에 계승시키지 못한 것은 3대 가쓰지로의 한계였을 것이다. 또한 3대 가쓰지로의 윤리성을 중시한 '정신적 카리스마'의 영향력도 전략적으로 강한 통솔력과 행동력을 갖춘 '실천적 카리스마'를 지니고 있었던 도미주로가 사망한 후 흐려지기 시작했던 것은 아닌가 싶다. 4대에게는 '정신적 카리스마'도 없었고 도미주로와 같은 '실천적 카리스마'를 가진 파트너도 없었던 것이다.

미나카이는 일본이 패전을 선포하기 오래 전부터 패전이 가까워지고 있다는 정보를 입수했었다. 조선과 만주 등에 영업기반이 집중되어 있던 미나카이의 위기는 목전에 와있었다. 영업적인 측면에서 추론해보면 패전까지의 4~5년간의 미나카이 실적은 군 관련 매출 비중이 한층 더 높아졌을 것으로 생각된다. 신경의 용달부미나카이 신경점의 외판 사업팀를 통한 관동군 군수물자 납품 매출이 엄청난 비중을 차지했고, 경성점 상사부도 조선군 납품이 개인소비자의 매출을 웃돌았던 것 같다. 개략적으로 추정해보아도 군수물자 매출이 전체매출의 5~6할, 또는 그 이상을 차지하고 있었을 것이다.

경영위기 직전에 미나카이는 '패전 후 미나카이를 어떻게 존속시킬 것인가'에 대한 위기대응계획Contingency Plan: 환경변화에 대응할 수 있는 전략적 선택지를 준비하는 것을 세운 흔적이 전혀 없다. 존재했던 것은 오직 조선과 만주 등 대륙으로 사업을 확대해야 한다는 전략뿐이었다. 시대적 변화를 기업경영에 반영해 경영위기에서 재빠르게 탈피하며 분산한다고 하는 극히 당연한 정책적 실행이 없었다. 조직적이고 유기적인 기업활동이 결여되어 있었다. 그래서 교토의 마루부쓰백화점의 매수나 시모노세키시에서 들어온 미나카이 시모노세키점 개점 요청을 일언지하에 거절했던 것이다.

미나카이는 경영의 중추적인 부분을 나카에 일가가 독점을 했고,

다카시마야와 다이마루는 창업자 일가 이외에서 많은 인재를 양성해 경영의 중추적인 역할을 담당하게 했다. 그 개방성이 패전으로 찾아온 격동·격변을 극복하고 각각의 비즈니스를 재건하는 데 원동력이 되었다. 그러나 미나카이는 그렇지 못했다. 창업자 4형제를 필두로 하는 나카에 일가의 강한 혈연의식이 미나카이를 '상인경영商人經營'에서 조직적인 '기업가경영企業家經營'으로 탈바꿈하는 데 장해가 되었다.

창업자 4형제가 경영일선에서 있을 때는 그들을 중심으로 한 가족경영이 플러스로 작용했다. 그러나 그들이 세상을 떠난 뒤 기업운영, 조직운영에는 합리성을 갖춘 경영 전문가가 필요했다. 다른 기업에서 쉽게 찾아볼 수 없었던 창업자 4형제의 개인적 능력을 활용한 시너지경영에서, 조직과 전문경영자에 의한 조직적·합리적 경영으로의 전환·진화가 필요했다. 그러기 위해서 불가결한 경영자원의 하나가 나카에일가 이외에서 등용된 인재였다. 이 부분에서 미나카이는 큰 결함을 내포하고 있었다고 말할 수 있다.

4대는 친족혈연경영의 나쁜 측면을 부풀리고 말았다. 외부 인재를 등용하지 않았고, 동시에 친족 중에서 예스맨만 가까이하고 그렇지 않은 형제양자로 들어온 형제나 종형제를 멀리했다. 예스맨들은 4대 가쓰지로를 기업 최고경영자로서 충분한 역할을 할 수 있도록 지원하는 보좌역을 포기했고, 4대 가쓰지로와 같이 유흥에 빠져 그를 더욱 무능하게 했으며, 기존의 조직과 현상유지, 매출에 방관하고 안주하고 있었을 것이다.

패전 이전부터 진행된 이와 같은 미나카이의 경영 쇠약증이 패전을 계기로 순식간에 표면화되어 미나카이의 붕괴와 소멸을 가속화시켰다. 경영기반이라고 하는 하드웨어가 소실된 이후에도 기업경영의 이념이나 구심력, 기업경영의 기술과 노하우, 사원의 윤리성 등이 견실하다면 기업은 재건 가능하다. 하지만 미나카이의 증상은 매우 심각했다. 4대 가쓰지로는 패전을 직접 경험하면서 일종의 정신적 공황에 빠졌다. 그리고 한방에 거금을 벌어들일 수 있는 방법은 주식투기밖에 없으며 그것으로 어려움에 허덕이고 있는 미나카이 직원들을 구할 수 있을 것이라는 결론을 내렸다. 결과적으로 4대 가쓰지로는 투기로 인해 더욱 심각한 심리적 궁지에 빠지고 말았다. 미나카이를 수렁에서 구할 수 있는 것은 '가장 먼저 경영자 스스로가 리더십을 발휘해 헤쳐나갈 수밖에 없다'고 하는 최고경영자가 가져야 할 정신적 자세를 이미 상실한 것이다.

미나카이는 한 대代에 상인경영으로서는 엄청난 대성공을 이룩했지만, 그것을 계속·발전시키기 위한 기업의 전략구축 능력과 조직구성 능력, 인재양성과 전문가 배치 등 기업가로서의 경영능력은 결정적으로 부족했다.

5. 미나카이의 전후

나카에 아키히로의 증언

미나카이가 어떻게 소멸하게 되었는지에 대해 기록된 문헌과 자료는 없으며, 이 책에서도 나카에 아키히로를 비롯한 소수의 전 미나카이 사원, 창업자 4형제 후손들의 증언에 의존할 수밖에 없다.

나카에 아키히로는 생존자 중에서 4대 가쓰지로슈고: 修吾와 가장 가까웠던 간부 중 한 사람이다.

"젊은 사장4대 가쓰지로이 미나카이를 폐업시켰다. 젊은 사장은 조선이나 만주에서 돌아와 생활에 궁핍했던 사원들을 도우려고 했다. 사원들에게 목돈을 건네주려고 했다. 장사로는 '감당할 수 없다'며 손쉽게 돈을 만들어 낼 생각으로 주식에 손을 댔다. 그것이 안 좋은 결과를 낳아 막대한 빚을 떠안게 되었다. 미나카이에는 상당한 재산이 있었다. 본가 저택에 있었던 별실 안에는 많은 재화가 있었는데, 그것들이 어느 정도 가치가 있는 것들인지조차 조사도 못하고 트럭 한 대에 얼마라고 하는 '차떼기' 식의 계산으로 모두 실어내 빚을 갚았다. 유흥비로 사용했다고 하는 사람들도 있지만 젊은 사장은 진심으로 사원들을 도와주려고 했다. 그러나 때가 좋지 않아 실현하지 못했다."

미나카이가 40년 걸려 쌓아올린 자산은 이렇게 날개 달린 것처럼 곤도에서 사라지고 말았다. 나카에 아키히로는 4대 가쓰지로에 대해 비난하는 말은 전혀 하지 않았다.

나는 나카에 아키히로가 '선한 사람'이라는 생각이 들었다. 4대 가쓰지로를 포함해 자신의 주위 사람들에 대해 일절 비판하는 말을 하지 않았다. 온화하고 성실한 사람이다. 내가 던진 많은 질문에도 싫은 표정 하나 없이 대답해주었다.

"가훈 중에는 절대 사치하지 말고 가진 모든 힘을 다해 일하며, 투기 등의 일확천금을 엄중히 금기하라고 했는데, 젊은 사장은 결국 가훈을 스스로 깨트리고 미나카이 정신에 반한 것이 되는군요?"

내가 이렇게 질문하자 나카에 아키히로는 "그렇게 되나요. 하지만 다른 방도가 없었다"며 작은 목소리로 어디까지나 4대 가쓰지로를 감쌌다.

계속해서 "사원들을 도와주겠다는 생각을 했다면, 한꺼번에 목돈을 건네주는 것이 아니고 어렵고 곤란한 시기였지만 미나카이를 재건하여 그곳으로 사원을 불러들이는 방법이 더 낫지 않았을까요?"라고 물었더니, 나카에 아키히로는 "그건 그래요. 좀 더 확실한 후계자가 있었더라면 좋았을 텐데"라고 나지막하게 말했다.

나카에 아키히로는 한 가지 예를 들었다. 패전 당시 미나카이 광주지점 점장이었으며, 후에 와코루[102]의 전무로 활약했던 오쿠 타다미쓰奧忠三의 이름을 거론하며 "그런 인물이 4, 5명 있었더라면 미나카이는 다시 일어섰을 것입니다"라고 내심 4대 가쓰지로에게는 미나카이 재건에 필요한 지도력과 경영능력이 없었다는 것을 인정하는 듯한 인상도 받았다.

나는 분명하고 조금 격양된 어조로 이렇게 전달했다.

"하지만 역시 중요한 것은 오너이며 최고 경영자인 4대 가쓰지로가 미나카이를 재건해야겠다고 하는 강한 의지를 천명하고 사원 참가를 호소했어야 했다고 생각합니다."

그렇게 했다면 그날그날 빠듯한 삶일지라도 새로운 삶의 보람을 얻기 위해 많은 전 사원들이 모여들었을 것이다. 인간은 어떠한 곤경에 처해도 한차원 높은 목표를 향해 정열을 불태울 수 있다고 믿기 때문이다.

이것 또한 검증 불가능한 '만약'이라는 가설이지만 말이다.

나카에 고우와 나카에 스스무의 증언

나는 2002년 6월 이후 4대 가쓰지로의 동생[103]인 나카에 마사요시中江将悌: 悌一의 부인인 고우 및 장남인 나카에 스스무中江進와 몇 번이나 이야기를 나눴다. 미나카이에 친근감을 느꼈을 뿐만 아니라 자주 눈에 펼쳐지는 스크린을 통해 창업자 4형제와 그 가족의 모습이 항상 따라 다니는 듯한 심리상태가 되었기

102 여성 속옷으로 유명한 기업. ―역자
103 두 형제 모두 양자이다. ―역자

때문이다.

"4대 가쓰지로는 주식으로 모든 재산을 잃고 선대가 세운 시가현에서 현존하는 일본식 전통가옥 중 최고라고 불렸던, 본가저택3대 가쓰지로가 미나카이를 총지휘했던 곤도에 위치한 가옥을 그냥 허망하게 매각해버렸다. 게다가 가장이라는 위치이면서 어머니인 기미3대 가쓰지로 부인의 노후 부양을 하지도 않고, 내쫓으면서까지 본가저택을 매각했다."

내가 수집한 이 이야기를 나카에 고우中江幸와 나카에 스스무에게 확인해보았다.

"전쟁이 끝나기 전 한발 앞서 어머니나카에 고우와 같이 귀국했던 나나카에 스스무는 당시 5살이었다. 본가저택에서 4대 가쓰지로를 본적이 있는데 진품인 호랑이 가죽이 깔린 자리에 앉아 나같은 아이들에게 거만하게 대하던 모습을 선명하게 기억하고 있다."

"주식으로 큰 손해를 보고 모든 재산을 잃은 것도 사실이다. 어머니를 내쫓은 것도 사실이다. 우리 아버지나카에 마사요시가 모셨다. 기미가 목숨 다음으로 중요시 했던 나카에 가문의 부쓰단仏壇[104]도 아버지가 가지고 왔다. 기미는 히코네彦根[105]의 아버지 집에서 돌아가셨다. 그래서 전쟁이 끝난 이후의 나카에 가문의 실질적인 장손가문을 잇는 집안은 나카에 마사요시이고 그 장남인 내가 나카에 본가로서 그 가문을 이어가고 있다고 생각하고 있다. 선조 모시기를 그토록 중요시 해온 나카에 가문의 장손이라던 사람이 부모뿐만 아니라 선조까지 버리고 그 집을 팔아넘겼으니 그는 가문을 잇는 장손으로서 자격이 없다."

어조는 온화했지만 내용은 4대 가쓰지로

104 집 안에 설치해 놓은 불단을 의미한다. 일본의 가정에는 크고 작은 불단을 설치해 놓고 매일 선조나 죽은 가족 혼령에 제사를 지내고 모신다. 매일 절이나 묘에 가는 것을 대신해 매일 가정 내의 불단에 참배를 하며 가족의 건강과 가정의 평온을 기원하기도 한다. —역자
105 히코네(彦根)는 현재 시가(滋賀)현 비와코(琵琶湖) 동쪽 연안에 있는 시. —역자

에 대한 엄한 규탄이었다. 옆에 있었던 고우나카에 마사요시의 부인은 아무 말
도 없었지만 그녀의 표정에서 나카에 스스무에 동의하고 있었다.

두터운 신앙심을 기초로 한 높은 윤리관이나 금욕주의적인 도량,
이것이 3대 가쓰지로가 끝까지 추구한 정신이었다. 이 정신이 바탕에 있
고나서 '검약하는 생활과 불필요한 것을 줄이며 효용을 극대화하고 매
일 용기를 내 분발한다'는 말이나 '삼포요시'라는 상인의 도리가 단순히
돈벌이를 위한 상업활동을 뛰어넘은 보편적인 의미를 가지며, 더 나아가
시공간을 뛰어넘어 현대 경영에도 통하는 것이 될 수 있다. 나카에 슈고
에게는 그 정신이 없었다.

나카에 스스무의 증언은 계속됐다.

"나카에 슈고가 미나카이를 정말 재건하고 싶었었는지 의문스럽
다. 당시 도쿄에 있던 상품구매 · 조달 담당 계열사 점장이었던 가와조에
기요조河添喜代造로부터 들은 얘기로는 젊은 사장이 도쿄 구매점 재산을
모두 팔아 처분하라고 해서 미나카이를 재건하기 위해 자금을 모으고 있
다는 생각에 가와조에 기요조는 급하게 현금을 만들어 가방에 넣어 야간
열차를 몇 번 갈아타면서까지 신속하게 교토로 운반했다. 그런데 나카에
슈고는 그 돈을 전부 유흥비로 사용했다고 한다."

"나카에 슈고가 그 본가저택을 팔려고 할 때 어머니가 '왜 이 집까
지 팔려고 하냐? 아버지가 심혈을 기울여 세운 이 집을……'이라고 따져
묻자 나카에 슈고는 '우선 먹고 살아야지요. 미나카이의 재건은 그 후에
하겠습니다'라고 태연하게 대답했다고 한다"라며 나카에 스스무가 말
을 이었다.

그 본가저택을 매수한 곳은 고우[106]의 여동생인 요시
芳의 남편 가와구치 이치사부로川口市三郎의 아버지다. 현재

106 나카에마사요시
의 부인. ─역자

가와구치 이치사부로는 오우미직물近江織物의 4대째 경영자로 활약하고 있다.

4대 가쓰지로가 한패들과 같이 매일같이 기온祗園, 시마바라島原의 유흥점에 나들었다는 것은 몇몇의 증언으로 확인됐다. 유흥에 빠져 재건할 의지나 의욕도 없는 나카에 슈고가 던진 말들은 미나카이의 창업자 4형제에 대한 가장 큰 굴욕이며 재건을 학수고대하던 전 사원들에 대한 배신이다.

모든 재산을 잃은 나카에 슈고와 그 가족은 도망치듯 곤도에서 떠났다. 교토의 구라마산鞍馬山[107] 속에서 양계를 시작했지만 그것도 실패하고 나카에 슈고는 47세로 세상을 떠났다.

"닭장 같은 집에서 살다 결국 길지도 않는 일생을 살았고, 장례식에는 형제들이나 종형제들도 거의 출석하지 않았습니다."

나카에 고우와 나카에 스스무는 이렇게 증언했다.

모든 것은 역사 속으로

나카에 아키히로, 그리고 나카에 고우와 나카에 스스무 모자의 증언으로 확인한 미나카이 그룹의 종말은 슬플 정도로 허무하다. 창업자 4형제가 지향했던 비전, 모진 노력으로 쌓아올린 경영 지식·노하우나 지혜는 어디로 사라져버린 것일까?

4대 가쓰지로를 보좌하고 지원했던 종형제들이나 야마와키山脇 가문과 오쿠이奧井 가문의 많은 친척들은 4대 가쓰지로의 무모한 주식투자, 본가저택의 매각, 모친을 쫓아내는 등의 이상한 행동들에 수수방관했고 어떻게 보면 똑같은 한

107 교토 북부에 있는 산. ─역자

패가 된 것이다. 미나카이의 재건을 진정으로 생각하며 구체적인 계획을 세운 사람이 나카에 가문 중에서 한 사람도 없었다는 것이 나로서는 도저히 납득이 안 간다.

나카에 아키히로는 "패전 이후 우리는 하루하루 살아가는 것조차 벅찼다"고 힘들었던 얘기를 하지만, 그런 때야말로 재건을 했어야 했다.

나카에 아키히로와 그 가족의 패전 이후는 아주 평범했다.

도미주로의 장남인 나카에 고이치는 대전점장 시절에 무단으로 점포를 증축한 이유로 미나카이에서 해고됐는데 패전 후 귀국해 곤도로 돌아왔다. 나카에 고이치는 장남이라는 이유로 도미주로가 남긴 곤도나 교토 시내의 집, 토지, 보고의 재물 등 유산을 모조리 매각해 탕진하고 데릴사위로 들어와 형제가 된 나카에 아키히로와 그 가족을 곤도 집에서 내쫓았다.

곤도에 있던 집 대지는 1200평으로 본가저택보다 컸고 도미주로의 성격을 대변하듯 호화스럽고 풍격 있는 일본식 건축이었다. 정원에 심은 100그루의 소나무는 '나카에 도미주로의 소나무 숲'으로 유명했다. 그후 전매되어 지금은 방치되어 있다. 최근 고카쇼초五箇荘町의 지자체 관리로 이전되어 개수공사를 한다고 한다.

나카에 아키히로는 나카에 고이치가 시작한 조그마한 가게를 도왔다. 힘들어도 데릴사위로 들어와 형이 된 나카에 고이치에게는 저항할수 없는 나카에 아키히로였다. 그 후 나카에 고이치가 식료품이나 석유를 취급하는 점포로 전업하자 또 같이 도왔다. 40세 무렵부터는 교토 가메오카亀岡에 있는 본가인 나카자와中澤 가문이 운영하던 회사제분, 잡곡 관련업에서 경리일을 했다. 나카에 아키히로는 패전 후 계속 보조역이었다. "군복무를 마치고 곧바로 하치만八幡상업학교의 교원으로 꼭 와달라는 부탁을 받았는데, 당시 건강상태가 좋지 않아 교원직을 해낼 수 없다고 생각해 거절했다. 그 일이 아직도 마음에 걸린다"고 술회했다. 만약 거절하지 않았다면 지금쯤 착실하게 학생들 뒷바라지를 잘 하는 좋은 교사가 되었을 것이다.

Y 나카에 데이치(촬영 연도 불명)
출처_나카에 고우(中江幸) 소장

나카에 데이치中江悌一는 패전 후 무슨 일을 해도 잘 안 풀려 나카에 마사요시中江将悌로 개명했다. 교토로 다니며 채소가게를 하기도 하고 우메보시梅干**108**를 만들어 도쿄에 내다 팔기도 했지만 잘 풀리지 않았다. 1949년 히코네彦根로 가족 모두가 함께 이사를 해서 센베이과자의 위탁가공, 막과자, 일본 전통과자 등 순차적으로 상품을 바꿔가다가 1955년에 양과자洋菓子를 시작해 겨우 '장사'가 궤도에 올랐다.

그의 가족은 현재 히코네성 인근에 위치한 성벽외각의 도로변에서 점포를 운영한다. 대가 바뀌어 장남인 나카에 스스무가 주인이다. 상호는 '미나카이'로 점포 입구에 걸린 井자 마크가 새겨진 간판이 눈에 뜨였다.

패전 당시 미나카이의 임원으로 미나카이 경성점 점장이었던 니시무라 게이치西村慶一: 니시무라 규지로(西村久次郎)의 장남는 도쿄에서 가린토花林糖**109** 제조판매업을 일으켜 성

108 매실장아찌, 핑크색이나 빨간색의 매실 장아찌로 지금도 시중에 판매되는 도시락을 보면 밥 한 중앙에 하나 정도가 놓여 있다. 종류도 다양하며 일본에서는 건강에 도움을 주는 식재로 애용되고 있다. ─역자
109 일본의 막과자의 한 종류로 밀가루를 길게 늘어트려(막대기 모양) 기름에 튀겨 흑설탕 등을 묻혀 만든 과자. ─역자

공했다. 규지로는 과거 미나카이 그룹 내에서 '실속파'로 불리었다. '사업은 크기보다는 알맹이가 중요', '작은 가게라도 확실한 이익'이라고 주장하며 항상 가쓰지로와 도미주로의 확대전략에 재검토 의견을 냈던 사람이다. 그런 규지로의 장남이 패전 이후에 미나카이 창업자 4형제 가문 중에서 가장 성공한 상인이 된 것도 아이러니하다.

나카에 4형제 저택 중에 현재 준고로가 주거했던 가옥만이 일반에 공개되고 있다. 준고로의 양자인 나카에 쇼지의 후대들이 고카쇼초 사무소[110]에 의뢰해 상인대정관大正舘으로 공개한 것이다. 4형제 저택 중에서 가장 작은 규모의 가옥으로 정원도 화려함이 없는 조용하고 아기자기한 일본 정원이다. 준고로의 성격을 잘 반영하고 있으며 가쓰지로의 본가저택이나 도미주로의 저택과 같이 다른 사람들에게 보이기 위해 의식해서 크게 만든 흔적이 없다.

인접해 있는 작가 도노무라 시게루外村繁의 생가도 '상인관商人館'이라는 이름으로 공개되고 있다. 도노무라 시게루는 오우미상인을 테마로 한 소설《뗏목筏》3부작 등으로 유명한데, 거상이었던 도노무라 요자에몽外村吉左衛門: 교토에 있는 섬유도매상 '도노요外与'의 창업자의 분가 데릴사위인 도노무라 기치타로外村吉太郎의 아들이다. 아버지가 돌아가신 후 한때 도쿄의 니혼바시日本橋에 있는 포목·목면 도매상을 이어받았지만, 1933년에 가업을 동생에게 맡기고 본인은 작가활동에 전념했다.

한일 간의 가교로서의 미나카이

미나카이의 역사는 까마득하게 사라지고 말았다. 그러나 그렇기 때문에 더욱 한일간의 경영·마케팅의 이전, 그중에서도 한국의 백화점·소매업의 원류라고 할 수 있는 미나카이백화점을 한일경제교류사 중에 좀 더 확실하게 자리매김할 필요가 있다고 생각한 것이다. 이전하는 쪽과 이전을 받는 쪽가르침을 받는 쪽과 가르치는 쪽 쌍방이 그 원류를 잊지 않는 것이 우호의 기본이라고 생각하기 때문이다.

일본·일본인은 에도시대까지 조선으로부터 여러 분야의 다양한 문명·문화를 배우고, 그것을 AI이전해 일본 독자적인 문명·문화를 쌓아올렸다. 그 기초가 있었기 때문에 아시아에서 가장 먼저 근대화에 성공하며 아주 자연스럽게 서양의 과학기술을 자유자재로 구사할 수 있게 되었던 것이다.

메이지시대부터 쇼와 20년1945년까지인 약 80년 가까이 일본은 조선과 중국이 자국의 문명이나 문화의 원류라는 사실을 잊은 채, 영원히 후

진국일 것이라는 야랑자대夜郎自大**111**한 모습으로 탈아시아론을 내걸고 서양 열강의 제국주의를 모방해 식민지 획득경쟁에 참가했다. 아시아의 맹주를 자처하고 조선을 식민지화하고 중국을 침략했고 전세계의 비난에도 불구하고 만주국을 세웠다. 전후 일본은 그에 대한 '반성과 사죄'로 지금의 위치에 서있는 것이다. 이것이 오늘날의 일반적인 역사인식이며 나의 기본적인 역사관이기도 하다. 본문 중에 몇 차례 '자기확인'을 한 것도 이런 부분이다.

이런 시대적 배경 속에서 이 기간 동안 일본의 전반적인 산업이 조선에 진출하여 활황의 조선 경제를 만들었다. 특히 1932년부터 1941년까지가 최고 호황기였다. 일본의 경영·마케팅이 이전되고 조선에 자리 잡은 일본 기업을 통해 많은 조선인 상인이나 기업 속으로 경영·마케팅 분야의 기술과 노하우가 침투했다. 본래 이 역사검증을 미나카이라는 기업의 실례를 통해 정리해보고 싶다는 생각에 이 책을 쓰게 됐지만, 역사를 평가하는 것은 참으로 어려운 일이었다.

지금도 한국에서는 일제의 앞잡이, 군국주의 일본 상인인 미나카이나 미쓰코시가 조선인을 수탈했다는 주장이 있다. 한편으로는 일본은 백화점 경영에 관한 이전을 통해 조선에 근대적인 소매업을 육성했고 풍요로운 도시생활·소비생활을 제공했다고 하는 식민지시대를 정당화하는 주장도 있다. 모든 산업분야에서 이와 같이 양자 간에 서로 다른 의견을 가지고 있다.

나는 일방적으로 어느 한쪽의 입장에서만 서서 미나카이의 역사검증(조선에서 창업·성장·발전·붕괴되었던 사실에 대한 가능한 한의 객관적 검증)을 하는 것은 불가능하다고 생각했다. 검증을 끝낸 지금도 이 생각에는 변함이 없다.

111 자기 역량을 모르고 위세를 부린다는 뜻. —역자

실제로는 '일본 통치나 일본인화 교육에 반대·저항했던 조선인들' 중 많은 사람들은 일상생활에서는 일본인의 라이프스타일에 적응하며, 자신들이 '조선인을 수탈했던 일제의 앞잡이'라고 비판하던 미나카이백화점이나 미쓰코시백화점에서 쇼핑을 했던 것이다. 즉 상인과 고객으로서 양자가 '백화점이라고 하는 시장'에서 서로 만나 상품을 통해 서로 만족과 이익을 교환했던 것이다. 조선에서 일본인이 경영했던 백화점이 일본인과 조선인들로부터 지지를 받아 융성·발전했던 40년이라는 시간의 역사가 엄연하게 남아있다. 나는 이 사실을 토대로 미나카이의 흥망의 역사검증을 했다. 그 결과 다음과 같은 가설을 검증할 수 있었다고 생각한다.

즉, 일본인 상인과 조선인 소비자는 상업을 통해 가치를 교환하고 만족을 얻었으며, 그 만족의 경험을 반복함으로써 조선인은 일본인이 경영하는 백화점에 대해 일종의 긍정적인 생각을 갖게 되었다. 그 경험이 거듭 쌓이게 되면서 '일본의 상업은 우수하며 배워야 한다'는 식으로 평가·인식하게 되었고, 해방 후 한국인 기업가들에게도 이런 생각이 이어졌다고 하는 가설이다.

한국의 근대적 백화점 산업의 창업·성장·발전 과정 중에서 한국은 일본의 많은 백화점에 협력을 요청했다. 요구를 받은 일본 측은 단순히 금전적 대가를 받기 위해 기술이나 노하우를 상품처럼 판매하고 나면 그만이라는 것이 아니고, 그것을 뛰어넘어 침식을 거르면서까지 모든 부탁에 응했다고 한다.

나는 해방 후 한국과 일본 간에 유익하고 동시에 효과적으로 이루어진 '경영·마케팅 관련기술과 노하우 등의 이전'은 식민지시대가 그 시발점이라는 사실을 확신했다. 많은 조선인들은 식민지하의 과혹하고 불행한 시대였음에도 불구하고 일본의 사회·정신문화, 물질·경제문화의 전형으로써 백화점 비즈니스를 수용하며 그곳에서 일본 상품을 구입했던 것이다.

한국의 정사에서는 일본에 국권을 빼앗겨 간접통치 지배를 받았던 처음 35년1876~1910년과 식민지하에서 직접통치를 받았던 35년일본이 패전한 1945년까지을 포함한 71년간을 일본에서 독립하기 위한 독립운동과 독립전쟁의 역사였다고 해석한다. 조선 자체적으로 존재하고 있었던 근대화의 씨앗이 일본의 식민지지배로 인해 철저하게 짓밟혔기 때문에 발전이 저해되어 조선 근대화가 늦어졌다고 주장한다. 그리고 한일병합이 있었던 1910년부터 3·1독립운동이 있었던 1919년까지를 한민족의 독립운동 기간으로 조선인이 일본의 지배에 따르지 않았으며, 3·1독립운동 이후는 조선이 일본과 독립전쟁을 벌인 교전기간이었고, 1945년 8월 독립전쟁에 승리했다고 인식하고 있다.

이런 관점에서 본다면 경성에 있던 일본인이 경영한 4대 백화점은 적의 대표적인 상인이며, 그곳에서 즐겁게 일본 상품을 구매했던 조선인은 이적행위를 한 민족의 배신자들이라고 할 수 있다. 그러나 실제로 달리 생활용품을 구입할 수 있는 선택의 여지가 없었기 때문에 그런 이유로 배신자가 되지는 않는다.

이런 한국의 역사관을 100% 받아들이는 일본인은 '조선에서 생활을 했던 일본인, 그 존재 그 자체가 침략이었다'고 생각하게 된다. 조선에 건너간 일본 기업이나 거기에서 일했던 일본인 사원, 관리, 교사, 의사는 물론이고 상업, 농업, 어업, 임업, 광업 등에 종사하면서 생활했던 최대 75만 명의 일본인 전체, 그 한 사람 한 사람의 존재가 침략자다. 물론 우리 가족의 조선 생활도 침략이고 수탈이었다는 것이 된다. 아버지가 금강에 제방을 쌓기 위해 설계기사로 조선에 파견되었기 때문에 나는 침략자의 2세로 분류된다. 나는 이러한 발언에 몇 번이고 납득이 안 간다는 생각을 했다.

설사 그런 해석이 옳다고 할지라도 그곳에서 선택의 여지가 없이 태어나 5살까지 자라면서 정들었던 부여의 마을과 산하는 나에게 그리운 고향의 풍경이다. 내가 태어난 고향은 오직 그곳뿐이다. 같이 하천에서 물놀이를 했던 인근의 조선인 아이들은 당시 나와 함께 용기나 모험심을 경쟁하며 싸움이나 나무타기, 시장에서 참외 훔치기 등을 똑같이 경험한 친구들이다. 행복했던 나날이었고 잊을 수 없는 유년시절의 추억이다.

나는 이런 '조선에 있었던 모든 일본인은 침략자' 라고 하는 역사관을 완전히 부정하지는 않는다. 일시동인一視同仁, 내선일체內鮮一體라고 하는 '문화융합·동화=Assimilation' 정책이 일본의 식민지통치의 중심이었고 그것은 '조선인의 문화를 근본부터 파괴하려고 했다' 는 것과 같기 때문이다. 타민족을 문화적으로 융합시키려고 했다는 그런 사실들이, 자신의 역사나 문화에 강한 자부심을 가지고 있었던 조선인을 분노하게 했고 한을 품게 했던 것이다.

그러나 이 책에서 검증하려고 했던 경영·마케팅 기술이나 노하우의 조선으로의 이전을 오직 경제침략의 목적만을 위해 시행했고, 조선인에게 어떠한 도움도 주지 못했다는 주장에도 수긍할 수 없다. '조선의 근대화에 도움을 주기위한 것이었다'고 그냥 그대로 정당화 할 생각도, 반대로 일본·일본인이 조선에서 한 모든 언동이나 그 존재조차도 '침략 그 자체였다'고 탄핵할 생각도 없으며, 이같은 생각들은 모두 현실과 전혀 거리가 먼 일방적인 발언이라고 생각한다.

일본과 조선·한국의 교류는 항상 문명이나 문화를 가르치고 가르침을 받는 상호 교류가 역사적·계통적인 측면에서 보면 반복적으로 이루어지고 있다. 양국이 우호적이었던 기간은 물론이고 많은 불행을 가져다준 침략이나 전후 대립의 시대 속에서도 양국의 인간관계 측면에서 보면 자발적인 교류는 역사상 단절된 적이 없다.

에도시대까지 조선에서 일본으로, 메이지 이후부터 일본의 패전까지는 주로 식민지통치를 매개로 일본에서 조선으로, 패전 이후는 독립국 상호간의 관계에서 일본에서 한국으로 각각 문명·문화의 발전 수준이 높은 나라에서 발전·개발을 진행하는 나라로 상호 가르치고 가르침을 받는 행위가 계속적으로 이어져 왔으며 앞으로도 계속 될 것이다.

그러한 것들은 하나의 해협을 끼고 인접해있는 한일 양국·양국민으로서는 역사적으로 선택의 여지가 없는 그리고 끊을래야 끊을 수 없는 생존을 위한 공통의 당위성이라는 생각까지 든다. 앞으로의 한일관계는 이제껏 해온 것처럼 한쪽이 항상 가르치고, 다른 한 쪽이 가르침을 받는 상하관계가 아닌, 서로가 가르침을 주고받는 쌍방향 관계가 될 것이다. 21세기는, 예를 들어 기업과 비즈니스 세계에서도 이와 같은 쌍방향 이전이 극히 당연한 시대다.

일본에서는 그 실체가 이미 오래전에 소멸된 미나카이지만, 오래전에 한국에 전해져 한국에서 계승되어지고 있는 백화점 비즈니스의 원형으로 지금은 한국인의 손에 의해 성숙되고 창조되어 한국 독자적인 백화점 비즈니스 속에서 같이 살아 숨 쉬고 있는 것이다.

그것은 일본인이 과거 조선에서 배운 장유유서와 같은 위계질서 세계관이나 '공'을 '사'보다 상위에 놓은 윤리관과 같은 유교정신이 오늘날의 일본인 성향의 원형이 된 것과 같은 맥락이라고 생각한다.

가르치고 가르침을 받는 행위, 내가 말하는 쌍방향의 AI이전을 통해 경제 · 경영의 한일교류를 확대 · 계속하는 일에 나는 앞으로도 미력이나마 전력을 다할 생각이다.

저자 후기

미나카이백화점의 흥망이라는 테마를 좇아 연구하면서 새롭게 실감한 것이 있다. 사업이라는 것은 그에 연관된 사람들의 인생 드라마의 집적이며, 그것을 기업의 목적에 따라 전략적으로 통합한 생명체와 같은 것이다. 기업의 창업, 성장·발전, 계승과 소멸을 검증하는 것은, 즉 그 구성원들 각각의 인생을 해부하는 것이 된다.

인간이 살아가는 모습은 각각의 삶의 무대에서 펼쳐지는 다종다양한 이벤트의 연속이다. 그 탄생과 죽음이라는 사이에 쌓아 올려 진 철학, 사고나 행동의 패턴, 자신이나 타인의 인생에 미치는 영향력, 사회와의 관계 등 눈에 보이는 것과 그렇지 않은 것을 포함해 모든 것들을 그려내기란 무척 힘든 일이다.

미나카이에 관해 연구하기 시작한 지 2년 가까이 됐지만, 이미 오래전부터 미나카이와 같이 보낸 기분이다. 미나카이의 역사검증이 생각지도 않게 나 자신의 역사검증도 되었다. 조선·한국과의 개인적인 관계, 마케팅 전문가로서의 한국에서의 경험, 이 역사검증을 통해 얻은 새로운 만남이나 지식과 견해 등을 새롭게 생각해보는 기회가 됐다.

나는 예전부터 일본과 한국관계에 있어서 기업 상호간의 경영·마케팅뿐만 아니라 제조·생산기술을 포함한 전반적인 이전에 관한 이야기를 써보고 싶다는 생각을 했었다. 즉, 일본과 한국 기업이 서로 가르치고 가르침을 받는 그런 드라마를 그려내는 데 한번 전력을 쏟아보고 싶었다. 앞으로 미나카이나 미쓰코시 등 유통업 연구에서 얻은 식견을 출발점으로 해서 오늘날의 자동차, 가전, 화장품, 가정용품, 식품·음료, 카메라, 광고대리업 등의 분야를 분석해갈 생각이다.

이 책을 집필하는 데 있어서 뒷부분의 참고문헌 외에 일본과 한국 많은 분들에게 신세를 졌다. 그분들의 증언이나 추억에 관한 얘기 등이 많은 문헌의 부족한 부분을 채워주었고, 통계데이터나 골격뿐인 사실관계에 살을 붙여 살아있는 실상처럼 그려내는 데 큰 도움이 되었다.

가문의 자료나 인터뷰 내용을 이용하며, 내 견해를 전개할 수 있도록 이해해준 분들은 다음과 같다. 다시 한 번 감사의 인사를 드리고 싶다.

나카에 아키히로中江章浩, 아키야마 에이치秋山英一, 미야케 데쓰오三宅鉄雄, 손정목孫禎睦, 김충기金忠起, 함광남咸光男, 나카에 고우中江幸, 나카에 스스무中江進, 니시무라 모토요시西村元愛, 나카에 스미中江寿美, 모리 요시카즈森善一, 사카구치 노보루坂口昇, 세키 요시하루関美晴, 손달식孫達植, 유한섭柳漢燮,(이상 경어 생략) 이 이외에도 많은 분들에게 도움을 받았지만 생략하기로 한다.

문헌자료 수집에서 주로 협력을 받은 곳은 시가滋賀대학 도서관과 같은 대학의 경제경영연구소 관계자분들이다. 대학 소장 문헌은 물론이고 다른 대학에 협조를 요청해 수많은 문헌을 수집해주었다. 감사의 인사를 드린다.

내가 소속해 있는 경제학부 우사미 히데키宇佐美英機 교수오우미상인
연구를 중심으로 한 일본 경영에게 당초 미나카이백화점에 관한 문헌 복사본을
받았고 "오우미상인을 연구하면 일본 기업경영의 대부분의 패턴이나
원형을 알 수 있다. 그 성공과 실패 사례의 보고寶庫다"라고 가르쳐주었
다. 또한 고카쇼초五箇莊町에 있는 오우미상인박물관이 소장하고 있는 미
나카이 관련문헌을 열람할 수 있도록 해주었다. 깊은 감사를 드린다.

같은 대학의 이토 히로유키伊藤博之 교수경영전략론·조직론는 원고를
읽고 미나카이가 정점에 있었던 시점에 이미 경영전략이나 조직 내부에
패전 후에 소멸하게 되는 원인이 싹트고 있었지 않았는가 하는 필자의
관점에 공감하며, "미나카이는 회사를 세우는 데는 성공했지만 창업자인
4형제가 세상을 떠난 후 '영속할 수 있는 조직의 틀'을 갖춘 기업으로 진
화하는 데는 실패한 것 같다"는 지적을 해주었다.

나카무라 마야中村麻耶는 자동소총과 같이 빠른 타법으로 내 원고를
재빠르게 정리하고 몇 번에 걸친 수정과 퇴고로 마술처럼 깨끗하게 정리
해주었다. 이 책에 실린 사진도 모두 정리해주었고 첫 번째 독자로서 유
익한 많은 조언을 해주었다.

오랜 친구인 오가미 마사토시大神正寿씨는 나카에 아키히로中江章浩
댁의 방문 때 자신의 애마로 동행해주었다. 오가미 마사토시 씨는 시가
현滋賀県 구사쓰시草津市에 있는 무치자키 하치만구鞭崎八幡宮: 신사의 제42대
궁사宮司★ 직을 수행하며, 오랫동안 외국계 제약회사 간부를 지낸 국제
파 비즈니스맨이기도 하다.

한국에 관해서 많은 공감대를 가지고 있는 스
즈키 미치아키鈴木宙明 씨의 예리한 지적에 감사드린

★ 신사의 제사를 맡은 신관
(神官)으로 최고위. ─역자

다. 스즈키 미치아키 씨는 한때 하쿠호도博報堂★에서 한국을 대표하는 광고대리회사 고문으로 파견되어 근무했고, 그 후 프리랜서 자격으로 한국 대리점에서 광고제작본부장을 역임했으며《한국 생중계》講談社라는 책을 썼다. 일본과 한국간의 역사검증과 역사평가를 한다는 것은 자기 자신을 도려내는 것과 같은 고통이 따를 수 있으나 '그것을 피하려 하지 말라'는 따끔한 지적을 받았다.

편집을 담당해준 야마시타 도시후미山下寿文에게 특히 감사드린다. "미나카이백화점 흥망 스토리가 단순한 역사이야기로 끝나지 않고 핵심 독자층인 오늘날의 비즈니스맨들에게 유익한 메시지를 전할 수 있도록 해야 한다"는 그의 조언에 어디까지 대응했고, 기대에 부응했는지 많은 독자 분들의 비평과 소감을 기다린다.

그리고 출판사인 반세이샤晩聲社의 성미자成美子 씨와 쥬코 소노오中古苑生 씨는 이 책을 '읽기 쉽고 알기 쉽게' 전력을 다해 다듬어 주었다. 깊은 감사를 드린다.

마지막으로 이 책을 읽게 되는 예전의 미나카이 관계자나 그 친족 분들의 입장에서 사실관계 측면에서 착오가 있을 경우 지적해줄 것을 부탁하는 바이다. 또한 새로운 사실 · 자료 · 가문전기를 가지고 있는 경우 해가 되지 않는 범위에서 제공해줄 것을 부탁드리고 싶다. 그것들은 앞으로 새롭게 개정하는 데 좋은 기초자료가 될 것이다.

★ 일본의 광고 회사. ─역자

나카에(中江) 일가 가계도

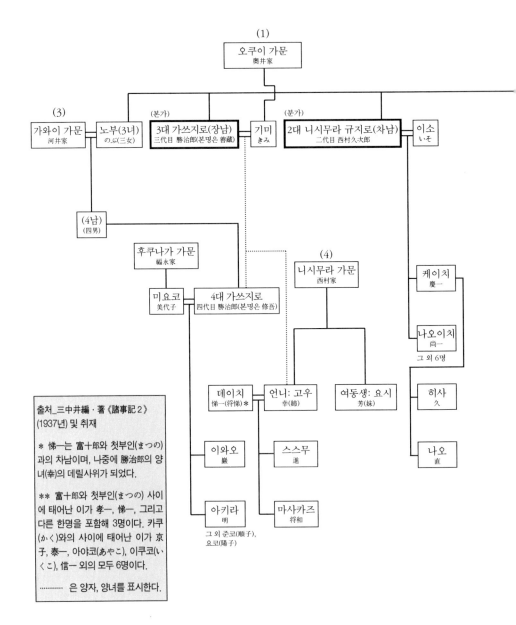

(1) 오쿠이 가문
奥井家

(3) 가와이 가문
河井家

노부(3녀)
のぶ(三女)

(본가) 3대 가쓰지로(장남)
三代目 勝治郎(본명은 善蔵)

기미
きみ

(분가) 2대 니시무라 규지로(차남)
二代目 西村久次郎

이소
いそ

(4남)
(四男)

후쿠나가 가문
福永家

미요코
美代子

4대 가쓰지로
四代目 勝治郎(본명은 修吾)

(4) 니시무라 가문
西村家

케이치
慶一

나오이치
尚一

그 외 6명

데이치
悌一(将悌) *

언니: 고우
幸(姉)

여동생: 요시
芳(妹)

히사
久

이와오
巖

스스무
進

나오
直

출처_三中井編·著《諸事記 2》
(1937년) 및 취재

* 悌一는 富十郎와 첫부인(まつの)
과의 차남이며, 나중에 勝治郎의 양
녀(幸)의 데릴사위가 되었다.

** 富十郎와 첫부인(まつの) 사이
에 태어난 이가 孝一, 悌一, 그리고
다른 한명을 포함해 3명이다. 카쿠
(かく)와의 사이에 태어난 이가 京
子, 泰一, 아야코(あやこ), 이쿠코(い
くこ), 信一 외의 모두 6명이다.

·········· 은 양자, 양녀를 표시한다.

아키라
明

마사카즈
将和

그 외 준코(順子),
요코(陽子)

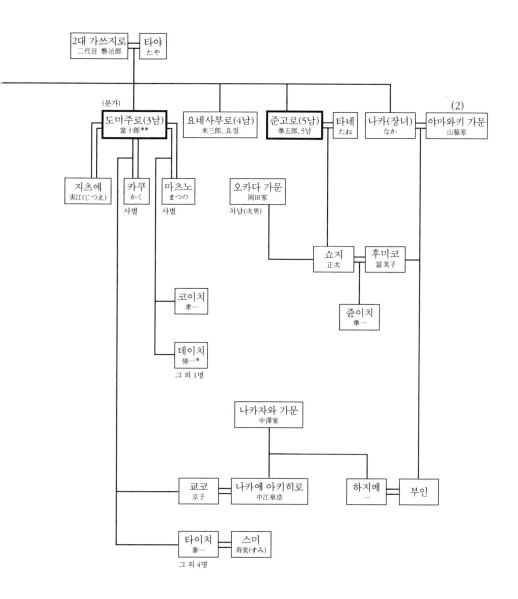

(1)

오쿠이 가문(와헤이)
奧井家(和平)

와이치로
和一郎

도요조
豊藏

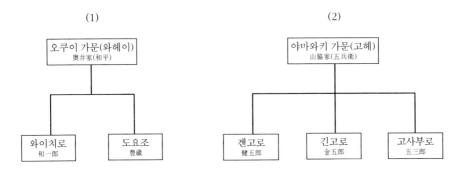

(2)

야마와키 가문(고헤)
山脇家(五兵衛)

겐고로
健五郎

긴고로
金五郎

고사부로
五三郎

(3)

가와이 가문(쿠메지로)
河井家(粂次郎)

분조
文三

(4)

니시무라 가문(토시키치)
西村家(敏吉)

나카에 데이치
中江悌一

고우
幸(姉)

요시
芳(妹)

기와구치 이치사부로
川口市三郎

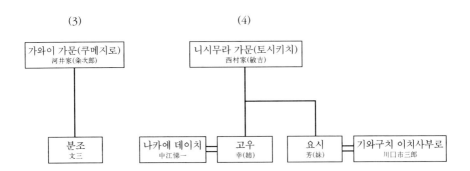

일본연호 연(서기)	세계, 일본, 조선의 동향 ( )는 월	미나카이의 역사	다른 백화점의 동향
메이지5 1872		나카에 젠조(中江善蔵)(3대 가쓰지로), '나카이야(中井屋)*'의 장남으로 태어나다. * 포목과 의류관련 재료상. —역자	
메이지8 1875		니시무라 규지로(西村久次郎)나카에 가문의 차남으로 태어남.	
메이지9 1876	조일수호조규(강화도조약) 체결(2). 조선개국.		
메이지10 1877	부산개항(4).	나카에 도미주로(中江富十郎: 3남) 태어나다.	
메이지13 1879	한성(후에 경성, 현재 서울)에 일본공사관 설치(4). 원산개항(5).		
메이지16 1882	인천개항(1). 한성개방(11).		
메이지17 1883	갑신정변(12). 김옥균 쿠테타 실패 후 일본에 망명.		
메이지18 1884	천진조약(4). 조선에서 일본과 청나라 군대 철수.		
메이지20 1886		나카에 준고로(中江準五郎) 태어나다.	
메이지27 1894	갑오동학혁명(2). 청일전쟁 시작.		
메이지28 1895	청일강화조약(시모노세키조약)조인(4), 조선 독립을 명기. 3국간섭(4). 대만 일본의 식민지가 됨(8). 민비 시해사건(을미사변)(10).		**에치고야**(越後屋)를 합명 회사인 **미쓰이**(三井)**포목점**으로 조직개편(미쓰코시(三越) 전신: 일본 도쿄).
메이지30 1897	대한제국으로 개명(10). 대만총독부설치(10).		
메이지34 1901	일본의 주한공사가 한국이민론을 발표(1). 경부철도 기공식(8).		
메이지35 1902	일본과 영국 동맹 성립(1).		
메이지36 1903	러시아, 일본에 한국분할(북위39도 선으로)지배를 제안(8), 일본거부. 러시아 만주를 점령.		

메이지37 1904	러일전쟁 시작됨(2). 한일협정서 조인(2), 한국은 일본의 보호국으로. 경의철도착공(3). 1차 한일협약(8), 한국정부내에 일본인 관리를 투입. 경부철도전면개통(11).		조지야(丁子屋)양복점(부산점)개점(4), 경성점 개점(10). (주)미쓰코시포목점 창립(도쿄).
메이지38 1905	포츠담조약체결(9). 2차 한일협약(을미보호조약)(11), 한국 외교권을 일본의 지배하로. 경의철도 개통(11). 통감부를 설치하고 초대 통감에 이토 히로부미(伊藤博文)를 임명(12).	**미나카이상점** 대구에 창업 개점(1).	
메이지39 1906	남만주철도(주)설립.	진주점 개점(1907년 설도 있음).	미쓰코시 경성출장소 개설 (2층 건물 50평)(10). 히라타야(平田屋) 창업.
메이지40 1907	헤이그밀사사건(6), 한국황제양위. 3차 한일협약 조인(7). 한국군대 해산.	**미나카이포목점**으로 개명, 이전(6).	
메이지41 1908			다카시마야(高島屋) 경성출장소 개설.
메이지42 1909	이토 히로부미 하얼빈역에서 암살(10).		
메이지43 1910	한일병합(5). 3대 통감 데라우치 마사타케(寺內正毅)가 초대 총독으로 취임(10).		
메이지44 1911		미나카이포목점 경성 본점 개점.	
메이지45 1912 다이쇼1 1912	중화민국 성립(1). 청 멸망(2).		
다이쇼2 1913	(경성-원산)(8). 호남선 개통 (경성-목포)(10).	원산점개점(1914년 설도 있음). 가쓰지로 어머니 사망 후 평생 금주를 실천함.	
다이쇼3 1914	1차 세계대전 시작됨(7). 거류민단법, 거류지제도를 철폐.	미나카이 합명회사 결성 (추정).	(주)미쓰코시가 됨(도쿄). 미쓰코시백화점 니혼바시(日本橋)본점 개설(10).
다이쇼4 1915	상공회의소를 일본인·조선인 공동으로 하는 정령(政令)을 시행.		
다이쇼5 1916	2대 총독 하세가와 요시미치(長谷川好道) 취임(10). 총독부청사 착공.	가쓰지로(勝治郎) 대만 전국 시찰(5).	미쓰코시(백화점 경성출장소를 개축(3층 건물 270평)하고 미쓰코시백화점 경성출장소 개점. 미나카이 정면에 입지.

다이소6(1917)	러시아제국 멸망(3).	가쓰지로(勝治郎) 조선에서 귀국. 그 후 곤도를 미나카이 총본부로 함. 부산점 개점(6)(1916년 설도 있음). 교토 구매부 설치(4)(1918년 설도 있음).	
다이쇼7(1918)	1차 세계대전 종전(11).		
다이쇼8(1919)	3·1독립운동(3). 파리강화회의, 베르사유조약 조인(6). 3대 총독 사이토 마코토(齋藤実)취임(8). '문화정치' 를 공표(9).	평양점 개점(10).	다카시마야(高島屋)가 백화점으로 변신.
다이쇼9(1920)	국제연맹 발족(1), 일본은 상임이사국이 되었으며 일본이 제안한 인종차별철폐는 거부 됨. 미국 캘리포니아주에서 배일토지법 성립(11), 일본인 토지를 빼앗음. 조선일보, 동아일보, 시사신보 창간.		다이마루(大丸) 백화점으로 변신.
다이쇼10(1921)			(주)조지야 백화점으로 되면서 경성본점 개점.
다이쇼11(1922)		(주)미나카이포목점 창립(1)(본사: 경성).	
다이쇼12(1923)	관동대지진(9).	가쓰지로가 미나미고카쇼(南五箇荘) 촌장(村長)이 됨(1). 도쿄지점을 개점(3).	
다이쇼13(1924)	경성제국대학 예과(豫科) 개설(5). 아메리카 신이민법(배일이민법)성립(7).	가쓰지로 미국 시찰여행(6~9). 목포점 개점(12).	미쓰코시가 구관인 2층 건물을 3층으로 증개축.
다이쇼14(1925)	조선신궁(朝鮮神宮) 건립.	가쓰지로 중국 각지를 순회(5). 금연을 함.	
다이쇼15(1926) 쇼와1(1926)	총독부 청사 완성(1). 경성제국대 학부 개설(5).		히라타야(平田屋)백화점 개점(3).
쇼와2(1927)	금융공황(3). 우가키 가즈시게(宇垣一成) 임시대리총독(4~10). 4대 총독 야마나시 한조(山梨半造) 취임(12).		
쇼와3(1928)		흥남점개점(7). 함흥점 개점(9).	
쇼와4(1929)	암흑의 목요일(10), 세계대공황 시작. 5대 총독 사이토 마코토(齋藤実) 재취임(12).	경성본점신관 낙성(5개층)(3). 군산점 개점(9).	조지야본점 증축. 미쓰코시(三越)경성출장소를 지점으로 승격.
쇼와5(1930)	일본 대불황(쇼와공황).	도미주로(富十郎) 일본 귀국, 교토 구매(상품조달)점 책임자가 됨.	미쓰코시 경성점 신축 이전, 토지 734평, 지상4층(일부 5층)에 지하 1층, 연 2,300여 평(10).

쇼와6 1931	6대 총독 우가키 가즈시게(宇垣一成) 취임(6). 만주사변(9), 중일 15년 전쟁 시작(9).		화신상회 설립(박흥식).
쇼와7 1932	만주국건국(3), 오족협화(五族協和) 슬로건.	광주점 개점(6). 대전점 개점(9). 가쓰지로(勝治郎)에게 감수포장(紺綬褒章) 수여됨.	화신백화점 개점.
쇼와8 1933	국제연맹만주국 불승인(2). 일본 국제연맹 탈퇴(3). 일본·만주·중국 블록화 슬로건.	미나카이(三中井)백화점 경성본점 신증축 완성(2), 지상 6층 지하 1층 건물, 토지 808평으로 연건평은 2,504평(1934년 설이 있음). 미나카이백화점 신경(新京)점 개점(12). 대구점 신장개점. 평양점 신장개점.	
쇼와9 1934		(주)미나카이로 개칭(2).	
쇼와10 1935		청진점 개점(2).	만주 조지야 설립. 화신백화점 화재로 소실.
쇼와11 1936	7대 총독 미나미 지로(南次郎) 취임(8).	오사카(大阪) 구매(상품조달)점 개점.	
쇼와12 1937	노구교(盧溝橋)사건(7). 중일전쟁 시작.	부산점 신장개점. 준고로(準五郎) 사망(52세). 미나카이 헌칙(憲則) 개정.	화신백화점 신장개점, 지상 6층 지하 1층으로 연2,000평. 미쓰코시경성점 증축(본점과 연결), 연2,800여평.
쇼와13 1938	조선교육령을 개정(3). 조선인에 대한 교육차별 철폐(4)로 조선어로 하는 교육 실질적으로 금지. 국가총동원법(4).	신경에 동아미나카이(東亞三中井) 설립(4)(지점: 북경, 봉천, 하얼빈, 목단강(牧丹江). 도미주로(富十郎) 사망(61세).	조지야 신관증축. 조선 최대 매장면적.
쇼와14 1939	제2차 세계대전 시작(9). 조선인 노동자 집단모집(9). 창씨개명을 실시(12).	이사회총회에서 3대 가쓰지로 사장직 사임(67세).	
쇼와15 1940	일본, 독일, 이탈리아 3국 동맹조인(9).	슈고(修吾)가 사장으로 취임(4대 가쓰지로). 신의주점 개점.	
쇼와16 1941	태평양전쟁 시작(12).	남경(南京)점 개점.	
쇼와17 1942	8대 총독으로 고이소 구니아키(小磯国昭) 취임(5).		
쇼와19 1944	9대 총독 아베 노부유키(阿部 信行) 취임(7).	3대 가쓰지로 사망(72).	
쇼와20 1945	일본 패전(8).	니시무라 규지로(西村久次郎) 사망(70세). 미나카이백화점 경성점 폐쇄(10).	

1. 서적 · 논문

梶山季之, 1963, 《李朝残影》, 文藝春秋新社

김문식 외, 1971, 《일제의 경제침탈사》, 민중서관

조기준 외, 1971, 《일제하의 민족생활사》, 민중서관

松田伊三雄, 1972, 〈私の履歴書〉, 日本経済新聞

손정목(孫禎睦), 1977, 《조선시대 도시사회 연구》, 일지사

한국일보 편 · 발행, 1981, 〈화신 · 박 흥식 회상록〉, 《재계회고》

손정목, 1982, 《한국개항기도시변화과정연구》, 일지사

손정목, 1982, 《한국개항기도시사회경제사연구》, 일지사

小倉栄一郎, 1988, 《近江商人の経営》, サンブライト出版

木村健二, 1989, 《在朝日本人の社会史》, 未来社

小倉栄一郎, 1990, 《近江商人の系譜》, 社会思想社

安岡重明 · 藤田貞一郎 · 石川健次郎編著, 1992, 《近江商人の経営遺産~その再評価~》, 同文舘

藤本秀夫, 1994, 《泉靖一伝》, 平凡社

趙 豊衍(尹 大辰 訳), 1995, 《韓国の風俗~いまは昔~》, 南雲堂

손정목, 1996, 《일제강점기 도시화과정연구》, 일지사

林廣茂, 1996, 《等身大の韓国人 · 等身大の日本人~日韓での消費者分析の現場から~》,
        タケハヤ出版

末永國紀, 1997, 《近江商人経営史論》, 有斐閣

黒田勝弘, 1999, 《韓国人の歴史観》, 文芸春秋

손정목, 1999, 〈서울 50년사 18〉, 서울특별시 홈페이지

정운현(武井― 訳), 1999, 《ソウルに刻まれた日本~69年の事跡を歩く~》, 桐書房

林廣茂, 1999, 《国境を越えるマーケティングの移転~日本のマーケティングの移転理論構築の

試み~》, 同文舘

末永國紀, 2000, 《近江商人》, 中央公論新社

高橋宗司, 2002, 《植民地朝鮮の日本人》, 岩波書店

鄭大均, 2002, 《韓国ナショナリズムの不幸》, 小学館

林廣茂, 2002, 《自国発ブランドの海外への移転研究》, 《ブランド・マネジメント研究(1)理論編》,
　　　法政大学産業情報センター

신명직, 2003, 《모던뽀이, 경성을 거닐다》, 현실문화연구사

2. 통계 데이터 · 자료

朝鮮総督府編・発行, 1926~1935, 1940, 《朝鮮総督府統計年報》, 滋賀大学図書館所蔵

京城日報社発行, 1930, 1933, 《京城日報》, 一九三〇年二月六日号、一九三三年一二月一七日号

京城府編・発行, 1931~1941, 《京城府勢一班》, 滋賀大学図書館所蔵

桐木重吉編, 1933, 《経済座談会》, 京城商工会議所, 滋賀大学図書館所蔵

朝鮮総督府編・発行, 1934~1935, 《朝鮮統計要覧》, 滋賀大学図書館所蔵

朝鮮総督府編・発行, 1934~1944, 《朝鮮事情》, 滋賀大学図書館所蔵

朝鮮総督府編・発行, 1936~1939, 《朝鮮総督府統計年報》, 高麗書林(復刻版)

賀田直治, 1936, 《京城商工業繁栄の道》, 京城商工会議所, 滋賀大学図書館所蔵

京城府編・発行, 1936, 《京城府商店街調査》, 京城商工会議所, 滋賀大学図書館所蔵

百貨店新聞社編・発行, 1939, 《昭和一四年版日本百貨店総覧》,

台湾総督府編・発行, 1941~1942, 《台湾現住人口統計》, 滋賀大学図書館所蔵

朝鮮総督府編・発行, 1942, 《朝鮮の農業》, 滋賀大学図書館所蔵

百貨店新聞社著・発行, 1942, 《昭和一七年版日本百貨店総覧》,

京城商工会議所編・発行, 1943~1944, 《経済月報》, (昭和一八年一二月号, 昭和一九年一月号, 同
　　　年二月号), 滋賀大学図書館所蔵

大邱府著・発行, 1943, 《大邱府史》,

京城府編・発行, 1982, 《京城府史》, (第一巻~第三巻, 湘南堂(復刻版)

3. 사진집

권오기 편집, 1978, 《사진으로 보는 한국백년(1876~)》, 동아일보사

毎日新聞社編・発行, 1978, 《日本植民地史1朝鮮》

이규헌 외, 1996, 《사진으로 보는 근대 한국(상)》, 서문당

서울특별시청 편・발행, 2002, 《일제침략하의 서울(1910~1945)》, (사진으로 보는 서울2)

4. 회사 사료, 지방 사료 등

丁子屋商店編・発行, 1936, 《丁子屋小史》, 非売品

藤田善三郎, 〈日本最初の百貨店〉(1951~1958), 《金字塔》(三越社内報), 三越総務部所蔵

〈三越のあゆみ〉, 編集委員会, 1954, 《三越のあゆみ》三越, 滋賀大学図書館所蔵

大丸二五〇年史編集委員会, 1967, 《大丸二五〇年史》大丸　滋賀大学図書館所蔵

高島屋一五〇年史編纂委員会編, 1982, 《高島屋一五〇年史》, 高島屋,　滋賀大学図書館所蔵

株式会社三越編・発行, 1990, 《株式会社三越八五年の記録》, 三越総務部所蔵

五箇荘町史編纂委員会, 1994, 《五箇荘町史》第三巻. 近江商人博物館所蔵

5. 미나카이(三中井)관련자료, 회고록

中江勝治郎, 1924, 《渡米日記》, 수기 노트, 中江幸所蔵

三中井編, 1926~1931, 《支店長会議議事録》, 사내자료, 近江商人博物館所蔵

(株)三中井呉服店発行, 1929, 《三中井呉服店御案内》, 小冊子, 滋賀大学図書館所蔵

三中井編, 1932~1934, 《諸事記(1)》, 사내자료, 近江商人博物館所蔵

大空社編・発行, 1934, 〈中江勝治郎〉《戦前財界人名大辞典》, 大空社, 復刻版, 1993

大空社編・発行, 1934, 〈小林源六〉《戦前財界人名大辞典》, 大空社, 復刻版, 1993

大橋平衛編, 1935, 《鮮満と三中井》, (株)三中井 同志社大学人文科学研究所所蔵

阿部薫編, 1935, 〈中江勝治郎氏〉《朝鮮功労者銘鑑》, 民衆持論社, 서울시립대학도서관소장

(株)三中井編, 1937, 《憲則》, 社内版, 滋賀大学図書館所蔵

(株)三中井編, 1938, 《三中井要覧》, 社内版, 滋賀大学図書館所蔵

森善一, 1989,《後代に残す自叙伝》, 私家版

三中井編, 1992,《三中井会名簿》, (第一三回)一九九二年　一〇月一八日

三宅鉄雄, 1996,《私の幸福な八十八年》, 私家版

坂口昇, 2000,《回想八十年》, 私家版

編・発行不明, 三中井, 和信, 丁子屋, 三越,《朝鮮産業の決戦再編成》, (発行年,　発行所不明), 서울
　　시립대학도서관소장

編・発行不明, 三中井, 和信, 丁子屋, 三越,《朝鮮産業の共栄圏参加体制》, (発行年,　発行所不明),
　　서울시립대학도서관소장

6. 일반역사서

中村哲, 1992,《日本の歴史⑯ 明治維新》, 集英社

佐々木克, 1992,《日本の歴史⑰ 日本近代の出発》, 集英社

海野福寿, 1992,《日本の歴史⑱ 日清・日露戦争》, 集英社

武田晴人, 1992,《日本の歴史⑲ 帝国主義と民本主義》, 集英社

역자 후기

조선을 석권한
미나카이백화점을 통해 배우는
성공학과 실패학

"일본인이 쓴 일제강점기의 정치, 경제, 사회, 문화 등에 관한 내용을 보면 항상 피가 역류하는 기분을 느낀다. 왜일까?"

한국인이면 한번쯤 갖는 의문이다.

"제도권에 있는 학자들도 일본 식민지시대의 한국에 관한 내용을 가지고 토론을 하다보면 한국 측은 먼저 인상이 바뀌면서 화부터 낸다."

한일포럼에 참가한 일본인 학자들의 의견이다.

한국과 일본은 지울 수 없는 역사를 서로 가지고 있다. 가끔씩 이때 입은 상처가 불거진다. 그때마다 땜질식 치료나 임시방편적 덮어두기로 아니면 은근슬쩍 다른 화재로 돌리며 관심을 다른 쪽으로 유도한다. 과거에 대해서는 '그건 아니다'라고 외치고 싶지만 현실적으로는 서로에게 매우 필요한 존재이기 때문이다. 그렇다고 후처방식 치료방법을 선택하는 것은 지나치게 비겁하다는 생각이 든다. 그렇게 되면 계속 그것의 굴레에서 벗어날 수 없을 터이니 말이다.

벌써 우리에게 치욕적이고 큰 상처를 준 일본제국주의의 침략이 시작된 지 100년이 지났고, 광복을 맞이한 지 반세기가 훨씬 지났다. 이 책의 내용은 일본인들이 말하는 "한국인이 가장 예민하게 반응한다"는 일제강점기 시대가 주 무대다.

일본인이 바라본 경성의 모습이 그려져 있다. 일본의 백화점 중에서 조선을 석권하고 만주와 중국에까지 진출한 미나카이三中井백화점이 그 주인공이다. 마케팅 전문가가 쓴 일본과 한국 간에 이루어지는 경영·마케팅 이전에 관한 것을 백화점 업계, 그것도 과거 백화점 왕국이라고 불렸던 미나카이 백화점 창업과 발전, 계승, 붕괴 과정의 분석과 함께 필자의 가설을 검증해가는 내용이다. 역자는 이 책을 접하면서 1997년 IMF 이전부터 시작된 경제난국과 전세계적으로 진행되고 있는 FTA 협상 과정들이 정확히 1백 년 전의 모습과 매우 흡사하다는 생각을 했다. 정치, 경제, 사회, 기업경영 측면에서 아픈 과거의 역사에서 새로운 교훈을 얻을 수 있는 의미 있는 한권의 책이 될 것이라고 기대한다. 또한 조선과 대륙중국과 만주 포함에서 최대 규모의 백화점 그룹이었던 미나카이가 일본 패망 후 다른 기업과는 달리 일본 국내에서 왜 재건되지 못했는지 그 원인을 독자 개개인이 추론해본다면 백화점뿐만 아니라 모든 기업경영에 공통되는 창업과 발전, 계승과 지속 가능한 발전을 위한 교훈을 얻을 수 있을 것이라고 확신한다.

역자는 이 책을 접하고 번역 작업을 진행하면서 우선, 모든 것이 그러하듯 '이해의 범위나 관점의 차는 편견을 불러오고 생각의 차를 가져올 수 있다'는 말을 다시 한 번 곱씹어보았다. 역자가 한국인의 한 사람으로서 이 책을 접하면서 일제강점기 시대에 대해 필자원저자의 자의적 해석과 과장되거나 축소하여 쓴 부분일들이라는 느낌이 들 때면 그냥 간과하기 힘들기도 했다. 그래서 한국 독자 입장에서 반론을 제기하고 싶은 심정이었다. 하지만 그런 감정은 뒤로하고 이 책의 역자로서 이 글을 옮기면서 가능한 한 객관적인 주석을 달아 이해를 돕고, 독자 개개인이 스스로 생각할 수 있도록 번역자로서의 역할에만 충실하고자 했다. 즉,

가능한 한 필자의 생각을 그대로 옮겨야 한다는 생각으로 역자의 생각을 배제하려고 노력했다는 것이다.

　　역자는 개인적으로 일본 유학 시절 일본적 경영을 연구하면서 일본식민지 정책이나 제국주의의 팽창이 가능했던 것은 군사적인 측면은 논외하고 상인을 통한 경제권 장악과 기업의 산업보국의 신념을 기본으로 하는 절제된 기업경영이 그 중추적 역할을 했다고 느꼈다. 그리고 그것을 가능하게 한 것은, 이 책에서 소개되고 있는 오우미상인近江商人정신과 같은 그들의 암묵지나 불문법과 같은 상도를 목숨 걸고 지켜가는 것과, 몸을 던져 새로운 상권을 개척하는 상인기업가들의 기개와 열정의 혼이다. 그리고 그것을 지켜가는 경영자브랜드정신(새롭게 경영자가 된 후계자는 이전의 경영자가 쌓아 올린 업적과 모든 과업을 목숨 걸고 지키고 이어간다는 정신)과 구성원의 응집력이라고 생각한다.

　　이런 것들이 일본적 경영의 바탕이며, 경제대국을 이룩해낸 힘이라고 할 수 있다. 이 책에서도 그러한 부분들을 요소요소에서 찾아볼 수 있을 것이다. 이것들은 과거 일본 제국주의의 힘이 되었지만 지금은 기업을 키우고 세계시장을 석권해가는 기술과 정신의 밑거름이 되고 있다. 그래서 일본 기업의 역사나 일본적 경영에 관해, '일본 기업은 과거 일본 제국주의의 앞잡이였다'고 그냥 덮어버린다면 우리는 선진 경제를 이룩한 일본 기업에 대해 배울 수 없을 것이고 일본을 뛰어 넘을 수도 없을 것이다.

　　일본은 과거 메이지유신부터 '탈아입구脫亞入歐'를 부르짖으며 제국주의 팽창에 열을 올렸다. 오늘날에도 "일본은 아시아를 무시하고 미국이나 유럽 선진국만을 상대하려고 한다"고 비판하는 이도 많다. "아시아에서는 배울 게 없다. 아시아 국가와는 상대할 만한, 아니면 경쟁할 만한 국가가 없다"고 생각하는 것일까?

우리는 이런 일본의 모습들을 보면서 "오만하기 짝이 없다", "아시아를 품지 못하고 어떻게 세계에서 인정받을 수 있는가?"라고 열을 올려 비난한다. 그러나 우리는 그냥 앉아 비난만 하고 있을 수 없다. 이미 일본은 조선병탄併呑과 같은 것은 안중에 없다. 이제부터는 경제를 가지고 세계병탄을 꿈꾸고 있는지도 모른다.

여기서 우리는 보다 성숙된 국가국민로서 분명히 해둬야 할 것이 있다고 본다. 우리가 '반일'을 외치는 것은 세계적 경제 강국이 된 일본 그 자체를 부정하는 것이 아니고, 특정 정책(고압적 시장개방 압력, 불균형 무역정책, 왜곡 되는 역사교육 정책)이나 특정 행동과 인식(지도자들의 도발적 행동, 일제강점기에 대한 자의적 해석, 우익·군사화를 주장하는 집단행동 등)에 문제를 제기하고 있다는 사실이다. 그렇다고 우리가 우리의 마음을 이해해 달라고 일본에 애원 하거나 기대할 일도 아니다. 중요한 것은 우리가 우리의 생각이 제대로 전달될 수 있도록 하는 작업이 필요하다는 것이다. 그냥 '반일'로 치부해버린다면 우리가 얻을 수 있는 것 또한 '반한'이나 최근 '한류'를 비하하면서 나타난 '혐한'과 같은 수준 이하의 메아리뿐일 것이다.

이제 우리는 한 사람의 일본인의 노력으로 만들어진 이 책을 통해 '일본인의 제국주의 향수'를 느끼거나 '과거 백화점 왕국에서 찾는 기업경영 교훈'을 얻을 수 있을 것이다. 그것의 가치판단은 우리 독자들의 몫이다.

20세기 초 우리는 군사·정치적으로나 경제적으로 외세에 제대로 대항하거나 그들보다 우위에 설 수 있는 묘책이나 경쟁력을 가지지 못하고 혼란에 갈피를 못잡고 있었다. 지금 21세기 초 우리는 비슷한 혼돈에 빠져있다 해도 과언은 아니다. 정치적 갈등, 이익집단의 혼전, 국민과 기업들의 신음소리에다 외세의 경제적, 정치적 압력이 그렇다. 본서에 대해 침소봉대하거나 과대해석, 또는 과대평가하고 싶은 생각도 없다. 하지만 분명한 것은 우리가 손에 질 수 있는 성공학과 실패학이 이 책 속에 존재한다는 것이다.

일본인 마케팅 전문가가 쓴 책이라고는 하지만 관계자들의 실감나는 증언은 한편의 드라마를 보는 듯 하며, 한편으로 일본인들의 관점을 접하면서는 한국 독자로서 '감정 다스리기'가 필요할지 모른다. 관점의 차이는 있겠으나 많은 교훈을 가져다 줄 것이다.

2007년 1월 5일
김성호